Über den Verfasser

Ferdinand Fellmann, geb. 1939, Studium der Anglistik, Romanistik und Philosophie in Münster, Gießen und Bochum; 1967 Promotion, 1973 Habilitation. Seit 1980 Professor für Philosophie an der Westfälischen Wilhelms-Universität Münster. Gastprofessuren an der Universität Neapel (1985) und an der Technischen Universität Braunschweig (1989/90).

Wichtigste Buchveröffentlichungen:
Das Vico-Axiom: Der Mensch macht die Geschichte (1976); Phänomenologie und Expressionismus (1982); Gelebte Philosophie in Deutschland (1983); Phänomenologie als ästhetische Theorie (1989).
Übersetzungen italienischer Philosophen (Bruno, Vico, Croce).

Ferdinand Fellmann

SYMBOLISCHER PRAGMATISMUS

Hermeneutik nach Dilthey

rowohlts enzyklopädie

rowohlts enzyklopädie
Herausgegeben von Burghard König

Originalausgabe
Veröffentlicht im Rowohlt Taschenbuch Verlag GmbH,
Reinbek bei Hamburg, September 1991
Copyright © 1991 by Rowohlt Taschenbuch Verlag GmbH,
Reinbek bei Hamburg
Umschlaggestaltung Jens Kreitmeyer
Satz Garamond und Futura (Linotronic 500)
Gesamtherstellung Clausen & Bosse, Leck
Printed in Germany
1880-ISBN 3 499 55508 5

Inhalt

Einleitung — 9

1. Perspektiven philosophischer Hermeneutik — 9
2. Verstehen und Erkennen — 13
3. Der symbolisch-pragmatische Ansatz — 16
4. Der Gewährsmann: Wilhelm Dilthey — 21

TEIL I: STRUKTURLEHRE

Kapitel I: Bild und Bewußtsein — 33

1. Bewußtsein und Selbstgefühl — 33
2. Grenzen der phänomenologischen Bewußtseinstheorie — 36
3. Bewußtsein und Verhalten — 41
4. Bewußtsein als Strukturzusammenhang — 45
5. Verhalten und Bild — 51
6. Die Dynamik der Bilder — 55
7. Das Körperbild als Original der inneren Bilder — 62
8. Eine mediale Theorie des Bewußtseins — 67

Kapitel II: Wille und Bewußtsein — 74

1. Das Imaginäre und das Vitale: Wille als Zentrum des Ich — 74
2. Zur Hermeneutik der Willenserfahrung — 79
3. Relationenlogik zwischen Logismus und Intuitionismus — 83

4. Die Eröffnung der symbolischen Dimension	90
5. Stufen der Symbolbildung	96
6. Grundformen der bildhaften Welterschließung	99

TEIL II:
KATEGORIENLEHRE

Kapitel III: Formale Kategorien — 109

1. Formale Kategorien als interne Relationen	109
2. Zentrale Phantasmen und präsentative Symbolik	114
3. Symbolische Dekomposition	117
4. Präsentative Symbolik und die Erfahrung der Außenwelt	122
5. Neue Perspektiven für die Logik: «analytische Logik»	126
6. Wahrnehmung und Bild	131
7. Radikale Metaphern und Bilder des zuständlichen Bewußtseins	135

Kapitel IV: Reale Kategorien — 144

1. Erlebte Realität	144
2. Die Ausweitung der Antinomienlehre	148
3. Die Antinomik der realen Kategorien	151
4. Geistes- und naturwissenschaftliche Begriffsbildung	155
5. Das Problem der «individualisierenden Begriffsbildung»	159
6. Die narrative Bedeutungsbildung: Begriffe in Geschichten	162
7. Der Zugang zu den realen Kategorien über die Geschichten	167

Kapitel V: Ideale Kategorien — 175

1. Stile als Horizonte der Welterschließung	175
2. Der Streit um das Wesen der Philosophie	177
3. Philosophie und Weltanschauung	182
4. Die Darstellung der Lebenserfahrung im Weltbild	185
5. Eine Genealogie der Metaphysik	189
6. Stil und Stilgeschichte	192
7. Stilgeschichte als Diskursanalyse	196

Konklusion 204

1. Philosophische Hermeneutik als Protologik 204
2. Zwischen Ontologie und Kommunikationstheorie 208
3. Die Interpretation nach den Bildern 211

Literaturverzeichnis 216

Namenregister 219

Sachregister 221

Einleitung

> Alles Urdenken geschieht in Bildern; darum ist die Phantasie
> ein so notwendiges Werkzeug desselben.
>
> *Arthur Schopenhauer*

1. Perspektiven philosophischer Hermeneutik

Die Hermeneutik, die Lehre vom Verstehen, hat sich von einer speziellen Kunstlehre der Textauslegung zu einer allgemeinen Theorie der Erfahrung entwickelt. Theoretische Philosophie, die noch zu Beginn dieses Jahrhunderts als ‹Erkenntnistheorie› auftrat, ist immer stärker von der hermeneutischen Einstellung geprägt worden. Für sie gibt es keinen direkten Zugang zu den Sachen mehr, sondern nur noch Annäherung über schon Verstandenes, über Ausdruck und ‹Sinn›. Diese Entwicklung entspricht der zunehmenden Medialisierung der menschlichen Lebenswelt, in der sich an die Stelle der Sachen mehr und mehr die Sprache und die Bilder schieben. Der Aufstieg der Hermeneutik ist Ausdruck und Produkt dieser unumkehrbaren Entwicklung, deren Ende noch nicht abzusehen ist. Daher wird in Zukunft der Bedarf an Hermeneutik zunehmen. Ob sie den Anforderungen, die auf sie zukommen, gerecht wird, hängt wesentlich davon ab, inwieweit es gelingt, das Verstehen als fundamentale Tätigkeit aus der Verbundenheit von Mensch und Welt im konkreten Lebensvollzug verständlich zu machen.

Über die Zukunftschancen der philosophischen Hermeneutik, wie die jeder philosophischen Theorie, entscheidet nicht allein ihr Sachgehalt, sondern auch und vor allem die geistige Konstellation, in die sie eintritt. Die hermeneutische Reflexion muß daher vom gegenwärtigen Stand der Diskussion ausgehen. Zwei Philosophen sind zu nennen, die für zwei Haupttypen des hermeneutischen Denkens stehen: Hans-Georg Gadamer und Jürgen Habermas. Beide sind davon überzeugt, daß der menschliche Weltbezug grundsätzlich durch das Medium der Sprache erfolgt, und beide sehen darin den Grund dafür, daß Erfahrung ihrem Wesen nach hermeneutisch ist. Allerdings interpretieren beide den hermeneutischen Charakter der Erfahrung auf verschiedene Weise, wie eine kurze Gegenüberstellung ihrer Positionen verdeutlichen soll.

Hans-Georg Gadamers «Wahrheit und Methode» (1960) steht für den philologischen Typus der Hermeneutik, der sich an der Auslegung von klassischen Texten orientiert.[1] Das Subjekt des Verstehens, das darin endet, traditionell Vorverstandenes neu zur Sprache zu bringen, ist nach Gadamer das «wirkungsgeschichtliche Bewußtsein», das «auf eine unaufhebbare Weise mehr Sein als Bewußtsein» ist.[2] Dieses besagt, daß der Verstehende und der Zuverstehende Teilnehmer ein und desselben Überlieferungszusammenhangs sind, dessen Vollzug und Erhaltung das Ziel des Verstehensprozesses bildet. Mit dieser Konzeption hat Gadamer seit 1960 auf die gesamte Entwicklung der Geisteswissenschaften einen nicht zu unterschätzenden Einfluß ausgeübt. Insbesondere an der Weiterentwicklung der Ästhetik zur Rezeptionsästhetik durch Hans Robert Jauß hat Gadamers philosophische Hermeneutik maßgeblichen Anteil.[3] Auch die Ausrichtung der Geschichtswissenschaft am Paradigma der Geistesgeschichte steht unter Gadamers Einfluß.[4] So kann man ohne Übertreibung sagen, daß der von ihm formulierte Universalitätsanspruch der Hermeneutik kein leeres Wort geblieben ist.

Natürlich hat es nicht an Kritik der Gadamerschen Positionen gefehlt. Sie betrifft zum einen seine Behandlung und Einschätzung der hermeneutischen Vorläufer über Wilhelm Dilthey bis zurück zu Friedrich Schleiermacher, denen gegenüber «Wahrheit und Methode» eine grundsätzliche Wende zu vollziehen beansprucht – ein Anspruch, der sich so kaum aufrechterhalten läßt.[5] Die Kritik betrifft zum anderen Aspekte der Auslegungspraxis, insbesondere die Frage, wie die Offenheit des hermeneutischen Zirkels begründet und im Prozeß der Interpretation gewahrt werden kann.[6] Aber diese Kritiken bewegen sich im Prinzip auf dem Boden der Prämissen Gadamers. Seine von Heidegger übernommene ontologische Auffassung des ‹Sprachgeschehens› setzt sich in einem historischen Substantialismus fort, der in der Traditionsbildung das letzte Bollwerk gegen die technische Rationalität der

Moderne sieht. Hermeneutische Erfahrung erzeugt somit den Traum einer geschlossenen Bildungswelt, einer ursprünglichen Traditionswelt, die die Wirklichkeit in ihrer sozialen, wirtschaftlichen und politischen Realität weitgehend ausklammert.

Das Wirklichkeitsdefizit hat in den sechziger Jahren Karl-Otto Apel und Jürgen Habermas dazu geführt, Gadamers Hermeneutik in ihrem Kern anzugreifen. Mit den Instrumenten der angelsächsischen Semiotik gelingt es ihnen, die Ontologisierung der Sprache bei Gadamer einer auch ideologiekritisch motivierten Revision zu unterziehen.[7] Das führt zu einem neuen Typus von Hermeneutik, in dem das Verstehen nicht mehr primär unter der Leitidee der Tradition, sondern der der Kommunikation konzipiert wird.[8] Mit anderen Worten: Verstehen verzichtet auf das Gespräch mit den Geistern der Vergangenheit und richtet sich auf Verständigung zwischen Menschen der Gegenwart. Die Verständigung betrifft Sachverhalte, die an sich nicht evident sind, sondern nur im Austausch von Gesichtspunkten und Einstellungen geklärt werden können. Kommunikation beinhaltet also mehr als Information, nämlich Erzielen von Einverständnis, das in die Zukunft verweist. Damit rückt die pragmatische Dimension des Verstehens in den Mittelpunkt der hermeneutischen Erfahrung. Hermeneutik dieses Typus wird interessant für die Sozialwissenschaften, für die politischen Wissenschaften und schließlich für die Ethik, die Habermas «universalpragmatisch» als Theorie kommunikativen Handelns ausgeführt wissen möchte.[9]

Die universalpragmatische Hermeneutik bedeutet gegenüber dem Traditionalismus der Gadamerschen Bildungswelt zweifellos eine Öffnung zur Wirklichkeit, aber auch hier bleiben Defizite. Wie der Überlieferungszusammenhang bei Gadamer die Tendenz besitzt, sich einzukapseln, so tendiert auch der Kommunikationszusammenhang bei Habermas dazu, eine utopische Kommunikationswelt zu bilden, die den Kontakt mit der lebensweltlichen Erfahrung verliert. So läuft die philosophische Hermeneutik Gefahr, in eine Phase des Realitätsverlustes einzutreten: In der Schwebe zwischen Tradition und Emanzipation, zwischen Sinndeutung und Kommunikation hat die Hermeneutik Mühe, ihren philosophischen Anspruch auf Erfahrung der ‹wirklichen› Wirklichkeit aufrechtzuerhalten. ‹Wirkliche› Wirklichkeit: dazu gehört nicht nur das Wirkliche in Form des Gewordenen, sondern auch das Mögliche in Form des Werdens, das die Hermeneutik vor eine schwierige Aufgabe stellt.

Man könnte meinen, es wäre in dieser Lage am besten, die Hermeneutik ganz zu verabschieden, um sich wieder direkt ‹den Sachen selbst› zuzuwenden, wie es zu Beginn dieses Jahrhunderts die Phänomenologie zum Programm gemacht hat.[10] Aber der direkte Zugang zu den Sachen in Form der ‹Wesensschau› hat sich als Naivität erwiesen, als sympathische vielleicht, aber doch als Naivität, die davon ausgeht, daß sich die Sachen dem vorurteilslosen Blick von selbst darbieten. Die phänomenologische Beschreibung verfällt dabei notwendig den Idolen des Platonismus, wenn sie nicht im Empirismus enden will. Hier verfährt die hermeneutische Methode viel bewußter und raffinierter. Sie weiß, daß der Zugang zu den geistigen Wirklichkeiten über die Kunst der Auslegung, Deutung und Interpretation führt, so wie die Naturwissenschaft weiß, daß auch die Natur ihre Wahrheiten nicht von selbst preisgibt, sondern durch das Experiment dazu gezwungen werden muß. Im Unterschied zum Beschreiben erweist sich das Verstehen als umwegige und logisch schwer zu fassende Prozedur, da der Geist sich auf einem unsicheren Boden bewegt.

Der Versuch, das Verstehen aus dem Willen zur Wirklichkeit zu explizieren und zu legitimieren, erfordert eine pragmatische Wendung der Hermeneutik. Freilich ist ein subtilerer Pragmatismus gefragt als der krude Behaviorismus, der menschliches Verhalten auf mechanische Modelle einschränkt. Subtilität gewinnt der Pragmatismus dann, wenn er die Darstellungsseite des menschlichen Verhaltens berücksichtigt und sie zu einer allgemeinen Bedeutungslehre ausbaut. Dann fällt Bedeutung im hermeneutischen Sinne weder objektivistisch mit dem ‹Gegenstand› noch subjektivistisch mit der ‹Vorstellung› zusammen, sondern meint eine welterschließende Einstellung, eine wirklichkeitsinterpretierende Haltung. Diese läßt sich zum Beispiel daran verdeutlichen, daß jemand, der das Wort ‹Feuer› hört, auch wenn kein solches vorhanden ist, doch durch Umherblicken sich auf ein Feuer innerlich einstellt. Innerlich sich auf etwas einstellen heißt: den Anfang einer Bewegung machen, die dann unausgeführt bleiben kann. Kurz: Verstehen von Bedeutung ist als expressiver Vorgang, als Darstellungsform zu explizieren.

Dieser Ansatz erlaubt es, die von Apel und Habermas in die Hermeneutik eingebrachte pragmatische Dimension voll zu entfalten, ohne sie einseitig auf den kommunikativen Aspekt festzulegen. Als pragmatische Theorie des Verstehens leitet die Hermeneutik schließlich in eine

Logik der lebensweltlichen Erfahrung über. Die Notwendigkeit dieses Übergangs wird einleuchtend, wenn man sich klarmacht, worum es im Prozeß des Verstehens eigentlich geht.

2. Verstehen und Erkennen

Um Verstehen als eigenständige Operation zu erfassen, hat man schon im 19. Jahrhundert das *Verstehen* dem *Erklären* entgegengesetzt.[11] Während Erklären den Gegenständen äußerlich bleibt, soll Verstehen – so die gängige Auffassung – in das ‹Wesen› der Dinge eindringen. Diese Opposition von Verstehen und Erklären ist durch das Konkurrenzverhältnis zwischen Natur- und Geisteswissenschaften historisch bedingt, leuchtet sachlich aber nur schwer ein. Denn das Eindringen in das Innere der Gegenstände, das dem Verstehen zugeschrieben wird, erfordert intuitive Fähigkeiten, die sich methodisch nicht auf den Begriff bringen lassen. Umgekehrt können Erklären und Verstehen mühelos als komplementäre Vorgänge rationaler Natur aufgefaßt werden: In der Mathematik versteht der Schüler, was der Lehrer ihm erklärt. Es handelt sich hier um den Austausch von objektivem Sinn, von rein sachlichen Evidenzen, wobei dem Verstehen gegenüber dem Erklären keinerlei Vorzugsstellung zukommt.

Um der Selbständigkeit der Operation Verstehen näherzukommen, eignet sich ein anderer Gegensatz besser: *Verstehen* und *Erkennen*. Der Unterschied liegt darin, daß Erkennen sich direkt auf Gegenstände richtet, Verstehen dagegen auf Äußerungen, Darstellungen usw. In diesem Sinne unterscheidet auch der normale Sprachgebrauch zwischen Verstehen und Erkennen: Man erkennt einen Gegenstand, und man versteht eine Sprache. Verstehen richtet sich aber nicht nur auf sprachliche Äußerungen, sondern auch auf Verhaltensweisen, Motive, Handlungen, also auf alles, was eine Person und ihr Leben ausmacht (Lebensäußerungen). Während Erkennen grundsätzlich objektiv ausgerichtet ist, betrifft Verstehen die zu verstehenden Inhalte als Äußerung eines Subjekts.

Die Unterscheidung von Erkennen und Verstehen nach objektiv und subjektiv gibt zwar eine ungefähre Annäherung, trifft den Sachverhalt aber nicht genau. Es bleibt nämlich die Frage, um welches subjektive Moment es beim Verstehen eigentlich geht. Um die Absichten, die in den Äußerungen zum Ausdruck kommen, um das also, was jemand zu verstehen geben will? Darum sicherlich auch, aber nicht nur und nicht in erster Linie. Denn wie etwa ein Befehl (‹Öffne das Fenster!›) zeigt, bereitet das Verstehen von Absichten keine sonderlichen Schwierigkeiten. Problematisch und damit hermeneutisch wird das Verstehen erst dann, wenn der Sinn einer Äußerung über die Absichten des Sprechenden hinausreicht. Das eigentlich zu Verstehende liegt dann in der Perspektive, aus der heraus der Sprecher seine Äußerungen macht. Die Perspektive kann man *material* bestimmen, zum Beispiel soziologisch, charakterologisch, historisch: Jemand sieht die Welt als Dichter, als Melancholiker, als Kind einer bestimmten Epoche, und wer das nicht berücksichtigt, dem bleiben entsprechende Äußerungen weitgehend unverständlich.

Die *formale* Bestimmung des Verstehens kann ein Beispiel verdeutlichen: die Romantik verstehen. Romantik (als Epochenbezeichnung und als typische Geisteshaltung) ist ein ‹Gegenstand›, den man nur über Äußerungen erfassen kann, vorzüglich über Gedichte. Wer den wörtlichen Inhalt eines romantischen Gedichts versteht, die in ihm enthaltene Mitteilung (z. B. daß Nebel die Täler erfüllt), hat das Gedicht noch nicht im hermeneutischen Sinne verstanden. Verstehen ist auch dann nicht erreicht, wenn man von dem mitgeteilten Inhalt auf einen bestimmten Gemütszustand des Autors schließt. Das wäre reiner Psychologismus, der die Bedeutung der poetischen Aussage verfehlt. Diese enthält einen zwar vom Dichter hervorgebrachten, aber von seinen psychologischen Zuständen ablösbaren Sinn, der hervortritt, wenn sich Inhalte zur Einheit eines Bildes verdichten und zu ‹Repräsentationen› werden.

Nach dieser Abgrenzung gegenüber dem gegenständlichen Erkennen läßt sich das Wesen des Verstehens so charakterisieren: Verstehen in hermeneutischer Absicht zielt auf Sinngebilde, die dem Erkennen nicht direkt zugänglich sind. Erst durch die Perspektive und als Perspektive eines zu verstehenden Subjekts werden sie sichtbar. Diesem bleibt die Perspektive grundsätzlich verborgen, sie deckt sich weder mit seiner Befindlichkeit noch mit der Intentionalität seines Bewußtseins. Die Kommunikation wird damit der Konstitution von ungegenständlichem Sinn, der vorbegrifflichen Welterschließung untergeordnet. Um es semantisch auszudrücken: Verstehen richtet sich auf situationale oder okkasionelle Bedeutungen.[12] Sie finden ihren sprachlichen Ausdruck vornehmlich in evozierender oder poetischer Rede, die das begriffliche Denken umspielt, es beunruhigt und zu immer neuer Bewegung antreibt.[13]

Will man den Sinn des Verstehens nicht als Ausdruck einer geheimnisvollen Seinsverbundenheit der Sprache interpretieren, dann muß man auf die Ebene des Bewußtseins zurückgehen, auf der die situationalen Bedeutungen reflektiert werden. In der philosophischen Semantik hat es sich eingebürgert, von «intentionalen Zuständen» zu reden, die den sprachlichen Äußerungen zugrunde liegen und ihren Sinn bestimmen.[14] Bewußtsein als Inbegriff «intentionaler Zustände» umfaßt eine doppelte Relation: zum einen die Beziehung der Vorstellungen auf das Vorgestellte, zum anderen die Beziehung der Vorstellungen auf den Vorstellenden. Die Unterscheidung der semantischen von der pragmatischen Dimension der Sprache, die in der modernen Semiotik von Charles W. Morris methodisch ausgearbeitet worden ist, findet demnach schon auf der Ebene des Bewußtseins selbst Anwendung.

Die semiotische Deutung des Bewußtseins setzt allerdings voraus, daß man die Leistung des Bewußtseins nicht einseitig auf «Verknüpfung von Vorstellungen» reduziert, wie das noch bei Kant geschieht. Die Mehrdimensionalität des Bewußtseins ist schon bald nach Kant von dem Kantianer Karl Leonhard Reinhold (1758–1823) in seinem «Satz des Bewußtseins» formuliert worden, dessen Bedeutung für die Entwicklung der modernen Bewußtseinsphilosophie nicht hoch genug veranschlagt werden kann.[15] Durch diesen Satz wird das Bewußtsein der Logik der Zeichenprozesse angeglichen. Die in der Zuständlichkeit wirksamen Relationen sind nur ein anderer Ausdruck dafür, daß das Bewußtsein wesentlich semiotisch ist, daß es selbst medialen Charakter besitzt.

Diese Deutung berücksichtigt den Doppelsinn des Wortes Medium, das nicht nur semantisch einen Bedeutungsträger bezeichnet, sondern auch pragmatisch einen Zustand, in dem sich Vorgänge abspielen, Organismen gedeihen, Leben erhält. In diesem zweiten Sinne ist Medium identisch mit Milieu, wie etwa die Luft, in der die Menschen leben. Beide Bedeutungen treffen für das zuständliche Bewußtsein zu, das gleichsam als ‹inneres Milieu› fungiert. Eine solche Auffassung des Bewußtseins bricht mit dem traditionellen Dualismus von Subjekt und Objekt und macht die Mitte, das Medium, zum logischen Raum der hermeneutischen Bedeutungslehre. Nur eine Bewußtseinstheorie, die den medialen Charakter des Bewußtseins ernst nimmt, bietet die

Chance, über die Intentionalität hinaus zur Perspektivität der situationalen Bedeutungen vorzudringen, die Bildung von Sinn verständlich zu machen. Hier erhebt sich die Frage: Wie muß Bewußtsein ausgelegt werden, damit die Situationalität nicht in einen unkontrollierten Subjektivismus des Erlebens abgleitet?

3. Der symbolisch-pragmatische Ansatz

Um Zugang zur sinnbildenden Funktion des zuständlichen Bewußtseins zu gewinnen, eignet sich am besten die Philosophie des Pragmatismus, für die das Handeln eine irreduzible Kategorie darstellt.[16] Unter Pragmatismus wird hier nicht primär eine instrumentalistische Wahrheitstheorie verstanden, wie sie speziell von den amerikanischen Pragmatisten Charles Sanders Peirce (1839–1914) und William James (1842–1910) entwickelt worden ist, sondern eine allgemeine Bewußtseinstheorie, die Bedeutungen nicht auf ‹reines Denken›, sondern auf die Praxis des Lebens zurückführt. Dabei erhebt sich allerdings die Frage, wie sich Handeln in Bewußtseinszustände umsetzen läßt. Denn weder der rein kausale noch der zweckrationale Handlungsbegriff genügen, um die Sinnbildungsprozesse des Bewußtseins in ihrer Bedeutungsfülle zu erfassen. Der mediale, semiotische Charakter des zuständlichen Bewußtseins, auf dem die Möglichkeit des Verstehens beruht, erfordert einen erweiterten, die konkreten Situationen des menschlichen Lebens berücksichtigenden Praxisbegriff.

In welcher Richtung der für das zuständliche Bewußtsein konstitutive Praxisbegriff zu suchen ist, darüber gibt das lebensweltliche Verstehen Auskunft. Um jemanden zu verstehen, muß man nicht nur darauf achten, *was* er tut, sondern *wie* er es tut. Denn Handeln ist beim Menschen als leiblichem Wesen grundsätzlich mit Darstellen verknüpft. Diese Verknüpfung prägt das menschliche Verhalten, das dadurch immer schon eine über die reine Zweckrationalität hinausreichende Bedeutungskomponente enthält. Das läßt sich durchgängig im täglichen Leben beobachten: Verhalten geht in *Haltung* über, in der sich eine Persönlichkeit ausdrückt. Das trifft auf elementarer Ebene für den Bewegungsvorgang des aufrechten Ganges zu, dem damit eine individualisierende Funktion zukommt. Schon am Gang und an der Körperhaltung kann man einen Menschen erkennen. Insofern bedeutet

Haltung mehr als eine periphere Begleiterscheinung des Verhaltens: Im Übergang von Verhalten zu Haltung liegt der Ursprung der vorgegenständlichen Sinnbildung, wie Helmuth Plessner in «Die Einheit der Sinne» (1923) gezeigt hat. Verhaltensweisen haben ihre Bedeutung nicht durch das, was sie sind, nämlich Formen der Erhaltung des Menschen, sondern durch das, was sie repräsentieren, nämlich Subjektivität, die von Joachim Ritter als die Kehrseite der Verdinglichung des Geistes dargestellt worden ist.[17] Im Verhalten fallen funktionale Momente mit repräsentativen zusammen, die Unterscheidung zwischen allgemeinen und situationalen Bedeutungen ist noch nicht vollzogen. Insofern umfaßt der pragmatische Standpunkt mehr als die Praxis, Zeichen nach Regeln zu gebrauchen. Er verweist immer schon auf eine Dimension des Symbolischen, die mit dem Verhalten verbunden ist, das sich dadurch der ‹Reglementierung› entzieht. Pragmatismus als Bewußtseinstheorie wird somit zum *symbolischen Pragmatismus*.[18]

Die Erweiterung des pragmatischen Standpunktes läßt sich in elementarer Form an ‹Symbolbewegungen› demonstrieren, die von der biologischen Verhaltensforschung auch an Tieren aufgezeigt worden sind. In seiner bahnbrechenden Arbeit «Vergleichende Bewegungsstudien an Anatinen» (1941) beschreibt der Verhaltensforscher Konrad Lorenz (1903–1990) Symbolbewegungen als Andeutungen von Handlungen, als «Intentionsbewegungen», die zunächst arterhaltend sinnlos sind, dann aber als Verständigungszeichen mit den Artgenossen fungieren (Ges. Abh. II, 19 ff).[19] Die kommunikative Funktion der Symbolbewegung beruht nach Ansicht von Lorenz bei Tieren auf Stimmungsübertragung. Voraussetzung dafür ist die Ausprägung der Bewegung über ihren Nutzen hinaus, die «‹mimische› Übertreibung», die zu «‹formalisierten› Zeremonien» führt. Lorenz behandelt die Phänomene ausschließlich unter dem Titel «Ausdrucksbewegungen»; doch läßt das Material keinen Zweifel daran, daß schon im tierischen Bereich der Schritt vom Ausdruck zur Darstellung vollzogen ist. Das bestätigen die Folgerungen, die Lorenz aus seinen Analysen zieht. Er kommt zu dem Schluß, daß die kommunikativen «Symbolbewegungen» oder «Symbolhandlungen» selbstbezüglichen Charakter haben: Sie fungieren als «bizarre Symbole ihrer selbst». Die Symbolisierung resultiert aus der auffällig starken «Formalisierung» der Verhaltensweisen, die nicht mehr nach dem Nützlichkeitsprinzip interpretiert werden kann.

Mit dem Anschluß an die Formen des tierischen Verhaltens soll keineswegs dem bewußtseinstheoretischen Naturalismus oder gar Biologismus das Wort geredet werden. Es geht lediglich darum, die Subjektivität aus ihrer mentalistischen Isolierung zu befreien, in die sie durch die Logik des reinen Denkens geraten ist. Die symbolischen Formen erfordern Aufnahme in die Bewußtseinstheorie, wenn Bewußtsein nicht von der Realität des Lebens, an die es gebunden ist, abgekoppelt und damit zum unerklärlichen Rätsel werden soll. Je weiter die Erforschung der Strukturen des Lebens fortschreitet, desto mehr muß die Analyse des Bewußtseins die Strukturen berücksichtigen, die Bewußtsein als Funktion des Leibes verständlich machen. Damit steht die Bewußtseinstheorie des symbolischen Pragmatismus quer zu allen Positionen der traditionellen Erkenntnistheorie: Gegenüber dem Idealismus verzichtet der symbolische Pragmatismus auf apriorische Denkformen, die dem Menschen vor aller Erfahrung gegeben sein sollen. Vom Empirismus unterscheidet sich der symbolische Pragmatismus dadurch, daß er die Verarbeitung der Eindrücke auf Formen zurückführt, die sich nicht auf Empfindungselemente reduzieren lassen. Mit der Berücksichtigung der symbolischen Formen des Verhaltens nimmt der Pragmatismus eine vermittelnde Stellung ein, die darauf hinausläuft, die Phantasie zur zentralen Funktion im Leben des Bewußtseins zu machen.

Die Berücksichtigung des wesenhaft symbolischen Charakters der Bewußtseinsleistungen ist keine Einsicht, die auf den Pragmatismus beschränkt bleibt. Im späten Neukantianismus treibt die Analyse der Bewußtseinsleistungen unter der Bezeichnung «transzendentale Konstitutionslehre» auf breiter Front in dieselbe Richtung. Sieht man einmal vom Seitenweg des Fiktionalismus (Hans Vaihinger) ab, so hat diese Entwicklung in Ernst Cassirers «Philosophie der symbolischen Formen» (1923–1929) ihren Höhepunkt gefunden. Um die konstitutive Funktion des Bewußtseins zu beschreiben, nutzt Cassirer (1874–1945), der bekannteste Vertreter der Marburger Schule, den Synthesisbegriff von Kants «Kritik der Urteilskraft», der an Formenreichtum den der «Kritik der reinen Vernunft» übertrifft. Die Kategorien erhalten dadurch eine darstellende Komponente, die über die reine Gegenständlichkeit hinausreicht. Sie werden zu «symbolischen Formen», die im Gegenständlichen die geistige Einstellung des Subjekts durchscheinen lassen.[20] Selbst die scheinbar objektive Begrifflichkeit des wissenschaftlichen Erkennens gilt Cassirer nur als Spezialfall eines allgemeinen ästhetischen Formbegriffs.

Der Formbegriff bleibt bei Cassirer nicht rein intuitionistisch, sondern verweist auf ein pragmatisches Fundament: Symbolische Formen entstehen durch Stabilisierungsleistungen des Bewußtseins, die darauf abzielen, den durchgängigen Zusammenhang von Vorstellungen, der Bewußtsein ausmacht, aufrechtzuerhalten. Symbolische Formung besitzt somit den Charakter eines Entlastungsvorgangs, der nach dem Schema des Ausgleichs eines Organismus mit seiner Umgebung funktioniert. Daraus hat Ernst Wolfgang Orth die Folgerung gezogen, daß «Cassirers immanente Auffassung von symbolischer Formung nicht mehr haltbar» ist.[21] Dieses konsequente Weiterdenken des kantischen Synthesisbegriffs bestätigt die wesenhafte Zusammengehörigkeit des Pragmatischen mit dem Symbolischen als zwei Seiten eines einheitlichen Vollzugs sinnhaften Verhaltens.

Nimmt man die pragmatische Fundierung des Formbegriffs ernst, so wird eine Korrektur des von Cassirer angewandten Einteilungsprinzips der symbolischen Formenlehre unausweichlich. Seine symbolischen Formen (Sprache, Mythos und Wissenschaften) bezeichnen Gebiete des ‹objektiven Geistes›, Kulturgebiete. Dieses an Hegels Philosophie des Geistes orientierte Einteilungsschema eignet sich aber nicht, um an die symbolischen Prozesse heranzukommen, die sich im Inneren des Bewußtseins abspielen. Dazu bedarf es des Rückgangs von den Formen des objektiven auf die Darstellungsfunktionen des subjektiven Geistes, die der situationalen Bedeutungsbildung zugrunde liegen.[22]

Die symbolische Dimension des situationalen Verhaltens ist von einem geisteswissenschaftlich und zugleich kulturanthropologisch ausgerichteten Denker beschrieben worden, der in der hermeneutischen Grundlagendiskussion heute nicht mehr die ihm gebührende Beachtung findet. Die Rede ist von Erich Rothacker (1888–1965), der zu den wenigen deutschen Philosophen gehört, die nach Martin Heidegger die Interdependenzen von Sprache und Verhalten als philosophisches Problem ernst genommen haben.[23] In seinem Buch «Die Schichten der Persönlichkeit» (1938) unternimmt Rothacker den Versuch, den Phänomenbereich, auf den das Verstehen primär gerichtet ist, in hermeneutischer Absicht phänomenologisch zu erschließen. Es sind die Äußerungsformen des wollenden und empfindenden Menschen, die sich zur theoretischen Einstellung komplementär verhalten. Um ein Beispiel von Rothacker zu zitieren: Niemand verliebt sich in ein Atombündel, obwohl auch Geliebte aus Atomen zusammengesetzt sind. Wie kein anderer vor ihm hat Rothacker den Blick geschärft für die bildhaft gesteuerten Verhaltensweisen, die den lebensweltlichen Erfahrungshorizont des Menschen ausmachen. Unter Verwendung von psychologischen, physiologischen und anthropologischen Materialien beschreibt er die der «Tiefenperson» zugehörige bildliche Seite der seelischen Funktionen, ohne welche die Menschen nicht in der Welt leben könnten, da diese ihnen fremd bliebe. Das Denken liefert hier keinen hinreichenden Ersatz, da Begriffe erst für den Menschen bedeutsam werden, wenn sie sich in Bilder ein- und umsetzen lassen: «Es bedarf weiter kaum der Erwähnung, daß der Begriff des ‹Bildes› über die hier sich vordrängenden optischen Beziehungen hinaus seine sinngemäße Erweiterung auf weitere subjektnahe, gefühlsgeladene sinnliche Erlebnisse finden muß» (43). Der so erweiterte Bildbegriff umfaßt alle Arten der gestalthaft gegliederten Erfahrung, insbesondere die Wahrnehmung von Melodien, aber auch Stimmungen, von denen der Mensch befallen wird und die ihm die Welt in einem bestimmten Licht erscheinen lassen.

Es gehört zu den Ironien der Geistesgeschichte, daß Rothackers Phänomenologie des verstehenden Verhaltens die von seinen Schülern Karl-Otto Apel und Jürgen Habermas vollzogene kommunikationstheoretische Wende der Hermeneutik nicht nachhaltig geprägt hat. Dafür gibt es freilich nicht nur äußerliche, im Wandel des geistespolitischen Klimas liegende Gründe. Die relative Wirkungslosigkeit der Verhaltensphänomenologie Rothackers hat ihren Grund darin, daß die logische Verarbeitung des Materials nicht überzeugend genug ausgefallen ist. Daran konnte auch sein 1966 posthum erschienenes Buch «Zur Genealogie des menschlichen Bewußtseins» nichts mehr ändern. Es genügt eben nicht, der Analytik des gegenständlichen Erkennens Deskriptionen der lebensweltlichen Erfahrung in ihren vielfältigen Erscheinungsformen entgegenzustellen. Das ergibt allenfalls ein Stück Wissenssoziologie. Darüber hinaus ist es erforderlich, die symbolischen Formen des Verhaltens in eine Theorie des vorgegenständlichen Bewußtseins und in eine Logik der hermeneutischen Bedeutungsbildung umzusetzen.

4. Der Gewährsmann: Wilhelm Dilthey

Der Denker, der die Logik des Verstehens schon vor einem Jahrhundert weit vorangetrieben hat, ist zweifellos der Begründer der modernen philosophischen Hermeneutik: Wilhelm Dilthey (1833–1911). Einem breiteren Publikum ist er durch seine zum literaturwissenschaftlichen Programm gewordene Aufsatzsammlung «Das Erlebnis und die Dichtung» (1905) bekannt geworden. Darüber hinaus gilt er neben Georg Simmel (1858–1918) als Vertreter der deutschen Lebensphilosophie, jener geistigen Bewegung also, die zumindest indirekt zum Sieg der politischen Unvernunft im Jahre 1933 beigetragen hat.[24] Natürlich ist wirkungsgeschichtlich gesehen an diesem Dilthey-Bild durchaus etwas Richtiges, aber das bleibt weitgehend an der Oberfläche einzelner mißverständlicher Formulierungen, die an den tieferen Gehalt seines Denkens nicht heranreichen. Das zeigt sich allerdings erst heute, wo die Philosophie dem Logozentrismus abgeschworen hat und verstärkte Anstrengungen unternimmt, Formen der Rationalität anzuerkennen, welche die Begrifflichkeit der konstruktiven Vernunft überschreiten. Der Lebensbegriff Diltheys, der vom Standpunkt des emanzipatorischen Bewußtseins nur das Bestehende in seiner Unbestimmtheit zu sanktionieren scheint, erhält im Rahmen der Logik des Vorbegrifflichen und Nichtidentischen geradezu eine utopische Dimension. Das macht die unerwartete Aktualität der Versuche Diltheys aus, die Geisteswissenschaften als selbständige Wissensform neben den Naturwissenschaften lebensphilosophisch zu fundieren. Damit hat er den Weg bereitet für eine vom ‹Leben› ausgehende Philosophie des Geistes, in der die Hermeneutik eine Art *prima philosophia* darstellt.[25]

Für das hier aufgestellte Programm, der Hermeneutik ein neues bewußtseinstheoretisches Fundament zu geben, muß man daher auf Dilthey zurückgehen. Das mag überraschen, da mit dem Namen Dilthey auch innerhalb der philosophischen Hermeneutik einige ungute Assoziationen verbunden sind: Erlebnissubjektivismus, Psychologismus, Historismus – so lauten die gängigen Vorstellungen und Verdächtigungen, die Diltheys Position in den Augen vieler moderner Theoretiker obsolet erscheinen lassen.[26] Das gilt insbesondere für die Semiotiker, die sich allein an den sprachlichen Ausdruck halten und ohne Rückgriff auf Innerlichkeit, auf Subjektivität auszukommen glauben.[27] So hilfreich der *linguistic turn* auch in der Hermeneutik in gewisser Hinsicht gewesen sein mag, unbestreitbar bleibt, daß gerade die situationalen Bedeutungen, auf die es im Prozeß des Verstehens ankommt, ohne Rückgriff auf die konkrete Subjektivität nicht erfaßt werden können. Das erkannt zu haben, macht die Aktualität von Diltheys viel geschmähter Erlebnistheorie aus, die keineswegs in einem bloßen Subjektivismus der ‹Einfühlung› aufgeht.

Für Dilthey ist Erlebnis als Erscheinungsweise des Lebens ein durchaus operationaler Begriff, er spricht sogar von «Erleben als Methode» (GS VII, 225). Dabei handelt es sich freilich nicht um eine metaphysisch konstruierende, sondern um eine beschreibende und analysierende Methode des Zugangs zu den symbolischen Schichten der Erfahrung, die durch die Vernunftbegriffe nicht erfaßt werden. Weit davon entfernt, das Irrationale oder gar das Antirationale zum Prinzip zu machen, begreift Dilthey das Erleben als Aufforderung zu einem unendlichen Prozeß der gedanklichen Klärung, des Durchbruchs zur Form, der immer zugleich Stabilisierung des Lebens beinhaltet.

Um die Aktualität von Diltheys Logik des Erlebens zu erkennen, muß man die Mühe auf sich nehmen, sein Denken vom Ballast verzerrender Interpretationen zu befreien. Besonders die lebensphilosophische Ansicht seines Denkens und die damit verbundene Nähe zur Metaphysik des Irrationalen haben dazu beigetragen, die geistesgeschichtliche Konstellation zu verdecken, der sein Denken entspringt. Wenn Hans-Georg Gadamer Dilthey «zwischen Romantik und Positivismus» lokalisiert (eine Ortsbestimmung, die eher für Nietzsche als für Dilthey zutrifft), so sind damit noch nicht die wirksamen historischen Voraussetzungen bezeichnet, aus denen die Modernität Diltheys verständlich wird.[28] In seiner «Grundlegung der Geisteswissenschaften» laufen mehrere geistige Strömungen zusammen, die nach dem Positivismus zur Hermeneutisierung der Philosophie geführt haben.

An erster Stelle ist die pragmatische Bewegung zu nennen, die Relativierung der Wahrheit auf den Willen. Sie läßt sich bei Dilthey gut verorten. Dafür steht sein Rückgriff auf Arthur Schopenhauer und Friedrich Nietzsche und die daran anschließende Wende zur voluntaristischen Auffassung des Psychischen, die in Deutschland lange Zeit durch die mechanistische Tradition der Elementenpsychologie zurückgedrängt worden war.[29] Dilthey beruft sich für die voluntaristische Bewußtseinstheorie auch auf die schottischen Philosophen Thomas Reid (1710–1796) und Alexander Bain (1818–1903). Letzterer hat die Entwicklung des amerikanischen Pragmatismus entscheidend geprägt.[30] Diese Genealogie läßt erkennen, daß Diltheys Grundlegung der Geisteswissenschaften und die pragmatistische Sinnklärungsmethode aus ein und derselben Quelle gespeist werden.[31] Das macht Dilthey zum ‹Pragmatisten›.

Eine zweite philosophische Strömung des 19. Jahrhunderts ist für ein adäquates historisches Verständnis der philosophischen Hermeneutik von Bedeutung: die Relationenlogik, in der Prädikate als Beziehungen interpretiert werden. Mit dieser Transformation der Logik ist schon im 19. Jahrhundert das strukturalistische Denken vorbereitet worden.[32] Darauf verweist die ausgiebige Verwendung des Strukturbegriffs, mit der Dilthey Psychologie und Erkenntnistheorie miteinander zu verbinden sucht. Der Strukturbegriff schlägt die Brücke zwischen dem pragmatischen und dem semantischen Aspekt des Bewußtseins, das dadurch aus der Isolierung der «reinen Vernunft» erlöst wird. Insofern ist Dilthey nicht nur ‹Pragmatist›, sondern auch ‹Strukturalist›.

Als dritte Geistesströmung ist das symbolische Denken von Bedeutung, das den Blick von außen nach innen zieht, vom Ding zum Erlebnis. Am Leitfaden der romantischen Hermeneutik Friedrich Schleiermachers, dessen Biographie er geschrieben hat, beschäftigt sich Dilthey eingehend mit der «symbolisierenden Tätigkeit» des Bewußtseins, mit Symbolverarbeitungen, die heute im «Symbol Processing»-Modell des Kognitivismus dargestellt werden. Natürlich standen Dilthey derartige Modelle noch nicht zur Verfügung, aber doch konkrete Materialien in Form von psychopathologischen Untersuchungen der sich etablierenden Psychiatrie.[33] Diltheys immer noch zu wenig beachtete Schriften zur Poetik haben diese Materialien zu einer antinaturalistischen Produktionsästhetik zusammengefaßt, deren Prinzipien in der Hermeneutik wirksam bleiben. Aufschlußreich ist in diesem Zusammenhang, daß Dilthey am siebzigsten Geburtstag seine Philosophie in Form eines Traumgesichts niedergelegt hat.[34] Insofern ist Dilthey schließlich auch ‹Symbolist›.

Pragmatismus, Strukturalismus und Symbolismus: drei Stichworte zur geistesgeschichtlichen Ortsbestimmung Diltheys, die für den Neubeginn der Philosophie nach dem Positivismus charakteristisch sind. Sie markieren den aufgestauten Widerspruch zwischen der sinnlichen und der geistigen Welt, der am Ende des 19. Jahrhunderts in Literatur und Kunst auf formal überzeugende Lösungen drängt. An dieser Bewegung hat auch die philosophische Hermeneutik teil, die damit wesentlich zur ästhetischen Moderne gehört. Diese geistesgeschichtliche Lokalisierung soll hier nicht weiter verfolgt werden. Das Ziel bildet eine hermeneutische Prinzipienlehre, die sich an die bewußtseinstheoretische Position Diltheys anschließt, ohne ihm in allen Punkten zu folgen. Von den bisherigen Rekonstruktionen unterscheidet sich der symbolische Pragmatismus insbesondere dadurch, daß er Diltheys Denken nicht mehr am deduktiven Schema der Transzendentalphilosophie Kants mißt.[35] Obwohl Diltheys eigene Äußerungen es nahelegen, in seiner Grundlegung der Geisteswissenschaften eine Ergänzung der drei Kritiken Kants zu sehen – schwebte ihm doch eine «Kritik der historischen Vernunft» vor –, entfaltet sein Rückgang auf die Subjektivität des Erlebens erst dann seine hermeneutische Fruchtbarkeit, wenn man ihn als symbolisch-pragmatische Umbildung der kantischen Idee der Transzendentalphilosophie liest. Insofern hat die von Karl-Otto Apel proklamierte Transformation der Transzendentalphilosophie in «Transzendentalpragmatik» bei Dilthey bereits eingesetzt. Freilich verläuft sie hier in eine andere Richtung: Statt nach einem Apriori der Kommunikation zu suchen, sieht Dilthey das hermeneutische Apriori in den symbolischen Formen des Ausdrucks.

Geht man vom zuständlichen Bewußtsein aus, so läßt sich die Theorie des Verstehens unter zwei Aspekten ausführen: erstens unter dem pragmatischen Aspekt, der die an das Verhalten gebundenen, vital gesteuerten Funktionen des Bewußtseins betrifft. Zweitens unter dem symbolischen Aspekt, der die Ausdrucksformen betrifft, die sich aus der Struktur des Verhaltens ergeben. Unter Verwendung der von Dilthey bereitgestellten Materialien werden diese Aspekte in den beiden Teilen des Buches entwickelt: Der erste Teil enthält eine *Strukturlehre* des Bewußtseins, der zweite Teil eine hermeneutische *Kategorienlehre*.

Die Zweiteilung der hermeneutischen Philosophie in Strukturlehre und Kategorienlehre könnte den Eindruck einer überholten erkenntnistheoretischen Architektonik erwecken, die sich aus der starren Entgegensetzung von Subjekt und Objekt ergibt. Das ist hier aber nicht der Fall. Es geht vielmehr um die Explikation zweier Aspekte, unter denen sich die Einheit von Mensch und Welt im zuständlichen Bewußtsein beschreiben läßt. Die Beschreibung orientiert sich an den Schwerpunkten, die Dilthey im Anschluß an seine unvollendet gebliebene «Einleitung in die Geisteswissenschaften» (1883) gesetzt hat.

Die *Strukturlehre* hält sich an Diltheys «Ideen über eine beschreibende und zergliedernde Psychologie» (1894), in denen die traditionelle mechanistische Psychologie hermeneutisch umgewandelt wird. An seiner «Strukturpsychologie» hat Dilthey bis ans Ende festgehalten, auch dann noch, als er sich mit der Psychologismuskritik in Edmund Husserls «Logischen Untersuchungen» (1900) vertraut gemacht hatte. Dieser Umstand belegt, daß nach Diltheys Ansicht die Psychologie nicht restlos durch die Logik des reinen Denkens ersetzt werden kann. Freilich sind mit dem psychologischen Ansatz Gefahren verbunden, die sich im lebensphilosophischen Irrationalismus bemerkbar gemacht haben. Doch die hier lauernden Gefahren werden nicht dadurch vermieden, daß man die ‹dunklen Mächte› im Bewußtsein leugnet. Diltheys Strukturpsychologie wird man erst gerecht, wenn man sie als Versuch liest, die Erlebnisdimension des Bewußtseins, seine Zuständlichkeit in ihrer bedeutungsbildenden Funktion hermeneutisch aufzuklären.

Die *Kategorienlehre* des Verstehens knüpft an die späten Arbeiten Diltheys an, die er unter dem Titel «Der Aufbau der geschichtlichen Welt» (1910) zusammengefaßt hat. Hier versucht er in mehreren Anläufen, Grundbegriffe des Verstehens als «Kategorien des Lebens» zu entwickeln. Mit Lebenskategorien sind nichtgegenständliche Formen der Welterschließung gemeint, die der Dynamik des Erlebens entspringen und die bisher unbekannte Aspekte der Wirklichkeit sichtbar machen. «Zeitlichkeit» ist eine solche im Erlebnis der Zeit fundierte Lebenskategorie, die durch den physikalischen Zeitbegriff nicht erfaßt wird. Wie die Nachlaßveröffentlichungen der erkenntnistheoretischen Schriften zeigen, sind Diltheys Bemühungen um die Kategorienlehre allerdings mindestens so alt wie seine Strukturpsychologie. Ein «Leben und Erkennen» überschriebener Entwurf aus dem Anfang der neunziger Jahre enthält die am detailliertesten ausgearbeitete Fassung einer hermeneutischen Kategorienlehre, die der Strukturlehre des Bewußtseins entspricht (GS XIX, 333ff).[36] Zu seinen Lebzeiten hat Diltheys Kategorienlehre immer im Schatten seiner Lehre von den Typen der Weltanschauung gestanden. Erst später ist die hermeneutische Kategorienlehre in der Existenzphilosophie zur Geltung gekommen, insbesondere in Heideggers Theorie der «Existenzialien».[37]

Die Rekonstruktion der Hermeneutik im Sinne des symbolischen Pragmatismus macht ausgiebig Gebrauch von den Vorlagen Diltheys, verändert sie aber gemäß den Anforderungen der logischen Semantik und erweitert sie in Richtung auf die Medialisierung des Bewußtseins. In der Strukturlehre wirkt sich das in der Weise aus, daß die von Erich Rothacker angesprochene bildhafte Dimension des zuständlichen Bewußtseins ins Zentrum der Analysen rückt. Durch die Einbeziehung des Bildbegriffs in die Bewußtseinstheorie werden die Schwierigkeiten, die Dilthey mit dem Strukturbegriff hat, vermieden und die Einheit des Bewußtseins aus dem «Leben der Bilder» verständlich gemacht.

Noch weiter über Dilthey hinaus führt die Entwicklung der hermeneutischen Kategorienlehre. Die bei Dilthey vorliegenden Ansätze, eigene Lebenskategorien zu formulieren, lassen sich zu Ende führen, indem man genauer die verschiedenen Ebenen unterscheidet, auf denen sich die Bedeutungen bilden. Legt man die Abstufung des Wissens nach seinem Abstraktionsgrad in Wahrnehmen, Erkennen und Denken zugrunde, so gelangt man zur Unterscheidung von drei Arten von Kategorien: formale, reale und ideale. Formale Kategorien betreffen die elementare Gliederung der Wahrnehmungswelt (z. B. Gleichheit und Verschiedenheit), reale Kategorien konkrete Inhalte der Erfahrung der Außenwelt (z. B. Substanz und Kausalität) und ideale Kategorien integrale Formen des Denkens (z. B. Weltbilder). Alle drei Arten von Kategorien erfassen die Inhalte allerdings nicht aus der Perspektive des gegenständlichen, sondern des zuständlichen Bewußtseins und überschreiten somit die Grenzen der Logik des Begriffs und des Urteils.

In der hermeneutischen Kategorienlehre ist es mit der Unterscheidung von drei Arten von Kategorien noch nicht getan. Ein weiteres und gewichtiges Problem besteht in der Anwendung der Kategorien. Die Hermeneutik muß sich an die sprachlichen Formen halten, in denen die Kategorien ihren Ausdruck finden. Den hermeneutischen Kategorien entsprechen keine objektiven Begriffe, sondern bildliche und mimetische Formen des Ausdrucks. Diese sind Metaphern, Geschichten und Stile, denen sich die einzelnen Arten der Kategorien genau zuordnen lassen. Hierin liegt eine logisch-semiotische Aufgabe, die sich Dilthey selbst nicht mehr gestellt hat. In diesem Punkt vollzieht der symbolische Pragmatismus den Übergang von der Moderne zur Postmoderne, der sich hermeneutisch als *imagic turn* der Philosophie beschreiben läßt.

1 Eine treffende Charakterisierung von Wahrheit und Methode gibt K. Gründer, Perspektiven für eine Theorie der Geschichtswissenschaft, in: Reflexion der Kontinuitäten. Zum Geschichtsdenken der letzten Jahrzehnte, Göttingen 1982, 93: «Das Buch hat seinen Rang nicht als ein Werk des Durchbruches wie Heideggers ‹Sein und Zeit›, sondern durch seinen epimetheischen Charakter: es bringt nachgängig, aber zum ersten Mal, eine Begründungstheorie für jenes sowohl postphänomenologische wie posthistoristische, nämlich eben ‹hermeneutische› Verhältnis von Philosophie und Philosophiegeschichte». Unter den mittlerweile zahlreichen Darstellungen von Gadamers philosophischer Hermeneutik sei hier genannt: H. Turk, Wahrheit oder Methode? H.-G. Gadamers «Grundzüge einer philosophischen Hermeneutik», in: Hermeneutische Positionen. Schleiermacher – Dilthey – Heidegger – Gadamer, hg. von H. Birus, Göttingen 1982, 120–150.

2 Diese häufig zitierte Formulierung findet sich in H.-G. Gadamer, Rhetorik, Hermeneutik, Ideologiekritik, in: Kleine Schriften, Bd. 1, Tübingen 1967, 127.

3 H. R. Jauß, Ästhetische Erfahrung und literarische Hermeneutik, Frankfurt a. M. 1982, 657ff. Distanzierter gegenüber Gadamer äußert sich Jauß in seinem Aufsatz Zur Abgrenzung und Bestimmung einer literarischen Hermeneutik, in: Text und Applikation. Theologie, Jurisprudenz und Literaturwissenschaft im hermeneutischen Gespräch, hg. von M. Fuhrmann, H. R. Jauß u. a., München 1981 (Poetik und Hermeneutik IX), 459–481.

4 Dafür steht K. Gründer, der die geschichtswissenschaftliche Erkenntnis vor dem Szientismus bewahren möchte und unter Hermeneutik «konkrete geschichtliche Reflexion» versteht; Hermeneutik und Wissenschaftstheorie, in: Reflexion der Kontinuitäten, a. a. O., 79. Kritisch gegenüber dem Versuch Gadamers, die Hermeneutik zur Grundlage der Historik zu machen, äußert sich dagegen K.-G. Faber, Theorie der Geschichtswissenschaft, München 1974, 109–127.

5 Darauf besteht für Dilthey und seine Göttinger Schule F. Rodi, Traditionelle und philosophische Hermeneutik. Bemerkungen zu einer problematischen Unterscheidung, in: Erkenntnis des Erkannten. Zur Hermeneutik des 19. und 20. Jahrhunderts, Frankfurt a. M. 1990, 89–101. Für Schleiermacher tritt ein M. Frank, Das individuelle Allgemeine. Textstrukturierung und -interpretation nach Schleiermacher, Frankfurt a. M. 1977.

6 K. Stierle, Für eine Erweiterung des hermeneutischen Zirkels, in: Poetica Bd. 17, 1985, 340–354.

7 Zur Auseinandersetzung mit Gadamers «Wahrheit und Methode»: K.-O. Apel, Transformation der Philosophie, Bd. I, Sprachanalytik, Semiotik, Hermeneutik, Frankfurt a. M. 1973, 22ff und J. Habermas, Zu Gadamers «Wahrheit und Methode», in: Hermeneutik und Ideologiekritik, Frankfurt a. M. 1971, 45–56.

8 J. Habermas, Der Universalitätsanspruch der Hermeneutik, in: Hermeneutik und Ideologiekritik, a. a. O., 120–159.

9 J. Habermas, Theorie des kommunikativen Handelns, 2 Bde., Frankfurt a. M. 1981.

10 Den Sinn der phänomenologischen Losung ‹Zu den Sachen selbst› erläutert der

Husserl-Schüler Eugen Fink, Die phänomenologische Philosophie Husserls in der gegenwärtigen Kritik, in: Kantstudien 1934, 330f.

11 Vgl. K.-O. Apel, Diltheys Unterscheidung von ‹Erklären› und ‹Verstehen› im Lichte der Problematik der modernen Wissenschaftstheorie, in: Dilthey und die Philosophie der Gegenwart, hg. von E. W. Orth, Freiburg/München 1985, 285–347 und G. H. v. Wright, Erklären und Verstehen, Frankfurt a. M. 1974.

12 Den okkasionellen Bedeutungen oder Ausdrücken hat Edmund Husserl in den Logischen Untersuchungen Bd. II/1, 79ff eine ausführliche Betrachtung gewidmet. Dazu die weiterführende Interpretation von E. W. Orth, Die Äquivokation des Sprachbegriffs. Zur Okkasionalität des transzendentalen Subjekts bei Edmund Husserl, in: Das Bewußtsein und das Unbewußte. Beiträge zu ihrer Interpretation und Kritik, hg. von H. Weiß und G. Pagel, Würzburg 1989, 8–20.

13 Bei dem Göttinger Lebensphilosophen Georg Misch finden sich Versuche, die hermeneutische Logik als Logik der evozierenden Ausdrücke zu entwickeln. Zur Darstellung und Weiterführung dieses Ansatzes siehe F. Rodi, Dilthey, die Phänomenologie und Georg Misch, in: Dilthey und die Philosophie der Gegenwart, a. a. O., 125–155.

14 Eine intentionalistische Semantik im Rahmen der Sprachanalyse, d. h. unabhängig von Husserls Begriff der Intentionalität, entwickelt im Anschluß an John R. Searle u. a. G. Meggle, Intention, Kommunikation und Bedeutung, in: Intentionalität und Verstehen, hg. vom Forum für Philosophie Bad Homburg, Frankfurt a. M. 1990, 88–108.

15 Karl Leonhard Reinhold, Versuch einer neuen Theorie des menschlichen Vorstellungsvermögens, Prag/Jena 1789, 235: «Im Bewußtsein wird die Vorstellung vom Vorstellenden und Vorgestellten unterschieden und auf beides bezogen». Dazu A. Klemmt, Karl Leonhard Reinholds Elementarphilosophie, Hamburg 1958.

16 Dazu die historisch und systematisch grundlegende Darstellung von C. F. Gethmann, Vom Bewußtsein zum Handeln. Pragmatische Tendenzen in der Deutschen Philosophie der ersten Jahrzehnte des 20. Jahrhunderts, in: Pragmatik. Handbuch pragmatischen Denkens, hg. von H. Stachowiak, Bd. 2, Hamburg 1987, 202–232.

17 Joachim Ritter, Subjektivität, Frankfurt a. M. 1974.

18 Zur Einführung dieses Begriffs: F. Fellmann, Interpretationismus und symbolischer Pragmatismus, in: Allgemeine Zeitschrift für Philosophie 15, 1990, 51–59.

19 Der Nachweis von Zitaten erfolgt im Text durch Angabe der Seitenzahlen in Klammern. Die Ausgaben, auf die sich die Seitenangaben beziehen, sind im Literaturverzeichnis aufgeführt.

20 Zum Symbolbegriff Ernst Cassirers s. K. Neumann, Ernst Cassirer: Das Symbol, in: Grundprobleme der großen Philosophen, hg. von J. Speck, Göttingen 1973 (Philosophie der Gegenwart II), 102–145.

21 E. W. Orth, Operative Begriffe in Ernst Cassirers Philosophie der symbolischen Formen, in: Über Ernst Cassirers Philosophie der symbolischen Formen, hg. von H.-J. Braun, H. Holzhey, E. W. Orth, Frankfurt a. M. 1988, 67.

22 Erst wenn ‹Geist› in ‹Medium› transformiert wird, ist ein klares Konzept des

Symbolischen möglich. Bei Ernst Cassirer deutet sich schon in einzelnen Formulierungen die Entwicklung in Richtung auf eine mediale Theorie des Bewußtseins an, so in seiner Arbeit Die Begriffsform im mythischen Denken, in: Wesen und Wirkung des Symbolbegriffs, Darmstadt [7]1956, 60: «Die Welt hat für uns die Gestalt, die der Geist ihr gibt. Und weil er bei all seiner Einheit keine bloße Einfachheit ist, sondern eine konkrete Mannigfaltigkeit verschiedenartiger Richtungen und Betätigungen in sich birgt: darum muß auch das Sein und seine Klassen, seine Zusammenhänge und seine Differenzen als ein anderes erscheinen, je nachdem es durch verschiedene geistige Medien erblickt wird». Unter «geistigen Medien» versteht Cassirer freilich immer noch objektive Kulturgebiete, denen verschiedene Formen der Begriffsbildung entsprechen. Im Unterschied dazu nimmt der symbolische Pragmatismus Medium radikal als die Darstellungsdimension des zuständlichen Bewußtseins, die auf der Seite des subjektiven Geistes liegt.

23 Zum geistigen Profil Rothackers, dessen Einfluß auf die Entwicklung der deutschen Nachkriegsphilosophie nicht hoch genug eingeschätzt werden kann, siehe W. Perpeet, Einleitung zu Erich Rothacker, Zur Genealogie des menschlichen Bewußtseins, Bonn 1966. Es ist nicht ohne historisches Interesse, daß Joachim Ritter, Karl-Otto Apel und Jürgen Habermas zu den Schülern Rothackers zählen.

24 Zur kritischen Beurteilung von Dilthey im Rahmen der deutschen Lebensphilosophie H.-J. Lieber, Geschichte und Gesellschaft im Denken Diltheys, in: Kulturkritik und Lebensphilosophie. Studien zur Deutschen Philosophie der Jahrhundertwende, Darmstadt 1974, 20–66. Unabhängig von der ideenpolitischen Einordnung ist Dilthey durch die Kritik seitens des Neukantianers Heinrich Rickert, Die Philosophie des Lebens. Darstellung und Kritik der philosophischen Modeströmungen unserer Zeit, Tübingen [2]1922, in den Geruch des lebensphilosophischen Irrationalismus geraten.

25 Zu Leben, Werk und Wirkungsgeschichte Diltheys vgl. die prägnanten Abrisse von H. Ineichen, Wilhelm Dilthey, in: Klassiker der Philosophie, hg. von O. Höffe, Bd.II, München 1981, 187–202 und H.-U. Lessing, Einleitung zu Wilhelm Dilthey, Texte zur Kritik der historischen Vernunft, Göttingen 1983, 9–24.

26 In «Wahrheit und Methode» (205 ff) wird Dilthey von H.-G. Gadamer unter der Überschrift «Diltheys Verstrickung in die Aporien des Historismus» abgehandelt. In Erkenntnis und Interesse, Frankfurt a. M. 1968, 224 f rügt J. Habermas an Dilthey den positivistischen Objektivismus.

27 So Umberto Eco, Einführung in die Semiotik, München 1972, 395–416. Dazu H. Anz, Hermeneutik der Individualität. Wilhelm Diltheys hermeneutische Position und ihre Aporien, in: Hermeneutische Positionen, a. a. O., 59–88.

28 H.-G. Gadamer, Wilhelm Dilthey nach 150 Jahren (Zwischen Romantik und Positivismus. Ein Diskussionsbeitrag), in: Dilthey und die Philosophie der Gegenwart, a. a. O., 157–182.

29 Vgl. K. Sachs-Hombach, Philosophische Psychologie. Ihre Entstehung und Geschichte im 19. Jahrhundert, Freiburg/München 1992.

30 Vgl. M. Fisch, Alexander Bain and the Genealogy of Pragmatism, in: Journal of the History of Ideas XV, 1954, 413–444.
30 Vgl. M. Fisch, Alexander Bain and the Genealogy of Pragmatism, in: Journal of the History of Ideas XV, 1954, 413–444.
31 Auf die auffälligen Parallelen zwischen Diltheys Denken und dem amerikanischen Pragmatismus, die einer eigenen Untersuchung bedürften, weist hin H.P. Rickman, Dilthey Today, A Critical Appraisal of the Contemporary Relevance of His Work, New York/Westport/Connecticut/London 1988, XIIf.
32 Zur Relationenlogik des 19. Jahrhunderts als Grundlage des Strukturalismus siehe G. Patzig, Der Strukturalismus und seine Grenzen, in: Sprache und Logik, Göttingen ²1981, 101–125. Die einschlägige Rekonstruktion der Strukturtheorie Diltheys vor dem Hintergrund der zeitgenössischen Forschungen auf dem Gebiet der Biologie, Physiologie und physiologischen Psychologie stammt von P. Krausser, Kritik der endlichen Vernunft. Wilhelm Diltheys Revolution der allgemeinen Handlungstheorie, Frankfurt a. M. 1968. Krausser leitet daraus eine konventionalistische Interpretation der Hermeneutik ab. Diese wissenschaftstheoretische Perspektive erschöpft freilich nicht das logisch-erkenntnistheoretische Potential der Strukturlehre auf der Ebene der Bewußtseinstheorie. Das nachzuholen, macht sich der symbolische Pragmatismus zur Aufgabe.
33 Interessante Hinweise gibt A. Marini, Alle origini della filosofia contemporanea: Wilhelm Dilthey, Firenze 1984. Dazu die Rezension von F. Fellmann, Über die Aktualität Diltheys, in: Schopenhauers Aktualität, hg. von W. Schirmacher, Wien 1988 (Schopenhauer-Studien 1/2), 345–348.
34 Eine Schilderung dieses Ereignisses gibt Max Dessoir, Buch der Erinnerung, Stuttgart 1946, 175.
35 Die in der gegenwärtigen Forschung vorherrschende Orientierung an Kant geht zurück auf H. Ineichen, Erkenntnistheorie und die geschichtlich-gesellschaftliche Welt. Diltheys Logik der Geisteswissenschaften, Frankfurt a. M. 1975. Eine über Ineichen hinausführende Perspektive für Diltheys Kategorienlehre eröffnet M. Riedel, Diltheys Kritik der begründenden Vernunft, in: Dilthey und die Philosophie der Gegenwart, a.a.O., 185–210. Eine umfassende Rekonstruktion von Diltheys Grundlegung der Geisteswissenschaften versucht H.-U. Lessing, Die Idee einer Kritik der historischen Vernunft. Wilhelm Diltheys erkenntnistheoretisch-logisch-methodologische Grundlegung der Geisteswissenschaften, Freiburg/München 1984.
36 Aus den Gesammelten Schriften Diltheys (GS) wird nach Band- und Seitenzahl zitiert.
37 Das Verhältnis von Diltheys Lebenskategorien zu Heideggers Existenzialien analysiert C. F. Gethmann, Philosophie als Vollzug und als Begriff. Heideggers Identitätsphilosophie des Lebens in der Vorlesung vom Wintersemester 1921/22 und ihr Verhältnis zu «Sein und Zeit», in: Dilthey-Jahrbuch Bd. 4, 1986–87, 27–53.

TEIL I:

STRUKTURLEHRE

Kapitel I: Bild und Bewußtsein

1. Bewußtsein und Selbstgefühl

Wenn Verstehen mehr sein soll als Austausch von Informationen, nämlich Sinnverstehen, dann muß die philosophische Hermeneutik mit einer Analyse des Bewußtseins als dem Ort anfangen, an dem der sinnhafte Aufbau der Welt sich vollzieht. Mehr noch als aller Anfang ist dieser Anfang schwer, weil er die Mittel der traditionellen Bewußtseinstheorie übersteigt. Diese hält sich ausschließlich an das gegenständliche Bewußtsein, das nach dem Modell des Subjekt-Objekt-Dualismus konzipiert ist. Dagegen erfordert das Sinnverstehen eine grundsätzlich andere Auslegung des Bewußtseins, die seiner Zuständlichkeit Rechnung trägt. Darin liegt methodisch eine schwierige Aufgabe, da die Zuständlichkeit ein prekäres Gebilde ist, das leicht seine Eigenart einbüßt, wenn man es analysieren und auf den Begriff bringen will.

Die Eigenart des zuständlichen Bewußtseins tritt in der Selbsterfahrung deutlich hervor. Diese liefert phänomenologisch einen merkwürdigen Befund: Ihre Gewißheit ist nicht an die Klarheit des Denkens gekoppelt, sondern muß im Gegenteil als Funktion der Undurchdringlichkeit des Erlebens angesehen werden. Das legt es nahe, von *Selbstgefühl* statt von Selbstbewußtsein zu sprechen.[1] Das Selbst als elementare Voraussetzung aller Bewußtseinsinhalte zieht sich, will man es fassen, im Zustand des Gefühls gleichsam hinter sich selbst zurück.[2] Das Selbstgefühl ist wie jedes Gefühl an Körperlichkeit gebunden, aber im Unterschied zu bestimmten Körpergefühlen ist das Selbstgefühl permanent; man kann nicht sagen, wann es angefangen hat, es läßt sich auch nicht eindeutig lokalisieren. In unbestimmter Weise deckt es sich mit dem ganzen Körper, wird durch den Verlust einzelner Körperteile aber nicht tangiert. Gelegentlich kann es sogar über die Grenzen des eigenen

Körpers hinausreichen: Es gibt Erfahrungen, zum Beispiel die mystische, in denen sich der Mensch mit anderen Personen oder der ganzen Welt eins fühlt. Auch in seinen Qualitäten bleibt das Selbstgefühl unbestimmt. Im Normalfall fungiert es im Hintergrund und als Hintergrund aller wechselnden Empfindungen, in außergewöhnlichen Fällen tritt es selbst als Entfremdungserfahrung hervor. Daraus ergibt sich: Gegenüber bestimmten und damit objektivierbaren Empfindungen ist das Selbstgefühl ein unhintergehbarer Zustand. In ihm stößt die Reflexionstheorie des Bewußtseins an ihre Grenzen.

Der Rückgang auf das Selbstgefühl macht deutlich, daß das zuständliche Bewußtsein mehr ist als ein Feld von ‹Befindlichkeiten›, die sich psychologisch beschreiben lassen. Die Unhintergehbarkeit des Zuständlichen stellt einen logischen Tatbestand dar, der als solcher von der Hermeneutik bisher kaum ernst genommen worden ist. Die logische Besonderheit der Zuständlichkeit besagt, daß sich Subjekt und Objekt im Bewußtsein nie direkt begegnen, sondern durch ein Drittes vermittelt werden. Damit soll das gegenständlich ausgerichtete, intentionale Bewußtsein natürlich nicht geleugnet werden; aber die Intentionalität erweist sich nun als Funktion eines fundamentaleren Sachverhalts: Bevor es ein Bewußtsein *von etwas* geben kann, muß ein Bewußtsein *für jemanden* da sein. Und dieser Jemand ist immer ein Selbst, das sich in einer Situation, in einem Zustand befindet. Die in der Semantik eingebürgerte Rede von den «intentionalen Zuständen» oder «propositionalen Einstellungen» verweist somit auf ein Ineinander von intentionalem und zuständlichem Bewußtsein, an dem die hermeneutische Analyse ansetzen muß, wenn sie die Eigenart des Verstehens gegenüber dem gegenständlichen Erkennen in den Blick bekommen will. Das macht den Weg frei für die Entwicklung einer medialen Theorie des Bewußtseins, die Bedeutung nicht allein an der Referenz auf Gegenstände, sondern auch und in erster Linie an ihrer Gegebenheitsweise in Bewußtseinszuständen mißt.

Erst durch die beschreibende Psychologie im 19. Jahrhundert ist klar geworden, daß das zuständliche Bewußtsein eine eigene, über den Reflexionsstandpunkt der Intentionalität hinausweisende Logik erfordert. Wie kein anderer hat Friedrich Nietzsche (1844–1900) diese Notwendigkeit gesehen. Mit Nachdruck fordert er die Philosophen dazu auf, den Bewußtseinsbegriff aus der Klammer der Subjekt-Objekt-Korrelation zu befreien: «Diese Unterscheidung überlasse ich den Erkenntnistheoretikern, welche in den Schlingen der Grammatik (der Volks-Metaphysik) hängen geblieben sind», heißt es in der «Fröhlichen Wissenschaft» (SW Bd. 3, 593). Was am Leitfaden der Sprache ins Bewußtsein tritt, ist nach Nietzsche nur eine «Oberflächen- und Zeichenwelt», die nichts über die Wirklichkeit des Erlebens aussagt. Um an die Erlebniswirklichkeit heranzukommen, bedarf es für Nietzsche der Umbildung der Psychologie zu einer «unnatürlichen» (SW Bd. 3, 594) Wissenschaft, deren Aufgabe darin liegt, die Zuständlichkeit des Bewußtseins als das dem Menschen Nächste und Vertrauteste überhaupt zum Objekt zu machen.

In der Nachfolge Nietzsches war es die Psychoanalyse, die sich der Zuständlichkeit des Bewußtseins unter dem Namen des «Unbewußten» angenommen hat. Sigmund Freuds Leistung besteht darin, daß er die semiotische Struktur des Unbewußten aufgedeckt und damit der Interpretation zugänglich gemacht hat. Die Interpretation bedient sich der Sprache, dem einzigen Instrument der Therapie, das in der Psychoanalyse zugelassen ist. Ihre Methode beschreibt Wege, Zuständliches zur Sprache kommen zu lassen.[3] Hier liegt die Strukturaffinität zwischen Psychoanalyse und Hermeneutik. Beide haben es mit der Auslegung der Bewußtseinsschichten zu tun, die vor der Intentionalität liegen.

Auch und insbesondere die Literatur der Moderne spiegelt die Erfahrung der Unhintergehbarkeit des Zuständlichen, mit der sich neue Perspektiven auf die Wirklichkeit eröffnen. Von Marcel Proust über James Joyce bis zu Samuel Beckett läßt sich die durchgängige Suche nach ungegenständlichen Modi der Realität verfolgen. Wie ein Resümee dieser Bemühungen, den Innenraum des zuständlichen Bewußtseins zu erschließen, liest sich eine briefliche Äußerung von Gottfried Benn aus dem Jahre 1939: «Bewußtsein! Sagen wir lieber: ein Bewußtsein. Ein Bewußtsein, sommers, in einer Stadt... Das ist das individuelle Bewußtsein, darüber ist es nicht herausgekommen»[4]. Das klingt nach einem resignativen Solipsismus, nach Gefangenschaft in der Höhle der Situation, ist aber nicht so gemeint. In der Unhintergehbarkeit der Zuständlichkeit sieht Benn vielmehr die Voraussetzung für die Erschließung von Bedeutungen, die in kein ‹Bewußtsein überhaupt› eingehen. Die Trennung von Subjekt und Objekt wäre für Benn, der die mit der Zuständlichkeit verbundene Irrealisierung der Dinge und des Subjekts durchlebt und durchlitten hat, ein zu einfacher Ausweg, eine zu billige Form der ‹Entspannung›, die dem Beruf des Dichters nicht gerecht wird. Nur im Übergang auf die Ebene des dichterischen Wortes, der reinen «Ausdruckswelt», läßt sich die innere Dynamik des zuständlichen Bewußtseins bewahren und sein Bedeutungspotential ausschöpfen.

Geht man von der ästhetischen Moderne aus, so kann man die Aufgabe der philosophischen Hermeneutik so formulieren: *Die Poetik der Ausdruckswelt ist in eine Logik des Zuständlichen zu transformieren.* Insofern braucht die innere Welt, die nach Benns persönlicher Erfahrung «immer unklar war» und die sich ihm erst im dichterischen Wort aufklärt, auch philosophisch nicht für alle Zeiten unklar zu bleiben.

2. Grenzen der phänomenologischen Bewußtseinstheorie

Unter den neueren Bewußtseinstheorien hat die von Edmund Husserl (1859–1938) begründete Phänomenologie der Eigenart der inneren Welt am nachhaltigsten Rechnung getragen. Noch in seinem letzten Buch «Formale und transzendentale Logik» (1929) wird deutlich, daß Subjektivität oder, wie Husserl sich emphatisch-pleonastisch ausdrückt, «Erlebnissubjektivität» in ihrer ganzen Breite als «Urtatsache» den phänomenologischen Analysen zugrunde liegt (Hua VII, 244). Statt vom ‹Bewußtsein überhaupt› auszugehen, hält sich Husserl an das individuelle Erleben, dessen Selbstgegebenheit eine von der rationalistischen Bewußtseinsphilosophie nicht voll angenommene Herausforderung darstellt.

Dieser Herausforderung hat sich Husserl gestellt: Er bezeichnet das Ich als den «dunklen Winkel», dessen Aufhellung jedem «rechten Philosophen» zur Aufgabe gemacht wird (Hua XVII, 244). Für einen Mathematiker und Logiker, der Husserl war, eine wahrhaft ungewöhnliche Äußerung! Angesichts des Psychologismusverdikts der Phänomenologie gegen die Erkenntnistheorie des 19. Jahrhunderts handelt es sich um eine äußerst gefährliche Aufgabe, deren Lösung aber für die transzendentale Logik unerläßlich ist: «Nur durch die prinzipielle Klärung, die in die Tiefen der Erkenntnis und Theorie leistenden Innerlichkeit, der transzendentalen Innerlichkeit, hinabsteigt, wird, was als echte Theorie und echte Wissenschaft geleistet ist, verständlich» (Hua XVII, 20). Diese Formulierung läßt erkennen, daß Husserl das Problem des zuständlichen Bewußtseins in seiner ganzen Rätselhaftigkeit vor Augen gestanden hat. Seine «subjektiv gerichtete Logik» (Hua XVII, 190) will eine «Formenlehre» (Hua XVII, 54) des Ausdrucks sein, die sich nicht auf die Untersuchung von Zeichensystemen beschränkt, wie das in den sprachanalytischen Referenztheorien geschieht.

Subjektivität begreift Husserl als «Medium der Phänomenalität», in dem alle objektiven Erkenntnisleistungen sich vollziehen. Das Wesen der Phänomenalität als Medium besteht ganz und gar darin, etwas sehen zu lassen, ohne selbst in Erscheinung zu treten. Das Ziel der Phänomenologie ist es, das «Medium der Phänomenalität, in dem sich naturwissenschaftliches Anschauen und Denken beständig bewegt», zugänglich zu machen («Philosophie als strenge Wissenschaft», 34). Aus diesen Formulierungen geht eindeutig hervor, daß Husserl die Idee einer medialen Bewußtseinstheorie vorschwebte. In der Durchführung allerdings ergeben sich Schwierigkeiten, da er für die Auslegung der Erscheinungen des Bewußtseins sich ausschließlich am Grundbegriff der Intentionalität orientiert.

Die Intentionalität hat zunächst den unbestreitbaren Vorteil, daß das «Medium der Phänomenalität» nicht in der Art eines Spiegels aufgefaßt wird, in dem die Dinge erscheinen. Damit ist die Abbildtheorie des Erkennens von vornherein ausgeschlossen. Aber dieser Vorteil ist erkauft um den Preis einer Intellektualisierung des Bewußtseins; denn was nun im «Medium der Phänomenalität» erscheint, sind gemeinte oder, wie Husserl sich ausdrückt, «vermeinte» Bedeutungen, reine Begriffe, «Ideen». Sie stehen für eine wesenhafte Wirklichkeit von ‹Gegenständen überhaupt› (Husserl sagt: «Etwas überhaupt»), neben denen die konkreten Gegebenheiten des Bewußtseins als bloße Abweichungen und Variationen der Idee fungieren. Damit geht die Wirklichkeit der situationalen Bedeutungen, die das Erleben ausmachen, verloren.

Die Schwierigkeiten mit der Intentionalität treten auch an ihrer funktionalen Ausdeutung zutage. Husserl begreift Intentionalität dynamisch als Tätigkeit besonderer Art. Nicht um ‹reine Erzeugung› von Ideen, wie bei den deutschen Idealisten, handelt es sich, sondern um eine Tätigkeit der Idealisierung durch Wiederholung von Bewußtseinsakten. Daraus ergibt sich das fundamentale Operationsgesetz der «Iteration», deren elementare Form Husserl mit der organischen Metapher des «Pulsens» umschreibt (Hua XVII, 254). Das gilt auch und insbesondere für das innere Zeitbewußtsein, das als «intentionale Zeitlinie» interpretiert wird.

Die Intentionalität avanciert somit zum fundamentalen logischen Prinzip, das Husserl als die «von den Logikern nie herausgehobene Grundform des ‹Undsoweiter›, der iterativen Unendlichkeit» bezeichnet (Hua XVII, 196). Er ist sich natürlich darüber im klaren, daß es sich dabei um eine Idealisierung der Subjektivität handelt, «da *de facto* niemand immer wieder kann». Es geht hier also um innere, in der Natur des intentionalen Bewußtseins liegende Gesetzmäßigkeiten, die von äußeren Hindernissen, dessen letztes der Tod ist, nicht berührt werden. Solange Bewußtsein vorhanden ist, gilt nach Husserl der Satz: «Ich *kann* oder könnte diese oder jene Erlebnisreihen in Gang bringen» (Hua I, 133).

Husserls Auflösung des Bewußtseins in unendliche Potentialitäten findet allerdings an der Situationalität der Erfahrung ihre Grenze. Nur für das Gegenstandsbewußtsein gibt es die logische Möglichkeit des Immer-wieder-Könnens. Für das zuständliche Bewußtsein dagegen gilt, daß man nur einmal oder überhaupt nicht mehr ‹kann›. Das tritt im Umschlagen von Stimmungen zutage, mit dem ein neuer Erfahrungsraum beginnt, der nicht als Fortsetzung des früheren anzusehen ist. Hierin liegt die Unableitbarkeit des «wesentlich subjektiven und okkasionellen» Sinns, der nach Husserl die lebensweltliche Erfahrung prägt (Hua XIX/1, 86).

Die Grenzen des Immer-wieder-Könnens treten nicht nur in der lebensweltlichen Erfahrung hervor, sondern äußern sich auch im Bereich wissenschaftlicher Erkenntnis in Form von unauflösbaren Antinomien. In ihnen gelangt das lineare wissenschaftliche Denken an seine Grenzen, deren Erreichung einen Paradigmenwechsel in den Wissenschaften zur Folge haben kann. Die moderne Chaosforschung, die Diskontinuitäten zum Prinzip der Weltkonstitution macht, scheint einen derartigen Paradigmenwechsel in der Physik anzukündigen.[5] Und selbst die Logik bleibt von Antinomien und Paradoxien nicht verschont. Das läßt den Schluß zu, daß der «dunkle Winkel» des zuständlichen Bewußtseins durch die Strahlen der Intentionalität doch nicht restlos aufgehellt werden kann. Das Situationale erfordert andere Formen der Idealisierung als die der Iteration.

Den Nachfolgern Husserls sind die Grenzen des intentionalen

«Undsoweiter» natürlich nicht entgangen. Das gilt nicht nur für Martin Heidegger (1889–1976), der Bewußtsein als «In-der-Welt-Sein» begreift, sondern auch für Maurice Merleau-Ponty (1908–1961), der in der «Phänomenologie der Wahrnehmung» eine Modifikation der Intentionalität vornimmt. Husserls «fungierende», d. h. im Verborgenen wirksame Intentionalität deutet er als «Existenz», deren ungegenständliche Gegebenheitsweise den Horizont bildet, in dem Erfahrung für den Menschen etwas anderes ist als bloße Fortsetzung von schon gemachten Erfahrungen (141). Husserl freilich wollte von der Selbständigkeit der Existenz als eigener Strukturform des Bewußtseins nichts wissen, weil er darin eine unerträgliche Bedrohung der «intentionalen Abgeschlossenheit» des transzendentalen Bewußtseins erblickte. Er fürchtete hier Einbrüche des Irrationalen, die dann ja auch zur Genüge erfolgt sind. Aber diese berechtigte Furcht hat ihn zugleich dafür blind gemacht, daß die intentionalen Leistungen nur auf dem Boden des zuständlichen Bewußtseins gedeihen.

Es gehört zu den bisher zu wenig beachteten Besonderheiten in der neueren Geschichte der Bewußtseinstheorie, daß der Neukantianer Heinrich Rickert (1863–1936) gegen die Phänomenologie das Recht des zuständlichen Bewußtseins zuerst und mit allem Nachdruck zur Geltung gebracht hat. Das ist problemgeschichtlich um so überraschender, als Rickert mit dem Aufbau der Transzendentalphilosophie unter dem Titel «Der Gegenstand der Erkenntnis» (1892) begonnen hatte. Erst spät, unter dem Eindruck des Intuitionismus der Phänomenologie und der Lebensphilosophie, unternahm Rickert den Versuch, die Transzendentalphilosophie, die bisher für ihn primär am wissenschaftlichen Erkennen orientierte Gegenstandstheorie gewesen war, um ein neues Gebiet zu erweitern: eine Zustandslehre.

In seiner Arbeit «Die Methode der Philosophie und das Unmittelbare» aus dem Jahre 1923 entwickelt Rickert die Opposition von zuständlichem und gegenständlichem Bewußtsein mit dem Ziel, den unmittelbaren Gegebenheiten des Bewußtseins gerechter zu werden, als das in seinen Augen der Phänomenologie Husserls gelungen ist. Damit hat sich eine eigentümliche Verkehrung der Fronten zwischen Neukantianismus und Phänomenologie vollzogen. Der Kritiker des Intuitionismus in der Phänomenologie macht sich deren Problemstellung zu eigen und entwickelt Ansätze zu ihrer Lösung, die sich vom intentionalen Bewußtseinsbegriff entfernen. Um den Dualismus von realen Bewußtseinsakten und intentionalen Bedeutungen zu überwinden, entwickelt Rickert ein Verfahren der Ausschaltung der Intentionalität, das systematisch die Stelle der phänomenologischen Reduktion einnehmen soll: «Es kommt allein auf eine eindeutige Bestimmung der *Richtung* an, in welcher das Denken des Intuitiven in seiner Unmittelbarkeit sich zu bewegen hat, und da genügt es, wenn wir sagen, die Einstellung auf das rein Zuständliche der Welt habe an den Platz der intuitiven oder phänomenologischen Einstellung zu treten» (Unmittelbarkeit und Sinndeutung, 66).

Die Einstellung auf das rein Zuständliche, die Rickert auch «protophysische Einstellung» (69) nennt, will das Medium sichtbar machen, in dem sich das gegenständliche Erkennen vollzieht. In diesem Sinne formuliert Rickert, der vorgegenständliche Bewußtseinszustand komme nur als «Gegenstandsfragment» in Betracht (68). Der Bereich, in dem das Fragmentarische des Bewußtseins am reinsten hervortritt, ist für Rickert die ästhetische Erfahrung, die den Gegenstand aus seinem Kontext herauslöst und dadurch Sinn anschaulich macht. Aber auch im Medium der Sprache läßt sich nach Rickert der zuständliche vom gegenständlichen Sinn der Aussage trennen: «Es wäre leicht, sich durch eine alle Vermittlungen nach Möglichkeit ausschaltende protophysische Einstellung davon zu überzeugen, wie zusammen mit jedem bedeutungsvollen oder verständlichen Wort etwas auftaucht, dessen Inhalt nicht nur in einer prinzipiell anderen Sphäre des Zuständlichen liegt als der Inhalt des gesehenen oder gehörten Wortes, sondern das inhaltlich auch sonst nicht zu den Inhalten der sinnlichen Wahrnehmungen oder deren Derivaten zu rechnen ist» (81). Ganz so leicht freilich, wie Rickert es darstellt, fällt der Vollzug der «protophysischen Einstellung» nicht, solange ungeklärt bleibt, nach welchem Schema und in welchen Ausdrucksformen sich die zuständliche Bedeutungsbildung vollzieht.

Das systematische Desiderat, das Rickerts Eröffnung der Perspektive auf das zuständliche Bewußtsein hinterläßt, lenkt den Blick auf Wilhelm Dilthey, der in seiner Grundlegung der Geisteswissenschaften eine Bewußtseinstheorie entwickelt, die sich an den Fortschritten der funktionalen Psychologie des späten 19. Jahrhunderts orientiert. Der Rückgang auf Dilthey hat allerdings nur dann einen Sinn, wenn man von vornherein darauf verzichtet, Dilthey an Husserl angleichen zu wollen. Diese Tendenz tritt besonders stark bei dem Husserl-Schüler

Ludwig Landgrebe hervor, der schon 1928 in einem systematischen Vergleich zwischen Husserl und Dilthey diesen einseitig der phänomenologischen Begrifflichkeit unterordnet.[6] Dadurch wird verdeckt, daß Diltheys Bewußtseinstheorie eine echte Alternative zur Absolutsetzung der Intentionalität bietet. Diese Alternative verdient es, ernsthaft aufgegriffen und mit angemessenen Mitteln weitergeführt zu werden. Die Richtung weist der Dilthey-Schüler Georg Misch, der 1930 in «Lebensphilosophie und Phänomenologie» Dilthey gegenüber Husserl und Heidegger verteidigt, dabei Dilthey aber zu sehr mit dem lebensphilosophischen Irrationalismus in Verbindung bringt.[7] Statt auf der «Unergründlichkeit» des Lebens zu insistieren, hätte Misch Diltheys Richtung einen größeren Dienst erwiesen, wenn er «Leben» als Wissensform auf die Strukturanalyse des Bewußtseins zurückbezogen hätte. Damit wäre ein tragfähiges Fundament für die von ihm anvisierte Logik des Ausdrucks geschaffen worden. Das ist nun nachzuholen.

3. Bewußtsein und Verhalten

«In den Adern des erkennenden Subjekts, das Locke, Hume und Kant konstruierten, rinnt nicht wirkliches Blut, sondern der verdünnte Saft von Vernunft als bloßer Denktätigkeit» (GS I, XVIII), so lautet der meistzitierte Satz aus Wilhelm Diltheys Vorrede zu seiner «Einleitung in die Geisteswissenschaften» (1883). Demgegenüber beansprucht Dilthey, den ganzen Menschen, «dies wollend fühlend vorstellende Wesen auch der Erklärung der Erkenntnis und ihrer Begriffe (wie Außenwelt, Zeit, Substanz, Ursache) zugrunde zu legen» (ebd.). Hier liegt keine Verwechslung des empirischen mit dem transzendentalen Subjekt vor, wie man zunächst meinen könnte. Dilthey versucht vielmehr, alle Seiten des menschlichen Bewußtseins in die erkenntnistheoretische Fragestellung einzubeziehen. Denn die Beziehung der Vorstellungen auf Gegenstände hängt so lange in der Luft, wie sie nicht durch ein Subjekt vermittelt ist, das sich selbst als Teil der Wirklichkeit erfährt, auf die sich seine Vorstellungen richten. Diese Überlegung führt zum Rückgang auf den «ganzen Menschen», dessen Wirklichkeitsbezug neben dem Erkennen durch das Fühlen und Wollen bestimmt wird.

Die traditionelle Psychologie deutet Erkennen, Fühlen und Wollen als drei ‹Vermögen›, die unabhängig voneinander betrachtet werden können. Diese Auffassung wird bei Dilthey durch eine funktionale Konzeption abgelöst, welche die Vermögen als Äußerungen eines Funktionsganzen beschreibt. Die neue funktionale Konzeption führt zum Verhalten als Oberbegriff aller Bewußtseinszustände. Erkennen, Fühlen und Wollen bilden demnach drei «verschiedene Seiten meines Verhaltens» (GS V, 204), drei «Verhaltungsweisen» (GS VII, 20), wie Dilthey sich altmodisch ausdrückt. Das klingt ganz harmlos, ist aber historisch wie auch systematisch ein Schritt von großer philosophischer Tragweite, durch den Dilthey den Standpunkt des Pragmatismus einnimmt. Durch den pragmatischen Standpunkt rückt das Denken auf die gleiche Ebene wie die anderen Bewußtseinsfunktionen. Denken (Erkennen) genießt keinen Vorrang mehr gegenüber dem Fühlen und dem Wollen. Alle drei verlieren ihre Selbständigkeit, sie werden zu Momenten der umfassenderen Aktivität des Verhaltens, das sich nur in Hinblick auf die Situation, in der sich der Mensch befindet, beschreiben läßt.

Mit der Deutung des Bewußtseins als Komplex von Verhaltensweisen begibt sich Dilthey auf einen gefährlichen Weg, wie der Behaviorismus gezeigt hat. Doch im Unterschied zum Behaviorismus, der Verhalten auf das Reiz-Reaktions-Schema reduziert und damit Gefahr läuft, in eine Art Verhaltensphysik abzugleiten, entwickelt Dilthey ein integrales Konzept, das die Einheit von Verhalten und Situation berücksichtigt. Eine Verhaltensweise besteht in der Fähigkeit, angemessene Antworten auf Situationen zu geben, von denen die Erhaltung des Subjekts abhängt. Demnach impliziert Verhalten immer schon ein Verständnis der Situation. In diesem Sinne definiert Dilthey Verhalten als «Stellungnahme» (GS VII, 238). Stellungnahme ist mehr als eine Aktivität des reinen Denkens, sie verweist auf die Perspektive des empirischen Subjekts im Hier und Jetzt, die für das Verständnis von Situationen unhintergehbar ist. Diese Einsicht führt Dilthey dazu, den ‹höchsten Punkt› des Erkennens nicht durch das analytische «Ich denke», sondern durch ein «Ich, das sich verhält», zu besetzen (GS VII, 21).

Der Verhaltensstandpunkt ermöglicht es, die drei Bewußtseinsfunktionen Erkennen, Fühlen und Wollen, die semantisch betrachtet unvergleichbar sind, als reale Bedeutungseinheit zu nehmen. Die Wirklichkeit des Erkennens ergibt sich erst aus der Beziehung zum Fühlen, und dieses wiederum wird erst wirklich im Verhältnis zum Wollen, indem es bestimmte Handlungsbereitschaften herstellt. Es liegt ganz auf der Linie der ganzheitlichen Betrachtungsweise, wenn Dilthey Wert auf den Nachweis legt, daß Bewußtsein immer alle drei Verhaltensweisen gleichzeitig aufweist. Der Mehrdimensionalität des Bewußtseins hat er ausführliche Beschreibungen gewidmet (GS V, 201 ff). So unterscheidet er zwischen «Gesamtzuständen», in denen das Bewußtsein zugleich Verschiedenes erkennt, fühlt und will (so wie der Mensch zugleich gehen und pfeifen kann), und der Komplexität der einzelnen Verhaltensweisen selbst. Sie treten nur scheinbar in reiner Form auf. Jedes Erkennen enthält Gefühls- und Willenskomponenten, nur bleiben sie verdeckt. Entsprechendes gilt vom Fühlen und Wollen. Der Vergleich von Erkennen und Wollen läßt das deutlich hervortreten. Erkennen wird als Verhaltensweise erfahren, die durch ihre rein sachliche Ausrichtung gekennzeichnet ist. Aber das bedeutet nicht, daß im erkennenden Verhalten die Willenskomponente fehlt, die als Aufmerksamkeit, Interesse usw. in jedem Erkenntnisvorgang wirkt. Nur die Übermacht der gegenständlichen Seite des Erkennens, die Präsenz der Sachen selbst, verdeckt die Rolle der ‹subjektiven› Funktion: «Daher entsteht der Schein eines bloß vorstellenden, willensfreien Verhaltens» (GS V, 204).

Den Verhaltensweisen entsprechen Aspekte der Welterschließung, die ebenfalls immer zusammen auftreten. Die Mehrdimensionalität des Verhaltens erzeugt somit die Mehrdimensionalität der Welt, in der die Menschen leben. Das erkennende Verhalten erschließt die Welt als Wirklichkeit, das fühlende Verhalten als Wert und das wollende Verhalten als Zweck. Wirklichkeit, Wert und Zweck als Korrelate von Erkennen, Fühlen und Wollen sind demnach keine ontologisch selbständigen Entitäten, sondern verschiedene Aspekte der konkreten Lebenswirklichkeit, die Dilthey als «die geschichtlich-gesellschaftliche Welt in ihrer vollen Realität» bezeichnet (GS I, 124). Sie bildet keinen Gegenstandsbereich neben der Natur, sondern umfaßt die wissenschaftlich erkennbare Welt und unterscheidet sich von dieser durch ihren höheren Wirklichkeitsgehalt. Daher kann es Dilthey als Aufgabe der geisteswissenschaftlichen Theorie bezeichnen, die Wirklichkeit, so wie sie von Menschen erfahren wird, allererst zugänglich zu machen: «Diese ganze, volle, unverstümmelte Erfahrung ist aber bisher noch niemals dem Philosophieren zugrunde gelegt worden» (GS I, 123). Der Weg dazu führt über die Analyse des zuständlichen Bewußtseins, in dem das Zusammenspiel der Verhaltensweisen die Lebenswirklichkeit in ihrem Reichtum hervortreten läßt.

Der Standpunkt des Verhaltens markiert die Grenzen der idealistischen Position, die Bewußtsein als reines Denken auffaßt, das der Wirklichkeit die Gesetze vorschreibt. Durch das Verhalten bleibt die Tätigkeit des Bewußtseins an Regeln gebunden, die mit dem Lebensvollzug identisch sind. Der pragmatische Standpunkt richtet sich aber nicht nur gegen den Idealismus, sondern auch gegen den Empirismus, der Bewußtsein als «Bündel» oder «Komplex von Empfindungen» auffaßt. Die im erkenntnistheoretischen Positivismus geläufige Rede von den «reinen Empfindungen» hält Dilthey für eine unzulässige Abstraktion, da sie der unauflösbaren Komplexität der Verhaltensweisen widerspreche, die er auf die Formel vom «Verhalten zu einem Inhalt» gebracht hat (GS VII, 325).

Gegen die verhaltenstheoretische Leugnung reiner Empfindungen scheinen allerdings der Schmerz und andere unmittelbare Empfindungen zu sprechen. Hier sieht es so aus, als spiele Verhalten keine Rolle. Aber dieser Eindruck erweist sich bei genauerem Hinsehen als Täuschung. Auch am Schmerzerlebnis läßt sich immer ein Moment der Stellungnahme, d.h. des Verhaltens, aufweisen. Eine Schmerzempfindung ‹an sich› gibt es nicht, sondern jeder Schmerz ist geprägt durch den Grad, in dem sich das Subjekt ihm hingibt oder ihn bekämpft, was etwa ein Fakir anschaulich belegt. Dilthey hat die Macht des Verhaltens gegenüber dem Rohmaterial der Empfindungen am Beispiel der ästhetischen Einstellung herausgearbeitet. Ihre Produktivität resultiert nach Dilthey aus einer eigentümlichen Doppelseitigkeit: auf der einen Seite die erhöhte Empfänglichkeit, die «Leidensfähigkeit» des Dichters, auf der anderen Seite der Wille zur Form, der das Erlebnis in Gestalt transformiert. Zur Illustration bringt Dilthey eine eindrucksvolle Parallele: «Christus am Kreuz, der das Bewußtsein hat, daß der Tod in seiner Mission von Gott her enthalten sei, verhält sich unpersönlich» (GS VI, 317). Dieses Beispiel läßt erkennen, wie Bewußtsein aus pragmatischer Sicht mehrere Dimensionen der Bedeutsamkeit gewinnt, eine ästhetische und eine ethische, wodurch die Innenperspektive der reinen Empfindungen überwunden wird. Für die pragmatische Bewußtseinstheorie gibt es kein vom Verhalten oder «Benehmen» unabhängiges Inneres: eine Einsicht, die man bei Dilthey als Vertreter einer angeblich subjektivistisch ausgerichteten Erlebnisästhetik am wenigsten erwartet und die auf Wittgenstein vorausweist: «Ein ‹innerer Vorgang› bedarf äußerer Kriterien» (PU § 580).

4. Bewußtsein als Strukturzusammenhang

Der Weg über die Verhaltensweisen führt an die Zuständlichkeit des Bewußtseins heran, die nach Diltheys Auffassung bei keinem intentionalen Akt fehlt: «Nicht nur im Lagegefühl, sondern auch in dem gegenständlichen ist nur Zuständlichkeit als Art des Verhaltens da: Zuständlichkeit, die mit Auffassen gegebener Gegenstände verbunden ist, oder solche, die in der Lage des Subjekts gegründet ist» (GS VII, 48). Die hier gemeinten Zustände sind offenbar mehr als bloß subjektive Gefühle, mehr als momentane Befindlichkeiten. Es handelt sich um konstante Dispositionen, unter bestimmten Umständen in bestimmter Weise zu reagieren. Damit ändert sich die Textur des Bewußtseins gegenüber dem kantianischen Transzendentalismus. Wo dieser nur ein Gewühl von Empfindungen auf der einen Seite und Vereinigungshandlungen des Denkens auf der anderen erblickte, entdeckt Dilthey ein Feld differenzierter Prozessualität. Für die Beschreibung dieses Feldes bemüht er eine Reihe von Begriffen, welche die Dynamik der Zuständlichkeit erfassen, die freilich eine andere ist als das Immer-wieder-Können des intentionalen Bewußtseins.

Das erste Stichwort für die Dynamik des zuständlichen Bewußtseins, die heute erst durch die Kognitionswissenschaften in ihrer neuralen Struktur erfaßt wird, lautet «Übergang». Übergänge zwischen Verhaltensweisen charakterisieren die Außenseite des Verhaltens, lassen sich aber auch auf das Erleben, in dem Verhalten zu Bewußtsein kommt und Bewußtsein wird, übertragen. Der Form nach ist Erleben nichts als Übergang, es besteht aus lauter «Übergängen eines Zustandes in einen anderen» (GS V, 206). Diese Deutung der Erlebniskontinuität macht die innere Dynamik des zuständlichen Bewußtseins verständlich, seine «Lebendigkeit», die sich grundsätzlich vom linearen Ablauf der kognitiven Akte im rein erkennenden Subjekt unterscheidet.

«Übergang» heißt Kontinuität, beläßt diese aber in einer Vorläufigkeit, die Fehlleistungen nicht ausschließt. Übergänge, die das qualitativ Verschiedene verbinden, bleiben unsicher. Denn Übergang heißt

Überschreiten einer Grenze, und im Akt des Überschreitens soll das voneinander Getrennte verbunden werden. Die klassische Logik hat sich bekanntlich mit dem Übergang immer schwer getan. Sie klassifiziert ihn als unzulässige Denkfigur, als «Metabasis», die es im Denken zu vermeiden gilt. Darüber war sich Dilthey durchaus im klaren. Hebt er doch hervor, daß für den Übergang von einer Verhaltensweise des Bewußtseins in die andere «kein zureichender Grund» bestehe (GS V, 213). Man könnte sich ein rein theoretisches Bewußtsein denken, in dem das Erkennen keine Empfindungen auslöst, ebenso ein rein empfindendes Bewußtsein, das ohne Abfluß seiner Empfindungen in Willensimpulse bleibt. Für die Übergänge zwischen den verschiedenen Verhaltensweisen gilt daher der Satz: «Keine Formel über das Identische und Differente in ihnen kann entworfen werden» (GS VIII, 185). Der Übergang stellt demnach eine eigene, vom logischen Prinzip des zureichenden Grundes unabhängige Form des Zusammenhangs dar: eine Zusammenhangsform, deren Analyse eine eigene Logik erfordert.

Die Beschreibung des zuständlichen Bewußtseins als Übergang von Verhaltensweisen verkennt nicht, daß Bewußtsein auf Gegenstände ausgerichtet ist und darin seine Einheit findet. Dilthey selbst hebt hervor, daß mitten im Wechsel der Zustände des Bewußtseins eines permanent bleibt: «das Korrelatverhältnis des Selbst und der gegenständlichen Welt» (GS V, 200). Aber anders als der Psychologe Franz Brentano (1838–1917) und der Logiker Edmund Husserl, die dieses Korrelatverhältnis unter dem Titel «Intentionalität» thematisieren und diese zum Wesen des gesamten Bewußtseins machen, sieht Dilthey in der Gegenstandsbeziehung nur eine Seite des Bewußtseins. Die andere Seite bilden die Übergänge der Verhaltensweisen, aus denen heraus die Intentionalität lebt und ohne die sie im Vakuum der reinen Referenz hängen würde.

Als Substrat eines intentionalen Aktes lassen sich verschiedene Verhaltensweisen vorstellen, die nicht durch den Gegenstand als solchen motiviert sind. In diesem Sinne heißt es bei Dilthey: «Alles andere aber in mir außer diesem Korrelatverhältnis von Welt und Selbst ist Vorgang» (GS V, 201). Mit «Vorgang» ist das zweite Stichwort gefallen, das Dilthey zur Beschreibung der Dynamik des Zuständlichen anführt. Insofern kann man Bewußtsein nicht primär als «Bewußtsein von etwas» definieren, sondern als «Bewußtsein an etwas»: «Ein Bewußtsein ohne einen Vorgang, an welchem es ist, ist ein Ungedanke» (ebd.). Unter Vorgang versteht Dilthey freilich etwas anderes als einen kausal beschreibbaren Ablauf. Zum Vorgang des zuständlichen Bewußtseins gehört wesentlich seine rhythmische Gliederung, die dem Ablauf des Lebens selbst entspricht. Der Lebensrhythmus unterscheidet sich vom gleichmäßigen Abfluß der Eindrücke durch seine Zäsuren, die jeden Bewußtseinszustand als zeitlichen Verlauf mit Anfang, Mitte und Ende erlebbar machen: «Er ist ein Vorgang» (GS V, 200).

Mit der Ausarbeitung der Selbständigkeit des zuständlichen Bewußtseins liegt ein Versuch vor, die Erlebniswirklichkeit auf eine Zusammenhangsform zurückzuführen, die dem diskursiven Denken zugrunde liegt: «Der seelische Zusammenhang bildet den Untergrund des Erkenntnisprozesses» (GS V, 151). Im Unterschied zur Erkenntnistheorie, die sich ausschließlich auf die Intentionalität konzentriert, will die Theorie des zuständlichen Bewußtseins das Medium selbst, in dem sich alle Erkenntnisprozesse vollziehen, vergegenwärtigen und reflektieren: «Ich halte mich dabei beobachtend, unbeirrt von den Vorurteilen des Idealismus, welcher nur zu leicht das Ergebnis seiner Selbstbesinnung dem Befund der Erfahrung unterschiebt und so den Erfahrungsbestand verdunkelt» (GS XIX, 66). Die Absicht, in der Beschreibung des zuständlichen Bewußtseins den «Vorurteilen des Idealismus» zu entgehen, ohne der entgegengesetzten Gefahr einer Naturalisierung des Bewußtseins zu erliegen, erreicht Dilthey durch die Einführung eines dritten Begriffs: «Erwirken». Im Unterschied zum kausalen Bewirken beinhaltet Erwirken einen Reaktionsspielraum, der es verbietet, den Vorgang des Erlebens als im voraus festgelegten zu denken: «So erwirkt ein Gefühl des Abscheus die Neigung und das Streben der Entfernung seines Gegenstandes aus meinem Bewußtsein. So erwirken die Prämissen den Schlußsatz. In beiden Fällen werde ich dieses Erwirkens inne» (GS V, 201). Erwirken, das hier auf der Ebene des Gefühls wie auf der Ebene des Denkens eingesetzt wird, bezeichnet eine eigene Form von Aktivität, die der Wechselseitigkeit der Lebensprozesse gerecht wird: «Erwirken konstituiert ja alles, was im Leben hervortritt» (GS VII, 239).

Erwirken als Radikal der Erlebnisdynamik wird ergänzt durch einen vierten Begriff, der die Unwillkürlichkeit heraushebt, die den Vorgängen des zuständlichen Bewußtseins eigen ist: «Fortgezogenwerden». Darin äußert sich die unwiderstehliche Macht der Übergänge, mit der Gefühle und Willensimpulse den Menschen «aller Vernunft zum Trotz» beherrschen. Das Fortgezogenwerden als Bewegungsform verweist von der Oberfläche des gegenständlichen Erkennens in die «Abgründe des Menschlichen, die eben in diesem Zwingen und Bannen und in Sklavereiversetzen sich auftun» (GS VII, 328). Die transzendentale Funktion des Fortgezogenwerdens illustriert Dilthey an einem eindrucksvollen Beispiel, das von geläufigen psychologischen Tatbeständen ausgeht und bei logischen Einsichten endet. Es ist die Erfahrung der Gedankenbewegung im Zustand des Halbschlafs: «Ich liege des Nachts wachend, ich sorge um die Möglichkeit, begonnene Arbeiten in meinem Alter zu vollenden, ich überlege, was zu tun sei (...). Nun aber wird mein Auffassen vom Erlebnis selbst auf Grund der in ihm enthaltenen Momente zu Erlebnissen fortgezogen» (GS VII, 139f; 28). Auf psychologischer Ebene handelt es sich um die Beschreibung eines Assoziationsprozesses. Aber die verschiedenen Bewußtseinszustände, die assoziativ verbunden werden, entwickeln zugleich eine objektive Dynamik, die sich aus den verschiedenen Richtungen ergibt, in denen sich das Selbst gegenüber den Inhalten des Bewußtseins verhält und die ihren sprachlichen Ausdruck in den Verhältniswörtern finden: «All dies Über, Von und Auf, all diese Beziehungen des Erlebten auf Erinnertes und ebenso auf Zukünftiges zieht mich fort – rückwärts und vorwärts. Das Fortgezogenwerden in dieser Reihe beruht auf der Forderung immer neuer Glieder, die das Durcherleben verlangt (...). Es ist ein Fortgezogenwerden, keine Volition» (GS VII, 140). Damit wird die innere Dynamik des Erlebens, die sich nicht auf die Diskursivität logischer Zusammenhänge reduzieren läßt, in ihrer Subjektivität und Objektivität zugleich erfaßt. Die Objektivität liegt im «Durcherleben», in einem Prozeß, in dem sich das Bewußtsein von der Zufälligkeit der Assoziation dadurch befreit, daß es alle Zustände durchläuft, aus denen sich der gegenwärtige Bewußtseinszustand aufbaut. Das Fortgezogenwerden gewinnt dadurch den Charakter der Selbstexplikation, die Klarheit ins Bewußtsein bringt, ohne in gegenständlichen Begriffen zu enden.

Übergang, Vorgang, Erwirken, Fortgezogenwerden: Mit diesen vier Begriffen will Dilthey dem dynamischen Charakter des zuständlichen Bewußtseins gerecht werden. Durch sie soll eine Vorstellung davon vermittelt werden, wie das Proteushafte des zuständlichen Bewußtseins eine Gliederung erfährt, eine innere Stabilisierung, die sich nicht auf die Einheitsfunktion der intentionalen Synthesis zurückführen läßt. Dilthey setzt für die nicht-intentionale Ordnung den Oberbegriff «Strukturzusammenhang» ein. Diese Zusammenhangsform definiert er als

«Regelmäßigkeit in der Beziehung der Teile zu einem Ganzen» (GS VII, 15). Dadurch «Struktur» wird gegenüber dem kausalen wie auch gegenüber dem logischen Zusammenhang zu einer eigenen Einheitsform, zu einem «Zusammenhang (...) sui generis» (GS V, 213). In der Struktur gewinnen die Vorgänge des zuständlichen Bewußtseins ihre erste vorgegenständliche Gestalt: «Hier ist der feste Hintergrund, auf welchem das wechselnde Licht des momentanen Bewußtseins hin- und herwandert. Hier sind die dauernden Regeln, von denen das zufällige Spiel der Assoziationen schließlich regiert wird» (GS V, 181). Diese Formulierungen belegen, wie der Strukturbegriff zwischen der psychologischen und der logischen Gesetzlichkeit steht. Der Strukturzusammenhang verweist auf eine durch Regeln geleitete Pragmatik des Verhaltens, durch die das scheinbar sinnlose Spiel der Assoziationen Verständlichkeit gewinnt.

Die Attraktivität des Strukturbegriffs, den Dilthey von der damaligen Leitwissenschaft, der Biologie, übernimmt, liegt darin, daß er es ermöglicht, die Theorie des zuständlichen Bewußtseins mit dem pragmatischen Standpunkt zu verbinden. Verhalten und Struktur gehören im Bewußtsein zusammen.[8] Die durch den Strukturbegriff denkbare Verbindung zwischen Leben und Bewußtsein liefert das homöostatische Prinzip der Erhaltung des Gleichgewichts sich selbst regulierender Systeme. Das macht den von Dilthey herausgehobenen «teleologischen Charakter» des Strukturzusammenhangs aus (GS V, 176). Er hebt im Bewußtseinsvorgang die auswählenden, orientierenden und sinnverleihenden Komponenten des Verhaltens gegenüber den reinen Antrieben hervor und unterstreicht dies durch den Begriff «Wirkungszusammenhang», den er als Ergänzung und Weiterführung von «Strukturzusammenhang» einführt (GS VII, 239). Der Wirkungszusammenhang umfaßt die über den subjektiven Erlebnishorizont hinausreichende Ordnung des objektiven Geistes. Beide Ordnungen sind aufeinander bezogen, da beide Verhaltensweisen repräsentieren: «Aber Verhalten, Stellung ist das Tiefere, welches die Art des Erwirkens durch das Leben setzt» (ebd.).

Die Übernahme des Strukturbegriffs ist ein für den pragmatischen Ansatz charakteristischer Versuch, Bewußtsein an die Sphäre des Vitalen zu binden. Diese Tendenz kommt darin zum Ausdruck, daß Dilthey Struktur als «einheitliche Kraft» bezeichnet, freilich mit der Einschränkung: «dies Wort ohne jede metaphysische Substantialisierung genommen» (GS V, 238). Aber er geht noch einen Schritt weiter und bezieht Struktur auf das Erleben, auf dessen rein deskriptive Erfassung es ihm ankommt. Der Kernsatz seiner Strukturlehre lautet: «Der Strukturzusammenhang wird erlebt» (GS V, 206). Mit der These von der Erlebbarkeit der Struktur wird allerdings ein Punkt erreicht, an dem die Theorie des zuständlichen Bewußtseins auf Schwierigkeiten stößt. Das belegt die scharfe Kritik, die der Psychologe Hermann Ebbinghaus (1850–1909) am Satz von der Erlebbarkeit der Struktur geübt hat.[9] Als experimenteller Psychologe war er darauf bedacht, die Realität des Erlebens auf quantitativ meßbare Einheiten zu reduzieren. Die mit dem Strukturbegriff eingeführte morphologische Dimension widerstreitet nach Ebbinghaus der Wissenschaftlichkeit der experimentellen Psychologie.

Gegenüber der Kritik von Ebbinghaus ist Diltheys Verteidigung allerdings wenig überzeugend ausgefallen, so daß es nicht verwundert, daß er sich schließlich gekränkt aus der Diskussion zurückgezogen hat. Er begnügt sich damit, die Gegebenheit des Strukturzusammenhangs im Bewußtsein zu konstatieren und ihn als Erklärungsprinzip für die verschiedenen Funktionen des Bewußtseins in Anspruch zu nehmen. Auch sein resignatives Fazit, es werde wohl «im Seelenleben etwas Inkommensurables anerkannt werden müssen» (GS V, 240), ist nicht gerade dazu angetan, die Einwände von Ebbinghaus zu beseitigen. Dazu hätte es vielmehr der Einsicht bedurft, daß die Struktur ein Medium braucht, an dem sie hervortreten kann. Solange das Medium nicht bestimmt ist, hängt der Satz von der Erlebbarkeit des Strukturzusammenhangs in der Luft. Ein Bewußtsein, das Strukturen erkennt, muß sicherlich selbst Strukturen aufweisen: Worin äußern sich aber die Strukturen?

Die strukturale Linguistik hat hier den entscheidenden Durchbruch gebracht, indem sie die Strukturen in die von den Sprechakten unterschiedene Systemform der *langue* verlegt.[10] Doch läßt sich die Bedeutungsbildung restlos in sprachliche Strukturen auflösen? Das Formgefüge der *langue* als reine Möglichkeit bleibt in der Schwebe, solange es nicht seinerseits in einem Medium gedeiht, das Wirklichkeitscharakter besitzt. Das trifft für das zuständliche Bewußtsein zu, das trotz bzw. wegen seiner Unvergleichlichkeit mit der gegenständlichen Wirklichkeit alles andere als irreal ist: «Sonach eröffnet sich in diesen Tatsachen des Bewußtseins das Reich der unmittelbaren Wirklichkeit: die Tore der Realität sind aufgetan: allem Forschen ist ein dos moi pou sto gegeben. Dies ist der positive Kern des Satzes der Phänomenalität» (GS XIX, 64). Soll Phänomenalität nicht Phänomenalismus sein, so muß der «Satz der Phänomenalität», nach dem alle Wirklichkeit nur im Bewußtsein gegeben ist, in einen *Satz der Medialität* transformiert werden, der das Substrat beschreibt, in dem sich die vorsprachliche Bedeutungsbildung vollzieht. Wie sich die Transformation der Phänomenalität in Medialität des Bewußtseins «ohne Hypothesen über eine einheitliche Spontaneität oder seelische Substanz» (GS V, 237) konkretisieren läßt, soll im folgenden dargelegt werden.

5. Verhalten und Bild

Wie läßt sich die Bedeutungsbildung bestimmen, wenn man nicht gleich auf die Sprache und ihre Strukturen zurückgreifen will? Geht man von der konkreten Erfahrung aus, so zeigt sich, daß Verhalten nicht von Begriffen, sondern von Bildern gesteuert wird, die sich der Mensch von der Situation macht, in der er sich befindet. Bilder steuern Verhalten als Leitbilder. Das läßt eine Präzisierung des pragmatischen Ansatzes zu: Bewußtseinstheoretisch heißt Verhalten, Bilder vorüberziehen lassen, eins nach dem andern. Bleibt die Frage: Woher kommen die Bilder? Sie fallen nicht vom Himmel, sondern sind dem Verhalten innerlich. Die Immanenz der Verhaltensbilder gehört zu den zentralen Problemen der Verhaltensforschung. Im Anschluß an Kants Schematismus-Gedanken hat der Biologe Jacob v. Uexküll (1864–1944) die Verhaltensbilder als präformierte «Schemata» gedeutet.[11] Das verweist auf ein Verhältnis der Selbstreferenz: *Bilder, die Verhalten steuern, sind Bilder, die aus dem Verhalten stammen*. Ihre «Intelligenz» besteht darin, daß sie Verhaltensweisen ermöglichen, die über den unmittelbaren Reiz-Reaktions-Zusammenhang hinausweisen. Biologisch sind Bilder die Sprache des Lebendigen, die natürliche Symbolik sich selbst reproduzierender Systeme. Verhaltensbilder fungieren somit als Vermittlungsinstanz zwischen zwei Beschreibungen desselben Vorgangs, den man Bewußtsein nennt: Die naturalistische Beschreibungsweise erfaßt Bewußtsein funktional als Organisation von Bewegungen zur Erreichung eines Ziels, die idealistische Beschreibung als Verknüpfung von Vorstellungen zur Einheit eines Begriffs. Das Bild hat an beiden

Perspektiven teil, es steht für den Übergang von der Organisation zur Bedeutung.

Die Verhaltensbilder haben ihre strukturalistische Entsprechung in den «Lautbildern», auf denen nach Ferdinand de Saussure die Bedeutungsbildung der sprachlichen Zeichen beruht.[12] Der Rückgang auf die Verhaltensbilder besitzt gegenüber den Lautbildern den Vorteil, daß sich die pragmatische Funktion des zuständlichen Bewußtseins konkret bestimmen läßt. Um dem möglichen Vorwurf des Psychologismus schon im Vorfeld der Explikation zu begegnen, sei hervorgehoben, daß die Einführung des Bildbegriffs in doppeltem Sinne erfolgt: Zum einen sind die Bilder gemeint, die sich im Bewußtsein auffinden lassen, zum anderen – und das ist noch wichtiger – wird Bewußtsein selbst als Bild aufgefaßt, genauer: Bewußtsein kann der Form nach als Bild interpretiert werden, nach dem der Mensch sein Verhalten deutet. Zwischen Bild und Bewußtsein besteht somit Identität der Struktur, die sich aus dem Verhalten als gemeinsamem Nenner ergibt.[13]

Das Verhalten liefert das materiale Substrat, in dem sich die Bilder des Bewußtseins entfalten, und die Bilder eröffnen ihrerseits den Bedeutungsraum, in dem das Verhalten zum Ausdruck kommt. Ein Ich, das sich verhält, generiert Bilder. Und nur indem es Bilder generiert, verhält es sich, da im Bild Verhalten über die Selbsterhaltung hinaus zur Selbstdarstellung wird. Im Bild äußert sich die Formalisierungstendenz des Verhaltens, die Verhalten zur Haltung werden läßt. Insofern fungieren die Bilder als vorbegriffliche Formen der Bedeutungsbildung, sie geben dem Verhalten Sinn und lösen es somit vom reinen Reiz-Reaktions-Mechanismus: «Im Leben selbst blitzt an den wechselnden Bildern positives und negatives Verhalten (…) auf» (GS VII, 241).

Die Bilder verleihen dem Verhalten Gefühlsqualitäten, die es in eine bestimmte Richtung lenken und damit Wertungen vornehmen. Auch hierzu finden sich bei Dilthey weiterführende Hinweise, denen es nachzugehen lohnt. In groben Zügen läßt sich folgende Einteilung treffen: Im wissenschaftlichen Erkennen treten die Bilder als Hypothesen auf, im sittlichen Wollen als Ideale und in der ästhetischen Wertung als das Schöne. Den drei Funktionen der Bilder ordnet Dilthey drei Formen der Einbildungskraft zu: die wissenschaftliche, die praktische und die künstlerische (GS V, 145 ff). Im einzelnen sieht das so aus:

Im wissenschaftlichen Erkennen, in dem die abstrakten Zeichensysteme dominieren, scheint für Bilder kein Platz zu sein. Aber dieser

Eindruck täuscht; denn wo es um die Erweiterung des Erkennens geht, um Erfindung, ist das «Denken in Bildern» unverzichtbar. Das hat Dilthey zunächst am Beispiel der Dichtung expliziert: «Die Umformung der Bilder und bildlichen Zusammenhänge, wie sie in dem Erinnern stattfindet, ist indes nur der einfachste und darum am meisten unterrichtende Fall der Bildungsprozesse, welche die Phantasie charakterisieren. Steigernd, mindernd, einordnend, verallgemeinernd, Typen bildend, gestaltend-umgestaltend, unbewußt bald und bald willkürlich – so bringen diese Prozesse neue anschauliche Gebilde ohne Zahl hervor» (Das Erlebnis und die Dichtung, 116). Die Bilder kombinieren vorgegebene Vorstellungen und bereiten somit den Übergang von der Sinnlichkeit zum Denken vor: «Diese Bilder von Menschen und Schicksalen werden unter dem Einfluß der denkenden Betrachtung so gestaltet, daß sie, ob sie gleich nur einen einzelnen Tatbestand darstellen, doch von dem Allgemeinen ganz gesättigt und solchergestalt repräsentativ für dasselbe sind» (119). Dieses Verfahren läßt sich von der Dichtung auf die Wissenschaft übertragen. Auch hier kommen Fortschritte nicht primär durch Induktion zustande, sondern durch geniale Einfälle, die auf bildhafter Verarbeitung des Gegebenen beruhen. Diese lassen am Einzelfall ein Allgemeines hervortreten, ein Leitbild, das in der Induktion dann bestätigt werden kann.

Eine ähnliche Funktion der vorprädikativen Idealisierung haben die Bilder im Zusammenhang des sittlichen Wollens: «Jedes Handeln ist bestimmt durch ein Bild» (117). Das Handeln bildet nicht gegenwärtige Zustände ab, sondern transzendiert das Gegebene. Darin liegt die Idealität der handlungsleitenden Bilder, die sich auf die «praktische Phantasie» zurückführen läßt (GS VI, 147). Die Idealität der Bilder bezieht sich nicht nur auf die äußeren Handlungsziele, sondern umfaßt auch und vor allem das Subjekt des Handelns selbst: «Das Leben in diesen Bildern liegt jeder Idealvorstellung des eigenen Selbst zugrunde» (Das Erlebnis und die Dichtung, 124). Dilthey hat die Rolle der Bilder in diesem Prozeß detailliert dargelegt: «Indem die Bilder, welche die Sinne darbieten, oder die Gedanken, welche sich an sie anschließen, mit Vorstellungen und Gefühlen von Befriedigung, Lebenserfüllung und Glück verknüpft sind, werden von diesen Vorstellungen und Gefühlen aus Zweckhandlungen hervorgerufen» (GS V, 205). Psychologisch geht es hier um den Vorgang der Motivation, der im Unterschied zur Spontaneität auf bildhafte Vermittlung angewiesen ist. Der in den Bildern sich vollziehende Motivationszusammenhang ist reicher als der logische Zusammenhang von Grund und Folge. Er umfaßt Verschiebungen, Inversionen, Sprünge, so wie sie in der Entwicklung der Befindlichkeit des Menschen angetroffen werden. Folgerichtig leitet Dilthey das Selbstgefühl aus der Dynamik der bildgeleiteten und bildgestalteten Übergangserfahrung ab: «Wer erführe nicht in sich, wie Bilder, welche der Phantasie sich aufdrängen, plötzlich ein heftiges Verlangen hervorrufen, oder wie dieses im Kampf mit dem Bewußtsein großer Schwierigkeiten doch zu einer Willenshandlung hindrängt. An solchen oder anderen konkreten Zusammenhängen werden wir einzelne Übergänge, einzelnes Erwirken inne» (GS V, 206). Sittliche Ideen treten nicht isoliert als Begriffe auf, sondern fallen mit dem Wirken der Bilder zusammen, insofern diese selbst ihrer Struktur nach Übergänge sind.

Schließlich ist noch einmal die idealisierende Funktion der Bilder im künstlerischen Prozeß zu nennen. Das Schöne tritt hier nicht als abstrakte Idee auf, sondern kristallisiert sich allmählich in der bildhaften Verarbeitung der Lebenserfahrung heraus. Dilthey hat diesem Prozeß am Beispiel der dichterischen Einbildungskraft Goethes ausführliche Analysen gewidmet. In seinem Aufsatz «Goethe und die dichterische Phantasie» heißt es: «Der Vorgang, in dem vermittels dieser Seelenprozesse die poetische Welt entsteht und ein einzelnes dichterisches Werk sich bildet, empfängt sein Gesetz aus einem Verhalten zur Lebenswirklichkeit, das vom Verhältnis der Erfahrungselemente zum Zusammenhang der Erkenntnis ganz verschieden ist» (Das Erlebnis und die Dichtung, 118). In diesem Satz wird die Selbständigkeit der ästhetischen Idealbildung gegenüber kognitiven Prozessen deutlich.

Im Unterschied zu den abstrakten Begriffen eignet den Bildern als zuständlichen Bedeutungsträgern eine operationale Mehrdimensionalität. Das Bild kann als Abbild, als Ausdruck und als Motiv fungieren. Insofern ist es zugleich kognitiv, emotional und pragmatisch. Diese drei Funktionen entsprechen den elementaren Verhaltensweisen, die das zuständliche Bewußtsein ausmachen. Im Bild gelangen die Verhaltensweisen zur Deckung, in ihm spiegelt sich somit «die Welt, wie Spinoza sie als Stufe der imaginatio bezeichnet: alles zugleich im Bilde Gefühlseindruck, Wertbestimmung, Zweckobjekt» (GS VIII, 16).[14] In der Teilnahme an den drei Dimensionen des Verhaltens liegt der Reichtum der Bilder. Ihre Bedeutungsfunktion gibt den Rahmen ab, in dem die begriffliche Erschließung der Welt erfolgt.

Gemäß der hier entwickelten integrativen Funktion sind die Bilder mehr als Surrogate, die dort einspringen, wo begriffliches Denken nicht ausreicht oder in Aporien führt. Bilder gehören vielmehr zum Grundbestand des Bewußtseins, sie stellen die erste Schicht der Bedeutungsbildung dar, die mit dem Imaginären identisch ist. Sie stehen für die von Dilthey als «Zusammenhang sui generis» bezeichnete Struktureinheit des zuständlichen Bewußtseins. Dessen Unhintergehbarkeit läßt sich nun auch so ausdrücken: Zieht man ein Bild weg, kommt ein anderes zum Vorschein. Daher ist Bewußtsein nicht identisch mit Setzen von Anfängen, logisch formuliert: mit Voraussetzungslosigkeit, sondern: «Wir finden uns selbst immer schon im Fortbestehen, unser Dasein ist immer nur im Verlauf begriffen; mithin kann auch unser Selbstbewußtsein, sofern wir uns nur als endliches Sein setzen, dieses nur in seinem Fortbestehen repräsentieren» (GS I, 139). Das besagt: Die Erfahrung der Dauer, das zuständliche Bewußtsein ist auf Bilder angewiesen, deren Bedeutung nicht willkürlich festgelegt werden kann, sondern durch vorherige Bilder des Verhaltens bestimmt wird. Daher kann Dilthey Friedrich Schleiermacher, auf den sich das letzte Zitat bezieht, darin nicht folgen, das Bewußtsein platonisch als Teilhabe an überzeitlichen Ideen zu interpretieren. Demgegenüber beharrt Dilthey auf seinem pragmatischen Standpunkt: Das Ich tritt dem Menschen aus den Bildern seines früheren Verhaltens entgegen, in denen die Möglichkeiten seines zukünftigen Verhaltens vorgezeichnet sind.

6. Die Dynamik der Bilder

Der Bildbegriff bietet zwei eminente Vorteile für das Verständnis des zuständlichen Bewußtseins: Erstens verbindet das Bild die Sinnhaftigkeit mit dem sinnlichen Moment in einer Weise, die nicht mit der Intentionalität des Begriffs zusammenfällt. Zweitens hat das Bild als kleinste Bedeutungseinheit gegenüber dem Atomismus der ‹Vorstellungen› den Vorteil, dem Kontinuum des Erlebens gerecht zu werden. Diese Bedeutungsfunktionen erfordern freilich einen Bildbegriff, der sich nicht mehr ausschließlich am Abbild orientiert. Das leistet ein pragmatischer Bildbegriff, der die Reproduktion von Gegenständen durch die Repräsentation von Verhaltensweisen ersetzt, welche die Welt als Lebensraum erschließen.[15]

Um dem pragmatischen Bildbegriff näherzukommen, kann man sich weiterhin an Dilthey halten. Freilich nicht an den Dilthey der Hermeneutik, sondern an den der Poetik. Es gehört zu den großen, noch nicht gewürdigten Leistungen Diltheys, in seinen Schriften zur Poetik einen transzendentalen Bildbegriff entwickelt zu haben, der als Ergänzung zur Strukturpsychologie herangezogen werden kann.[16] Dilthey selbst hat den Bildbegriff für die Strukturlehre allerdings kaum genutzt, ein Versäumnis, das dafür verantwortlich ist, daß seiner Bewußtseinstheorie der Durchbruch versagt blieb, den sie verdient und der ihr in Verbindung mit dem Bildbegriff sicher ist.

Diltheys Bildbegriff ist dadurch ausgezeichnet, daß ein Bild als ein dynamischer Prozeß aufgefaßt wird. In seinem grundlegenden Vortrag «Dichterische Einbildungskraft und Wahnsinn» (1886), der eine psychologische Analyse des Geniebegriffs enthält, charakterisiert Dilthey Bewußtsein als Inbegriff von Leistungen, deren bedeutendste in der «freien Entfaltung der Bilder und ihrer Verbindungen» besteht (GS VI, 96). In diesem Zusammenhang ist von der «Lebendigkeit der Bilder» die Rede. Das klingt verdächtig nach der romantischen Theorie der Bild-Metamorphose, der zufolge die Bilder selbständige Wesenheiten sind, die dem individuellen Bewußtsein vorausliegen. Auf die romantische Ontologie der Bilder verweisen auch Formulierungen, welche die Verankerung der Bilder im organischen Bildungsprozeß hervorheben: «Das Bild erhält so eine triebartige Energie. Es ist Leben, Vorgang. Es entsteht, entfaltet sich und erlöscht wieder» (GS VI, 99). So sehr Dilthey im Anschluß an den Physiologen Johannes Müller die «lebendige» Seite der Bilder herausstellt, um den psychologischen Mechanismus in die Schranken zu weisen, so sehr unterscheidet er sich vom romantischen Vitalismus durch den pragmatischen Ansatz. Der Vorgang, der die «Lebendigkeit der Bilder» ausmacht, entspricht den Verhaltensweisen des Bewußtseins und wird als «Aufbau» beschrieben. Mit dem Begriff «Aufbau», den Dilthey später für seinen geschichtlichen Weltbegriff übernimmt, gelingt es ihm, die Opposition von organischer und mechanischer Modellvorstellung zu unterlaufen.

Der dynamische Aufbau der Bilder erfolgt nach dem Prinzip der Perspektivierung, zu der die Ausbildung eines Organisationszentrums gehört, das den Zusammenhang aller Daten bestimmt. Das läßt sich an den Gedächtnisbildern exemplifizieren, die niemals eine bloße Reproduktion der Wahrnehmung sind: «Wenn aber zwischen die Wahrnehmung und die Vorstellung andere Bilder sich eingedrängt haben und wir nun die Wahrnehmung vollständig zurückzurufen streben, so baut sich die erinnerte Vorstellung von einem bestimmten inneren Gesichtspunkte aus auf; sie nimmt dabei nur so viel Elemente aus dem Tatbestande, der von der Wahrnehmung zurückblieb, als Baumaterial auf, als die nunmehr gegenwärtigen Bedingungen mit sich bringen, und diese erteilen dem Bilde seine Gefühlsbeleuchtung durch die Beziehung zu dem gegenwärtigen Gemütszustand in Ähnlichkeit oder Kontrast» (Das Erlebnis und die Dichtung, 115). Kein Begriff vom Gegenstand, sondern der jeweilige Bewußtseinszustand fungiert als Raster, nach dem die Bildelemente angeordnet werden. Die Theorie vom emotional gesteuerten Aufbauprozeß der Bilder trägt der Besonderheit psychischer Prozesse Rechnung, ganz aus qualitativen Veränderungen zu bestehen: «Sowenig als der neue Frühling die alten Blätter auf den Bäumen nur wieder sichtbar macht, werden die Vorstellungen des gestrigen Tages am heutigen, nur etwas dunkler, wiedererweckt; vielmehr baut sich die erneuerte Vorstellung von einem bestimmten inneren Gesichtspunkte aus auf, wie die Wahrnehmung von einem äußeren» (GS I, 377f). Die Analogie des «inneren Gesichtspunktes» zur äußeren Wahrnehmung scheint allerdings doch wieder auf das gegenständliche Abbild als Maßstab der Bilder zu verweisen. Dieser Eindruck verfliegt jedoch, sobald man den Bildaufbau genauer unter die Lupe nimmt.

Vergleicht man Diltheys Position mit der intentionalen Auffassung des Bildes, wie sie in Anlehnung an die phänomenologische Bewußtseinstheorie exemplarisch von Hans Jonas in dem Aufsatz «Die Freiheit des Bildens: Homo pictor und die differentia des Menschen» (1961) entwickelt worden ist, so springt sogleich ein Unterschied ins Auge: Gegenüber den abgebildeten Gegenständen wird dem Bild eine nichtdynamische Existenz zugeschrieben – «welches die Bildexistenz schlechthin ist», wie Jonas behauptet (32). Wie verhält sich dazu die dynamische Konzeption Diltheys, der zufolge es keine starr bleibenden Abbilder gibt, sondern immer neu im Bewußtsein sich aufbauende Vorstellungsbilder? Die Differenz, um die es hier geht, reicht in die Tiefen der Bedeutungsbildung, die durch den Gegenstandsbezug nicht hinreichend erfaßt wird. Das Wesentliche des intentionalen Bildbegriffs liegt darin, daß sich die Bildstruktur, die visuelle Form, immer auf den abgebildeten Gegenstand bezieht. Für den Phänomenologen repräsentiert jede Änderung der Bildstruktur eine neue Ansicht des Gegenstandes, zu dem die Bildstruktur im Verhältnis der Ähnlichkeit steht. Es gibt demnach so viele Bilder, wie es vom Gegenstand Aspekte gibt, «gemäß den Variablen visueller Erscheinung als solcher» (Jonas, 33).

Diese Auffassung trifft jedoch nur für gegenständliche Reproduktionen, für fotografische Abbilder zu. Schöpferische, ‹komponierte› Bilder hingegen enthalten mehr als gegenständliche Ansichten, und insofern gibt es mehr Bilder als gegenständliche Ansichten. Das liegt daran, daß nicht jeder Punkt eines Bildes determiniert ist, sondern daß es unbestimmte Felder zwischen den Farben und Linien gibt, die es dem Auge ermöglichen, verschiedene Beziehungen zu realisieren. Aus dieser konstitutionellen Unbestimmtheit des Bildfeldes folgt, daß keineswegs jeder Änderung der Bildstruktur eine neue Seite des abgebildeten Gegenstandes entspricht. Bei identischer Ansicht des Gegenstandes können Verschiebungen in der visuellen Konfiguration eintreten, die dem Bild eine andere Bedeutung verleihen. Diese verweist auf die Subjektseite und läßt sich am ehesten als expressive Qualität einer identischen Ansicht bezeichnen. Bilder enthalten demnach verschiedene Sichtweisen, die noch keine gegenständlichen Ansichten, aber mehr als bloß subjektive Gefühle sind. Um es an einem Beispiel zu verdeutlichen: Eine identische Ansicht eines Gesichts kann dem Betrachter einmal als verlockend, ein andermal als abweisend erscheinen, und beide Erscheinungsweisen lassen sich im Bild darstellen. Das ist gemeint, wenn Dilthey von «innerem Gesichtspunkt» spricht, der das zuständliche Analogon zu den gegenständlichen Ansichten bildet.

Aus dieser Sicht wird verständlich, warum Dilthey die Erinnerungsbilder heranzieht, um die Dynamik des nichtintentionalen Bildbegriffs zu erläutern. Die Erinnerungsvariation, die keine neuen Sichtweisen im Sinne objektiver Ansichten liefert, sondern ein und denselben Aspekt in jeweils anderem Licht erscheinen läßt, belegt die Selbständigkeit der nichtintentionalen Bildstruktur als Medium der zuständlichen Bedeutungsbildung. Derartige ungegenständliche Variationen der Bildstruktur hat Dilthey in Form von Regeln aufgelistet, nach denen sich die Bilder der dichterischen Einbildungskraft verändern. Drei Veränderungsformen werden angeführt: 1. Ausfallen oder Ausschalten von Bestandteilen; 2. Dehnung oder Schrumpfung; 3. Eintreten neuer Elemente in den «innersten Kern» der Bilder (GS VI, 99). Diese Veränderungen bleiben ungegenständlich, sie stehen für die zuständliche Bedeutung der Bilder. Somit entspricht dem «Leben der Bilder» eine eigene Logik, deren Realisierung heute am Bildschirm möglich ist. Zoomen von Ausschnitten, bei dem der gezoomte Ausschnitt die anderen überdeckt, diese jedoch geöffnet bleiben, bildet ein gutes Beispiel für die Logik der Übergänge und Verschiebungen, die sich von der Logik der Gegenstände prinzipiell unterscheidet.

Auf die Bildmanipulationen am Computer konnte die Bewußtseinstheorie des 19. Jahrhunderts natürlich noch nicht zurückgreifen. Aber sie hatte einen vollwertigen Ersatz in der Malerei, an deren Bildern sich ablesen läßt, wie der Vorgang des Sehens und die ihn regulierenden Transformationsregeln funktionieren. Dilthey spielt wiederholt auf die ‹ins Schlanke gezogenen› Figuren El Grecos an (GS VI, 99; 176). In unserem Jahrhundert wäre an Salvador Dalí und die Surrealisten zu erinnern. Ihre Bilder repräsentieren in reinster Form die Logik der ungegenständlichen Bedeutungsverschiebung. Solange die Variationen sich in einem so engen Rahmen halten, daß die Ähnlichkeit nicht tangiert wird, bleibt die Gegenständlichkeit der Darstellung gewahrt. Die Variation der Bildstruktur kann aber so weit gehen, daß die Bilder ungegenständlich werden. Ein ungegenständliches Bild läßt sich somit der Form nach als Abbild interpretieren, das so stark verändert wurde, daß der Abbildcharakter verschwunden ist. Was übrigbleibt, ist aber nicht nichts, keine sinnlose Konfiguration, sondern die Form der Abbildung, der «innere Gesichtspunkt», der den Bedeutungsgehalt nicht nur von abstrakten Bildern ausmacht.

Die Logik der abstrakten Form der Abbildung tritt in ihrer bewußtseinstheoretischen Bedeutung hervor, wenn man sieht, welche weitreichenden Folgerungen die Philosophie heute daraus gezogen hat. In seinen «Weisen der Welterzeugung» (1978) macht Nelson Goodman die poetische Bildtransformation zur Grundlage seiner Theorie der Weltkonstitution: «Das uns bekannte Welterzeugen geht stets von bereits vorhandenen Welten aus; das Erschaffen ist ein Umschaffen» (19). Das ist ein zentraler Satz, der die ‹Welterzeugung› von der *creatio ex nihilo* unterscheidet. Das Umschaffen bezieht sich auf die zuständlichen Bedeutungen, die den Reichtum der Welt ausmachen. Goodman nennt eine Reihe von Prozessen, die bei der Welterzeugung im Spiel sind: Komposition, Gewichtung, Ordnen, Tilgung, Ergänzung und Deformation (20ff). Diese Reihe, die nach Goodmans Eingeständnis weder vollständig noch homogen ist, erweist sich als Neuauflage der Transformationsregeln, welche Dilthey aufgestellt hat.[17]

Die außerordentliche Bedeutung der Bildtransformation für die Hermeneutik ist Dilthey voll bewußt gewesen. Nicht zufällig hat er sich auf diesem Feld immer erneut um Klärung bemüht. Mit Nachdruck hebt er hervor, daß die Transformationsregeln der Bilder nicht identisch mit den Gesetzen der Assoziation und Reproduktion sind (GS VI, 176). Es handelt sich vielmehr um dynamische Strukturgesetze, die im anschaulichen Erleben direkt einsichtig zu machen sind: «Die Übertragung der Atomvorstellung scheitert an dem von mir, bald danach von James aufgestellten Satz: Die Bilder unterliegen einem Vorgang der Umwandlung. Aber ein zweiter Satz zeigt: auch die Bilder sind immer in Relation zu dem Zusammenhang usw. Dies geht auf dieselbe Erkenntnisregel zurück: Mannigfaltigkeit der Zustände, Bilder, Begriffe, logischen Verhältnisse ist psychisch immer in der inneren Wahrnehmung als von einer Einheit getragen gegeben» (GS VIII, 23). Was hier unter innerer Wahrnehmung verstanden wird, zeigen die Beispiele, die Dilthey zur Illustration der Dynamik der Bilder anführt. Sie entstammen dem Bereich des Traums, der Hypnose und der bildenden Kunst. Sie alle betreffen Phänomene der Transformation und Deformation normaler Wahrnehmungen bei Verminderung der rationalen Steuerung des Bewußtseins: «Dem Träumer wird der Schall des entfallenen Buches zum Schuß, das Schnarchen neben ihm zur tosenden Brandung, er fühlt die Wärmflasche unter seinen Fußsohlen und glaubt, auf der Spitze des Ätna zu wandern. Das dem Hypnotisierten vorgehaltene Zündholz wird ihm zur Feuersbrunst, und diese verbreitet sich über sein ganzes Gesichtsfeld» (GS VI, 99). Durch die Totalität des Eindrucks fungieren die Bilder der Einbildungskraft als selbständige Darstellungsformen, die Empfindungen im Sinne einer bestimmten Situation deuten und damit Sinnzusammenhänge stiften, die symbolischen Charakter haben: «Wir finden schon in Traum und Wahnsinn mit merkwürdiger Regelmäßigkeit an Sensationen und innere Zustände stets bestimmte Bilder gebunden, welche jene Zustände deuten, erklären und darstellen» (GS VI, 101). Genau dieser Typ von Beispielen ist es, den die psychoanalytische Hermeneutik Sigmund Freuds später heranzieht, um «Verdichtung» und «Verschiebung» als Formen der «Traumarbeit» zu analysieren.[18]

Geistesgeschichtlich heißt das: Diltheys Bewußtseinstheorie bereitet den Übergang von der romantischen zur psychoanalytischen Hermeneutik vor, der zufolge das Bewußte und das Unbewußte von den gleichen Strukturen reguliert werden. Vom Bild als Darstellungs- und Deutungsschema von Bewußtseinszuständen kann Dilthey daher zu Recht sagen: «Hier liegt der tiefste Grund der Sprache, des Mythos, der Metaphysik, der Begriffe, durch welche wir die Welt konzipieren» (GS VI, 175).

Wie Dilthey in seinen Analysen der dichterischen Einbildungskraft herausgestellt hat, gleichen die poetischen Bilder in ihrer Deformation der Wirklichkeit den Traumbildern und pathologischen Phantasien. Es besteht jedoch ein fundamentaler Unterschied in der Bedeutung der Abweichung, auf die es für die transzendentale Logik des Bildes ankommt. Im Normalfall wird das «Leben der Bilder» durch den «erworbenen Zusammenhang des Seelenlebens» (GS V, 177) reguliert, der vergangene Bilder speichert und sich zwischen Bewußtsein und Wirklichkeit einschiebt. Der «erworbene Zusammenhang» stellt somit ein wesentliches Moment im Bedeutungzusammenhang des Bewußtseins dar, denn er prägt «unser Verständnis des gerade unser Bewußtsein beschäftigenden Eindrucks» (GS VI, 168). Er wirkt als ein Ganzes im Sinne der Anpassung der Vorstellungen an die Wirklichkeit (GS VI, 94; 168). Insofern steht der «erworbene Zusammenhang» auf der Seite des Realitätsprinzips: In ihm ist «die Wirklichkeit repräsentiert» (GS VI, 168; 170). Das macht ihn zum ‹regulierenden Apparat›, dessen verborgene Wirkungsweise dem Unbewußten der Psychoanalyse entspricht (GS VI, 95). Fällt der regulierende Apparat aus, verlieren die Bilder ihren Zusammenhang und werden pathologisch, wodurch sie lediglich den Wert von Symptomen für einen gestörten Geisteszustand erhalten.

Dagegen sind die Deformationen, durch die sich die Bilder des Dichters von bloßen Abbildern unterscheiden, mehr als Symptome. Sie besitzen eine positive, die Wirklichkeit erschließende Bedeutung. Das liegt daran, daß sie andere Ursachen haben als die Deformationen der Bilder des Kranken. Diese resultieren aus der Isolierung, die sie zu Symptomen macht. In der dichterischen Einbildungskraft hingegen bleibt der erworbene psychische Zusammenhang nicht nur erhalten, er wird sogar noch gesteigert. Das besagt: Die Bilder rücken in einen Kontext, der dichter ist als der durch die Gegenständlichkeit gestiftete Vorstellungszusammenhang. Denn dichterische Einbildungskraft hält auch die Beziehungen fest, die für die Gegenständlichkeit keine Bedeutung haben. Diese Kontextverdichtung macht die poetischen Bilder zu Symbolen statt zu Symptomen: «Je reicher, normaler und tiefer nun dieser erworbene Zusammenhang des Seelenlebens ist, je vollständiger er zu den Bildern in Beziehung tritt und diese gleichsam erfüllt und sättigt: um so mehr gestaltet sich das künstlerische Gebilde zu einer Repräsentation der Wirklichkeit in deren wahrer Bedeutung» (GS VI, 278). Die Bilder der Dichter sprengen somit die normale Erfahrung im Sinne ihrer höchsten Verdichtung; die Bedeutungen, die dadurch entstehen, umfassen auch und vor allem das Zuständliche, das Situative, sie evozieren neue Wirklichkeiten.

Unter dem Einfluß des «erworbenen Zusammenhangs» verlieren die poetischen Bilder ihre Unverbindlichkeit und werden zu Fühlern, die ins Unsichtbare reichen: «Bilder und ihre Verbindungen überschreiten daher wohl die gemeinen Erfahrungen des Lebens; aber was so entsteht, das repräsentiert doch diese Erfahrungen, lehrt sie tiefer begreifen» (GS VI, 185). Die Bilder der Einbildungskraft fungieren gleichsam als Instrumente der «Arbeit an den Lebenserfahrungen», der «unbewußten Arbeit der Lebenserfahrung», in der die Leistung des zuständlichen Bewußtseins besteht (GS V, 185; 187). Die dadurch erreichte Bedeutungsfülle liegt in der Typisierung, die nicht mit begrifflicher Abstraktion zu verwechseln ist. Der Typus erfaßt mehr als der abstrakte Begriff, er enthält eine «Steigerung des Erfahrenen» durch die «Repräsentation des Mannigfaltigen in einem Bildlichen, dessen mächtige und klare Struktur die geringeren und gemischten Erfahrungen des Lebens nach ihrer Bedeutung verständlich macht» (GS VI, 186). Darin kommt die entdeckende Kraft der Bilder zum Ausdruck, deren hermeneutische Funktion sich so manifestiert, «als ob niemand vorher diesen Menschen wirklich gesehen hätte» (ebd.). Das neue Sehen vermittelt keine neuen gegenständlichen Ansichten, sondern neue Qualitäten der identischen Erscheinung, das Unsichtbare, das mit der Form der Sichtbarkeit zusammenfällt.

7. Das Körperbild als Original der inneren Bilder

Die Logik der Bilder des zuständlichen Bewußtseins läßt die Frage nach dem Urbild in einem anderen Licht erscheinen. Wenn Bilder keine Abbilder sind, dann brauchen sie kein Urbild. Es muß aber einen Primärvorgang geben, in dem sie sich ausbilden. Dieser Vorgang liegt, dem pragmatischen Standpunkt entsprechend, im Verhalten. Verhalten kann man zunächst als äußeren Vorgang beschreiben, als Erfahrung, die der Mensch mit seinem eigenen Körper macht. An die Stelle des Urbildes tritt demnach das Körperbild, gemäß der Maxime von Auguste Comte, das Innere nach dem Äußeren auszurichten. Wie sieht die Struktur des Körperbildes aus?[19]

In der Erfahrung des eigenen Körpers ist der Mensch auf ein Bild angewiesen, da er nur Teile seines Körpers direkt wahrnimmt. Wir sehen lediglich die Ausläufer unserer Extremitäten, das Zentrum bleibt unsichtbar und ist doch ständig präsent. Damit liefert das Körperbild die stärkste Bestätigung dafür, daß eine Leerstelle konstitutiv für die Bedeutung des Bildes ist. Die Präsenz des eigenen Körpers in der Unvollständigkeit seiner Gegebenheitsweise bewirkt, daß wir das Körperbild nicht als Abbild von etwas erfahren. Die Realität des Körperbildes liegt vielmehr in seiner Funktion. Mit seiner Hilfe orientieren wir uns in der raum-zeitlichen Welt. Nur aufgrund des Körperbildes sind wir in der Lage, zwischen rechts und links, oben und unten zu unterscheiden. Ein reiner Geist, und das gilt auch für den göttlichen, könnte demnach nicht wissen, wo rechts und links ist. Das ist eine deutliche Behinderung, die der Allwissenheit widerspricht. Aber wie dem auch sei, für den Menschen jedenfalls ist das Körperbild unerläßlich, es bietet die elementaren Maße seiner Selbst- und Welterfahrung.

Seine orientierungspraktische Funktion kann das Körperbild aber nur deshalb ausüben, weil es nicht gegenständlich ist. Weit davon entfernt, ein Bild von uns selbst zu sein, ist es die Verkörperung unserer selbst. Es ist damit durch und durch Perspektive, Koordinatensystem, das mit verschiedensten Gegenständen ausgefüllt werden kann, die dann in Beziehung zu uns treten, die wir erfahren. Insofern fungiert das Körperbild als Medium zwischen Geist und Welt, zwischen innen und außen. Im Körperbild begegnen sich die Gegenständlichkeit und die Zuständlichkeit; diese wechselseitige Durchdringung macht die epistemologische Sonderstellung des eigenen Körperbildes aus. Wir sind mit dem Körperbild als orientierungspraktischem Schema höchst vertraut, als Abbild aber bleibt es uns fremd. Dieser sonderbare Tatbestand hat im Mythos von Narziß seinen Ausdruck gefunden: Der Mensch ist nicht in der Lage, sein Spiegelbild zu erkennen, da dieses ein Abbild ist, das sich von der Realisation des Körperbildes qualitativ unterscheidet.

In seinen zu Lebzeiten unveröffentlicht gebliebenen Ausarbeitungen zum zweiten Band der «Einleitung in die Geisteswissenschaften» hat

Dilthey die Funktion der Körpererfahrung in einer Weise beschrieben, die den nichtintentionalen Bildbegriff deutlich hervortreten läßt. Demnach sind die Ansichten des eigenen Körpers weder objektive Abbilder noch beliebige Phantasieprodukte, sondern «Zustandsbilder», welche das «Benehmen des Individuums», das «Selbst in einer bestimmten Lage zur Außenwelt» darstellen (GS XIX, 162 ff). Das Subjekt des Verhaltens gewinnt in den Bildern seine Außenansicht, die den amorphen Fluß der Eindrücke und Stimmungen stabilisiert. Jedes Körperbild repräsentiert eine eigene Verhaltensweise, die das Leben des Körpers in seiner Totalität prägt, genauer gesagt: innerviert. In diesem Sinne lassen sich zum Beispiel der arbeitende Körper und der liebende Körper als zwei symbolische Orientierungsschemata unterscheiden, die für das Subjekt wie für den äußeren Betrachter als zwei Wirklichkeiten erscheinen. Man kann daher mit Recht davon sprechen, daß der Mensch verschiedene Körper besitzt, so wie er im Leben verschiedene Rollen und Instrumente spielt.

Der dem Verhalten entspringende Bildbegriff schließt damit den Abbildrealismus des Erkennens aus. Dieser kennt nur Fixierung von Ansichten gemäß dem äußeren Perspektivismus, dem optischen Aspektivismus, während der symbolische Bildbegriff die innere Welt des Erlebens zum Ausdruck bringt. Das macht die Medialität der Körperbilder aus, ihre symbolische Funktion, die schon Arthur Schopenhauer aufgegangen ist. Er nennt die menschlichen Körper («Leiber») die *«unmittelbaren Objekte* des Subjekts: die Anschauung aller anderen Objekte ist durch sie vermittelt» (W I, 43).[20] Durch seine mediale Funktion durchbricht der Körper den strengen Subjekt-Objekt-Dualismus; der Körper, der auch ein Objekt unter Objekten ist (und als solches insbesondere von anderen betrachtet und behandelt wird), fungiert selbst als Subjekt – freilich nicht als rein geistiges, wie es der traditionelle Subjektbegriff verlangt. Schopenhauers «unmittelbares Objekt» («jedoch ist hier der Begriff Objekt nicht einmal im eigentlichsten Sinn zu nehmen»; W I, 54) läßt sich umgekehrt als mittelbares Subjekt deuten, als mediales Bewußtsein also, das man nicht einfach zur Fiktion erklären kann, da im «Körperbild» das Bildhafte nicht dem Zuschauer, sondern dem sich Verhaltenden angehört. Im Körperbild geht Verhalten direkt in Gestalt über und umgekehrt.

Die unhintergehbare Funktion des Körperbildes bringt für den Begriff des Bewußtseins die prinzipielle Neuerung, daß die Alleinherrschaft des inneren Sinns gebrochen wird. Der «Faden der Zeitlinie», an dem noch bei Husserl die Intentionalität des Bewußtseins hängt, genügt nach Dilthey nicht mehr, um die Vorstellungen zusammenzuhalten. Erforderlich sei vielmehr ein «dichterer, festerer Faden von beständigerem Gewebe» (GS XIX, 166). Dieses Gewebe liefert der eigene Körper. Im Körperbild sind Innen- und Außenseite des Selbst zur sensomotorischen Einheit verbunden. Die höchste Leistung der inneren Erfahrung besteht demnach darin, das «konkrete Bild unseres Ich» hervorzubringen (GS XIX, 172). Im Körperbild wird somit die Zeitlichkeit imagomotorisches Ereignis, das als elementares Orientierungsschema fungiert, «innerhalb dessen und mit dessen Hilfe wir die einzelne Lage verzeichnen» (GS XIX, 167). Auf dieses Schema lassen sich alle ‹mentalen› Bedeutungsbildungsprozesse zurückführen. In diesem Sinne nennt Dilthey das Körperbild ein «Vorstellungsgerüst, innerhalb dessen wir jede einzelne psychische Lage fixieren» (ebd.). Es spricht für seine hohe sprachliche Sensibilität, daß er an der Gerüstmetapher nicht streng festhält. Er überführt sie in eine Metapher des Netzes, die im gegenwärtigen Konnektionismus als neurales Netzwerkmodell wiederkehrt. Das Netz bringt durch die Vorstellung der Flexibilität die transzendentale Dimension des Körperbildes in prägnanter Weise zum Ausdruck. Gerüst und Netz tragen der Doppelseitigkeit des Körperbildes Rechnung, seiner Stabilität und seiner Beweglichkeit, die Übergänge, Analogien und sogar Paradoxien zuläßt.

Die symbolische Funktion des Körperbildes, die durch die Metaphern Gerüst und Netz zum Ausdruck kommt, übersteigt die rein morphologische Ebene. Daher legt Dilthey Gewicht auf die Feststellung, daß das «Netz, das so entsteht und unser Selbst ist» (ebd.), nicht für sich selbst wahrgenommen zu werden braucht: «So wird doch die einzelne Empfindung in es eingetragen» (ebd.). Hier ist der Punkt des Übergangs von der Eidetik zur Logik deutlich markiert. Das Körperbild verliert seine morphologische Präsenz, es wird zum ‹abstrakten› Medium, das die «Analysis der Lage» ermöglicht. Die Bildhaftigkeit gelangt so zu eigener methodischer Prägnanz, Sinnlichkeit geht in Sinn und Bedeutung über. Nur muß man beachten, daß die Tätigkeit des Einschreibens, des Eintragens nichts mit dem Prinzip der diskursiven Verbindung zu tun hat. Hierin unterscheidet sich das Bild-Bewußtsein deutlich vom gegenständlichen Bewußtsein. An die Stelle der Erzeugung von Reihen tritt Vernetzung als primäre Tätigkeit des Bewußtseins, die der Dynamik der Bilder entspricht. Das «Netz des Selbst» verbindet Rezeptivität mit Spontaneität und schlägt somit die Brücke zur Logik der Sachen, es steht «zu der Welt in gesetzmäßigen Verhältnissen» (GS XIX, 168). In diesen gesetzmäßigen Verhältnissen vollzieht sich der bildhafte Aufbau der Welt im zuständlichen Bewußtsein, dessen Erschließung das systematische Kernstück der Hermeneutik bildet.

Vom Körperbild aus fällt Licht auf die Kontinuität des Erlebens, die ein Rätsel bleibt, wenn man Bewußtsein als Verknüpfung von Vorstellungen oder Gedanken auffaßt. Denn Vorstellungen sind in sich geschlossene Einheiten, die sich nur wie Perlen auf einer Schnur aneinanderreihen lassen. Daran scheint sich nicht viel zu ändern, wenn man Vorstellungen durch Bilder ersetzt. Schon der Lebensphilosoph Henri Bergson hat den Vergleich des Intellekts mit dem «kinematographischen Mechanismus», der ein Kontinuum mit Hilfe von diskontinuierlichen Zustandsbildern aufbaut, in kritischer Absicht angestellt.[21] Aber das ändert sich, wenn man sich an das veränderliche Bild auf der Leinwand oder dem Monitor hält. Zur Verdeutlichung sei der Film genannt, dessen Bilderfolge beim Betrachter den Eindruck eines kontinuierlichen Zusammenhangs hervorruft. Wo der Strom der Bilder unterbrochen ist, bricht das Bewußtsein zusammen. Die Alltagssprache gebraucht für diesen dramatischen Fall die zutreffende Metapher vom ‹Filmriß›.

Der Vergleich mit dem Film verdeutlicht, wie der Fluß der Bilder ein Bedeutungskontinuum erzeugt, das sich von der Reihung von Vorstellungen unterscheidet. Entscheidend ist dabei die Kontinuität des Eindrucks, die keinen Zwischenraum läßt. Darauf zielt auch Diltheys Beschreibung des zuständlichen Bewußtseins als Prozeß: «Die Vorgänge sind so neben- und ineinander geschoben, daß immer etwas in meinem Bewußtsein gegenwärtig ist» (GS V, 201). Die Gegenwärtigkeit des Eindrucks erklärt Dilthey mit dem beweglichen Horizont eines Wanderers, vor dessen Augen Eindrücke kommen und gehen, «während die Kontinuität des landschaftlichen Bildes immer erhalten bleibt» (GS V, 201). Nach genau demselben Schema hat auch Bergson den Zusammenhang der «unmittelbaren Gegebenheiten des Bewußtseins» beschrieben. In «Zeit und Freiheit» (1889) gebraucht er wiederholt das Bild vom Ineinandergeschobensein der Vorstellungen, um die «Dauer» als eigene dynamische Zusammenhangsform gegenüber dem Kontinuum diskreter Empfindungselemente zu charakterisieren.

Gemäß den Transformationsregeln läßt sich die Kontinuität der sich verändernden Bilder erläutern. Würde sich an einem Bild alles auf einmal ändern, schwände der Eindruck der Kontinuität. Dieser entsteht erst aus der Kombination verschiedener Veränderungsgeschwindigkeiten: Der Teil des Bildes, der sich langsamer ändert, bildet das Organisationszentrum, das die einzelnen Phasen der Bildsequenz zusammenhält. Die Relation der Geschwindigkeiten sich ändernder Bildteile hat Dilthey als «Erfüllung mit Realität» gedeutet: «Diese Erfüllung mit Realität ist es nun, die in dem Fortrücken derselben kontinuierlich und immer besteht, während das, was den Inhalt des Erlebens ausmacht, Veränderungen erfährt» (GS VI, 315). Die Rede von der Erfüllung läßt zunächst an die Intentionalität denken. Aber hier liegt der feine Unterschied: «Erfüllung mit Realität» ist eine Funktion der zuständlichen Bildstruktur, der ständigen Verschiebung des inneren Gesichtspunktes, der zum Verhalten gehört. Der Phänomenologe Max Scheler hat daher das Körperbild von der Intentionalität der Wahrnehmung getrennt: «Die Körperbilder sind aber in ihrer Soseinsfülle dem menschlichen ‹Bewußtsein von etwas› durchaus *transzendent*; sie *können* nur, inadäquat und teilweise, *auch* ‹in mente› als Objekt sein» (GW VIII, 287).

8. Eine mediale Theorie des Bewußtseins

Die Explikation des nichtintentionalen Bildbegriffs am Beispiel des Körperbildes liefert die Voraussetzungen für die Formulierung des oben postulierten Satzes der Medialität. Das Ziel ist: eine Ansicht vom zuständlichen Bewußtsein zu gewinnen, welche die vorbegriffliche Bedeutungsbildung verständlich macht. Dieses Ziel kann erreicht werden, wenn man Bewußtsein selbst als Medium begreift, wie es durch das Körperbild nahegelegt wird. Das bedeutet: Bewußtsein verliert seine Voraussetzungslosigkeit und seine Idealität, die ihm von der Transzendentalphilosophie zugesprochen werden. Als Medium bleibt Bewußtsein an Strukturen der Bildlichkeit gebunden, die das Verhalten von den Empfindungen einerseits, von den Gedanken andererseits unterscheiden.

Die mediale Natur des Bewußtseins ist schon Dilthey durch seine dichtungstheoretischen Analysen klar geworden. Er orientiert sich für seine Poetik an dem heute fast vergessenen Dichter Otto Ludwig

(1813–1865). Ludwigs seinerzeit aufsehenerregende «Shakespeare-Studien» (187), deren Bedeutung für die Entwicklung der modernen Ästhetik nicht hoch genug eingeschätzt werden kann, entwickeln die Grundzüge einer strukturalistischen Werkinterpretation auf der Grundlage der beschreibenden Psychologie. An Shakespeare lobt Ludwig, daß in seinen Dramen der Eindruck des Natürlichen nicht durch naturgetreue Reproduktion, sondern durch Phantasie erzeugt wird: «Die Phantasie ist bei ihm das Medium, durch welches er uns die Gefühle und die Gedanken mitteilt» (203). Den medialen Charakter der Phantasie hat Dilthey aufgenommen und produktionsästhetisch differenziert: «Die Transformation des Stoffes zu dem dichterischen Werke hat überall mit dem Mittel zu rechnen, in welchem der Bildzusammenhang erscheint» (GS VI, 208). Am «Mittel, in welchem der Bildzusammenhang erscheint», werden zwei Momente unterschieden gemäß dem Dualismus von Sukzessivität und Simultaneität. Das erste Moment besteht «in dem sprachlichen Ausdruck, in der Folge der Worte» (GS VI, 209), das zweite liegt in Gedächtnis und Phantasie, in denen die Sukzessivität unterlaufen wird: «Nicht in den verklingenden Worten, deren eines das andere verdrängt, sondern in dem, was vermittels ihrer im Hörer sich aufbaut, ist die Handlung, der Charakter als Ganzes außerhalb des Dichters wirklich» (GS VI, 210). Was sich in der Dichtung «aufbaut», sind Bilder, die den Fluß der Worte transzendieren. Damit wird die traditionelle, im 18. Jahrhundert besonders von Lessing verfochtene Trennung von Dichtung und Malerei, von diskursiver Sprache und simultanem Bild in der Einheit des medialen Bewußtseins aufgehoben.

Aufgrund dieser für die strukturale Poetik der Moderne grundlegenden Überlegungen erkennt Dilthey der «Natur des Mittels» (GS VI, 278) für die künstlerische Darstellung konstitutive Funktion zu.[22] Die zwei Momente des Mediums Poesie, die Diskursivität der Sprache und die Simultaneität der Bilder, werden auf die beiden Seiten des ästhetischen Prozesses verteilt: auf Produktion und Rezeption (GS V, 224). Die Produktionsästhetik findet damit ihre natürliche Ergänzung in der Rezeptionsästhetik. In der Poesie muß von der Sprache immer auf die Bilder zurückgegangen werden, deren Aufbau in der Phantasie des Auffassenden (Hörers oder Lesers) erfolgt (GS V, 194; 210). Die Abfolge der sprachlichen Zeichen genügt demnach nicht; sie ist gleichsam nur der Auslöser für die Tätigkeit der Phantasie, die aus dem zeitlichen Fluß der Wörter die zuständlichen Bedeutungen herausholt.

Die an der Poesie veranschaulichte ästhetische Bedeutungsbildung findet ihre Entsprechung in der Malerei. Dort verläuft der Prozeß in entgegengesetzter Richtung; denn vom Betrachter «muß das Simultane des Bildes erst durch eine Abfolge hergestellt werden, in welcher die einzelnen Bildbestandteile festgehalten, erinnert, aufeinander bezogen und aneinander gesetzt werden» (GS VI, 210). Diese Analyse der Bildrezeption bewegt sich durchaus auf der Höhe der zeitgenössischen Theorie der Bildkomposition, die der Maler Paul Cézanne (1839–1906) als «réalisation» bezeichnet hat.[23] Dilthey beschreibt die Bildrezeption als Nachvollzug der Realisation durch die Phantasie des Betrachters, die allererst die tiefere Bedeutung eines Bildes erschließt. Für die Bedeutungsbildung sind in Poesie und Malerei einander entsprechende Momente des Mediums konstitutiv: «Die Worte und Sätze einer Dichtung gleichen den Farbenklexen auf einem späten Rembrandt: erst die mitwirkende Einbildungskraft des Hörers oder Lesers gestaltet daraus Figuren» (GS VI, 220).

Welche Rolle die Bilder in der Poetik spielen, kann man auch Diltheys Arbeit «Die Einbildungskraft des Dichters» von 1887 entnehmen. In ihr bildet Dilthey die spekulative Ästhetik des deutschen Idealismus in eine Wissenschaft der poetischen Produktion und Rezeption um. Jede poetische Darstellung geht nach Dilthey vom «Lebensgefühl» des Dichters aus, das in «Bildern des Daseins» seinen symbolischen Ausdruck findet (GS VI, 131). «Lebensgefühl» beinhaltet mehr als einzelne Empfindungen, es umfaßt ein Bewußtsein in seiner Zuständlichkeit: «Lebensgefühl ausstrahlend in der Helle des Bildes: das ist das inhaltliche, wesenhafte Merkmal aller Poesie» (ebd.). An dieser Formulierung ist zu beachten, daß der Gehalt nicht in abgebildeten Gegenständen liegt, sondern im Zustand des Bildes selbst. Denn die Helle im Bild ist Zustand. Daraus folgt, daß das poetische Bild sich der Subsumtion unter Begriffe grundsätzlich entzieht: «Aber es kann nun durch Nachdenklichkeit, insbesondere durch Verallgemeinerung und Herstellung der Beziehungen, mit dem Ganzen des menschlichen Daseins in Verhältnis gesetzt und so in seinem Wesen, d. h. in seiner Bedeutung verstanden werden» (ebd.). Die poetische Darstellung transzendiert immer schon die Privatsphäre des Gefühls, indem sie allgemeine menschliche Erfahrungen repräsentiert. Sie finden ihr Darstellungsäquivalent in der «notwendigen Form» des Bildzusammenhangs, in seiner «Struktur» (GS VI, 192). Die von den Gefühlen ausgehende

«Transformation der Bilder» ist somit das eigentliche Feld der ästhetischen Bedeutungsbildung (GS VI, 177; 185). Zusammenfassend heißt es vom Dichter: «Die Energie seines Lebensgefühls läßt Zustandsbilder vieler Lagen seines Lebens entstehen und ihm gegenwärtig bleiben» (GS VI, 136). Das ist kein Rückfall in den Subjektivismus oder gar in den Biographismus, sondern beschreibt die ästhetische Verwandlung wirklicher Erlebnisse in Schemata möglicher Erfahrungen. Ohne diese allerdings würden nach Dilthey Poesie und Malerei ihren Sinn einbüßen: Eine rein formalistische Kunst liegt außerhalb seines Denkhorizonts.

Diese poetologischen Analysen ergeben die Grundzüge einer medialen Bewußtseinstheorie. Ihr zufolge ist Bedeutungsbildung kein autonomer Akt des reinen Denkens, auch kein rein sprachlicher Vorgang, sondern das Resultat der Interaktion zweier Medien: sprachlicher Zeichen und der sie begleitenden Bilder. Zeichen werden aus Bildern geboren und gehen wieder in die Bilder ein. Damit läßt sich Diltheys «Satz der Phänomenalität», dem zufolge dem Erkennenden alle Dinge nur als «Tatsachen des Bewußtseins» gegeben sind (GS V, 90), in den *Satz der Medialität* umformulieren: Im Bewußtsein fallen Medium und Bedeutung zusammen. Die Gleichsetzung von Medium und Bedeutung, für die Marshall McLuhan die berühmte Formulierung geprägt hat «Das Medium ist die Botschaft», ist von Phänomenalismus oder gar Fiktionalismus weit entfernt. Sie formuliert vielmehr die Einsicht, daß es im Bewußtsein eine Bedeutungsschicht gibt, die nicht mit den Gegenständen, sondern den Formen der Darstellung zusammenfällt. Die Formen der Darstellung aber sind Funktionen des Verhaltens, durch das der Mensch die Welt erschließt. Den Bildern des Verhaltens, die sich von Abbildern einer vorgegebenen, ‹an sich› bestehenden Wirklichkeit unterscheiden, kommt somit neben den Begriffen eine selbständige Funktion der Evozierung von Wirklichkeiten zu. Das gibt dem Satz der Medialität seinen tieferen Sinn, der übrigens auch McLuhans Ausspruch seinen provozierenden Charakter verleiht.

Die Leistung der Bilder besteht darin, das Bewußtsein in einen imaginären Zustand zu verwandeln, es vom Status einer bloß psychischen Befindlichkeit («Tatsachen des Bewußtseins») zu befreien und ihm zugleich ein Maximum an innerer Realität zu verleihen, insofern in den Bildern das Verhalten Gestalt annimmt und zur Bedeutung wird. Hier liegt die elementare Voraussetzung für die «Vorstellbarkeit oder Denkbarkeit» (GS I, 404) der Welt, von der Dilthey zu Recht bemerkt, daß sie trotz der Begriffe von «Residuen des in ihr Enthaltenen» (ebd.) geleitet wird. Denn der Begriff bleibt ein bloßes Gedankending, das erst über die Bilder – sie sind mit den «Residuen» gemeint – den Zugang zur Wirklichkeit eröffnet.

Die am Bild entwickelte mediale Theorie des Bewußtseins möchte nicht als materiale Aussage über das Sein des Bewußtseins mißverstanden werden. Denn genaugenommen besteht Bewußtsein aus nichts, es fungiert durch und durch als Bildstruktur. Die Explikation der Bewußtseinseinheit durch die Bildstruktur will demnach keine neuen Entitäten in das Bewußtsein einführen, sie will auch nichts darüber präjudizieren, ob und wieweit alle Bewußtseinsakte mit unbewußten Bildern verbunden sind, wie es die romantische Psychologie annahm. Der spezifisch mediale Ansatz besteht vielmehr darin, den Bildbegriff als Mittel einzusetzen, um der Form nach zu erfassen, was intentional nicht beschrieben werden kann, da es ganz Zustand, innere Perspektive, situationale Bedeutung ist. Bewußtsein wird durch die Vielfalt der Bildformen auch nicht ‹erklärt›, sondern die Theorie des Bildes weist nur die Möglichkeit einer Bedeutungsfunktion auf, die nicht referentiell auf Gegenstände gerichtet ist. Denn im Unterschied zum Begriff, der immer ein Begriff von etwas sein muß, bleibt ein Bild auch dann noch ein Bild, wenn es kein Bild von etwas ist, wenn es nichts Gegenständliches abbildet – wofür die ungegenständliche Malerei den Beweis liefert. Die Bilder eröffnen somit den Zugang zur inneren Welt, in der die situationalen Bedeutungen ihren Ursprung haben.

---

1 Zum Begriff des Selbstgefühls als ganzheitlicher Selbstwahrnehmung eines «verkörperten» Individuums siehe L. Siep, Leiblichkeit, Selbstgefühl und Personalität in Hegels Philosophie des Geistes, in: Hegels Theorie des subjektiven Geistes, hg. von L. Eley, Stuttgart 1990, 203–226.
2 Vgl. R. Wiehl, Die Komplementarität von Selbstsein und Bewußtsein, in: Theorie der Subjektivität, hg. von K. Cramer u.a., Frankfurt a.M. 1987, 44–75. K. Cramer bezeichnet die Gegebenheitsweise des Selbst prägnant als «unmittelbar fraglose, aber abgründig opake Selbstgewißheit»; «Erlebnis». Thesen zu Hegels Theorie des Selbstbewußtseins mit Rücksicht auf die Aporien eines Grundbegriffs nachhegelscher Philosophie, in: Stuttgarter Hegel-Tage 1970, hg. von H.-G. Gadamer, Bonn 1974, 600.

3 A. C. MacIntyre, Das Unbewußte. Eine Begriffsanalyse, Frankfurt a. M. 1968, 67 hebt den vorsprachlichen Charakter der unbewußten Vorstellungen bei Freud hervor: «Sie sind etwas Vor-Verbales, unter Umständen verbalisierbar, aber an und für sich kein Gegenstand der Sprache».
4 Gottfried Benn, Ausgewählte Briefe, Wiesbaden 1957, 79.
5 Vgl. I. Prigogine, I. Stengers, Dialog mit der Natur. Neue Wege naturwissenschaftlichen Denkens, München 1981.
6 Ludwig Landgrebe, Wilhelm Diltheys Theorie der Geisteswissenschaften (Analyse ihrer Grundbegriffe), in: Jahrbuch für Philosophie und phänomenologische Forschung, Bd. 9, hg. von E. Husserl, Halle a. d. S. 1928, 237–366.
7 Georg Misch, Lebensphilosophie und Phänomenologie. Eine Auseinandersetzung der Diltheyschen Richtung mit Heidegger und Husserl, Darmstadt ³1967. Vgl. F. O. Bollnow, Lebensphilosophie und Logik. Georg Misch und der Göttinger Kreis, in: Zeitschr. für philos. Forschung 39, 1980, 423–440.
8 Auch Maurice Merleau-Ponty bestätigt, daß Bewußtsein keine andere Realität hat als die Struktur des Verhaltens selbst: Die Struktur des Verhaltens, übers. von B. Waldenfels, Berlin/New York 1976.
9 Hermann Ebbinghaus, Über erklärende und beschreibende Psychologie, in: Zeitschrift für Psychologie und Physiologie der Sinnesorgane, Bd. 9, 1896, 161–205. Wiederabgedruckt in: Materialien zur Philosophie Wilhelm Diltheys, hg. von F. Rodi und H.-U. Lessing, Frankfurt a. M. 1984, 45–87.
10 Zur Unterscheidung von *langue* und *parole* in der strukturalen Linguistik vgl. Ferdinand de Saussure, Grundfragen der allgemeinen Sprachwissenschaft, hg. v. Ch. Bally und A. Sechehaye, dt. von H. Lommel, Berlin ²1967.
11 Uexküll vergleicht das Schema mit der Linienführung in der Malerei: «In der Linienführung der großen Meister erkennen wir das Walten ihrer Schemata. Unser ganzes Gedächtnis ist wie der Schnürboden eines Theaters mit Kulissen, mit Schematen angefüllt, die gelegentlich auf der Bühne des Bewußtseins erscheinen, freilich nicht in eigener Person, sondern gekleidet in die Inhaltsqualitäten unseres Gemüts» (Theoretische Biologie, Frankfurt a. M. 1973, 121). Den Übergang von Strukturen zu Bildern als den Transformatoren, die im tierischen und menschlichen Verhalten wirksam sind, untersucht A. Portmann, Die Bedeutung der Bilder in der lebendigen Energiewandlung, in: Biologie und Geist, Frankfurt a. M. 1973, 165–198.
12 Ferdinand de Saussure, a. a. O., 77.
13 Der pragmatische Aspekt der Repräsentation kommt in der phänomenologischen Analyse des Bildbegriffs nicht deutlich genug zur Geltung. Die von H. Jonas herausgestellte Trennung des Bildes vom Bildträger einerseits, vom abgebildeten Gegenstand andererseits ist kein ‹ontologischer› Befund, sondern läßt sich nur pragmatisch erklären. Vgl. H. Jonas, Die Freiheit des Bildens: Homo pictor und die differentia des Menschen, in: Zwischen Nichts und Ewigkeit. Zur Lehre vom Menschen, Göttingen 1963, 26–43.
14 Baruch de Spinoza, auf den Dilthey des öfteren verweist, unterscheidet drei Erkenntnisstufen: 1. *imaginatio* oder Phantasievorstellung, 2. *ratio* oder vernünf-

tige Erkenntnis und 3. *intuitio* oder unmittelbare Wesensschau (Ethik II, 40, Anm. 2).

15 Grundlegendes zur kognitiven Funktion des Bildes bei W. J. T. Mitchell, Was ist ein Bild?, in: Bildlichkeit, hg. von V. Bohm, Frankfurt a. M. 1990, 17–68. Aus postphänomenologischer Sicht B. Waldenfels, Das Rätsel der Sichtbarkeit. Kunstphänomenologische Betrachtungen im Hinblick auf den Status der modernen Malerei, in: Kunstforum Bd. 100, April/Mai 1989 (Kunst und Philosophie), 331–341, jetzt in: Der Stachel des Fremden, Frankfurt a. M. 1990, 204–224.

16 Die Funktion des Bildbegriffs in Diltheys poetologischen Schriften und seine Herkunft aus Joh. Müllers Begriff der Bild-Metamorphose wird dargestellt von F. Rodi, Morphologie und Hermeneutik. Diltheys Ästhetik, Stuttgart 1969. Durch Einbeziehung von Diltheys Verhältnis zur zeitgenössischen Theorie der dichterischen Produktion finden Rodis Ausführungen ihre Ergänzung bei K. Sauerland, Diltheys Erlebnisbegriff, Berlin/New York 1972.

17 Eine literaturwissenschaftliche Anwendung der Transformationsregeln findet sich bei W. Iser, Akte des Fingierens. Oder: Was ist das Fiktive im fiktionalen Text?, in: Funktionen des Fiktiven, hg. von D. Henrich und W. Iser, München 1983 (Poetik und Hermeneutik X), 121–151.

18 Sigmund Freud, Die Traumdeutung, Gesammelte Werke, hg. v. Anna Freud, London 1948, Bd. II/III, 283 ff.

19 Die Beantwortung dieser Frage bewegt sich im Horizont von Maurice Merleau-Pontys bekannten Analysen zur transzendentalen Funktion des Körperbildes. Dazu D. Tiemersma, ‹Body-Image› and ‹Body-Schema› in the Existential Phenomenology of Merleau-Ponty, in: Journal of the British Society for Phenomenology 13, 1982, 246–255.

20 Vgl. Arnold Gehlen, Die Resultate Schopenhauers, in: J. Salaquarda (Hg.), Schopenhauer (Wege der Forschung), Darmstadt 1985, 35–59 und weiterführend F. Esser, Die Funktion des Leibes in der Philosophie Schopenhauers, Diss. Münster 1991.

21 Henri Bergson, Schöpferische Entwicklung, dt. von G. Kantorowicz, Jena 1921, 276 ff.

22 Als exemplarisches Werk für die Berücksichtigung des Mediums in der Theorie der Künste nennt Dilthey den Baumeister Gottfried Semper, Der Stil in den technischen und tektonischen Künsten, 1861–1863, wo Stil nicht mehr rhetorisch, sondern als Qualität des Materials definiert wird (GS V, 244).

23 W. Hess, Das Problem der Realisation, in: Paul Cézanne, Über die Kunst. Gespräche mit Gasquet. Briefe, Mittenwald 1980, 133.

Kapitel II: Wille und Bewußtsein

1. Das Imaginäre und das Vitale: Wille als Zentrum des Ich

Die Medialität des Bewußtseins führt auf ein Feld der transzendentalen Reflexion, das als brisantes Terrain gilt. Auf ihm wird die Frage nach dem Seinsstatus der Subjektivität entschieden. Dabei geht es nicht nur um ein rein erkenntnistheoretisches Problem, sondern um eine viel gewichtigere Entscheidung, die in die Metaphysik hineinreicht. Nichts weniger als die Autonomie des Menschen, schließlich die ‹Unsterblichkeit der Seele› stehen auf dem Spiel, wenn das begriffliche Denken seinen Primat einbüßt. Wie sehr in der Transzendentalphilosophie Kants das Subjekt vom Denken der Vernunft abhängt, war schon Friedrich Nietzsche aufgegangen: «‹Ich› also erst eine Synthese, welche durch das Denken selbst gemacht wird», heißt es in «Jenseits von Gut und Böse» (SW Bd. 5, 73). Das veranlaßt Nietzsche zu der kühnen Vermutung, Kant betreffend: «Die Möglichkeit einer Scheinexistenz des Subjekts, also ‹der Seele›, mag ihm nicht immer fremd gewesen sein» (ebd.). Wie immer es um die Richtigkeit dieser Vermutung stehen mag, sicher ist, daß zur Zeit Nietzsches das Gefühl der intellektualistischen Irrealisierung nicht nur der Objekte, sondern auch der Subjekte weit verbreitet war. Dilthey hat bis zuletzt die «Aufhebung der Transzendenz der Subjektivität» als philosophische Aufgabe seiner Strukturlehre des Bewußtseins angesehen: «Ich, Seele, sind hinzugefügte Zeitlosigkeiten» (GS VII, 334).

Wenn sich die Substantialität des Subjekts nicht aus dem Denken beweisen läßt, so ist damit der ‹Tod des Subjekts› noch nicht besiegelt. Das zuständliche Bewußtsein eröffnet einen Weg, das Ich vor der gänzlichen Auflösung in atomistische Empfindungselemente zu bewahren, wie sie von dem Positivisten Ernst Mach (1838–1916) betrieben wurde.[1] Freilich hört der Mensch dann auf, ein Vernunftwesen vom alten Schlag zu sein; der Kern seines Wesens verschiebt sich vom Denken ins «Leben der Bilder». An dieser Verwandlung hat Dilthey einen maßgeblichen Anteil, der bisher kaum beachtet worden ist. Weniger spektakulär als Nietzsche, aber dafür sachlich um so fundierter, hat Dilthey die neue Wirklichkeit des Ich am Künstlertum des Fin de siècle herausgespürt. An der künstlerischen Aktivität unterscheidet er zwei Seiten: die logische Tätigkeit, die «konstruktive Phantasie», die der Künstler mit dem Mathematiker teilt (GS VI, 139); sodann das «Triebartige», das die Konstruktivität des Künstlers von der des Mathematikers unterscheidet (GS VI, 176). Das ergibt eine äußerst explosive Mischung: Die Präzision des mathematischen Denkens und das Rauschhafte des künstlerischen Fühlens – diese beiden einander widersprechenden Qualitäten, in der Sprache Nietzsches: das Apollinische und das Dionysische, halten sich im prekären Gleichgewicht. Damit ist die Ambivalenzen-Herrschaft des Unbewußten umschrieben, die das Denken aus dem Zentrum des Bewußtseins verdrängt. Die Erzeugung der Bilder bringt in die Aktivität des Bewußtseins ein unlogisches Element hinein, ein Getriebenwerden, das sich von der Autonomie des rein denkenden Subjekts unterscheidet. Das besagt: Im Bewußtsein gehören das Logische und das Vitale an der Wurzel zusammen: «Hier ist die Feder oder Unruhe in der Uhr unseres Lebens. Ohne sie würde es stille stehen. Spinoza hat schon recht mit seiner imaginatio» (GS VIII, 16).

Die für die hermeneutische Bewußtseinstheorie wesentliche Verschiebung der Aktivität des Subjekts äußert sich darin, daß nach Dilthey Subjektivität nicht mehr als reines Denken, sondern nur noch als situationales Erleben beschrieben werden kann. Erleben geht über das Denken darin hinaus, daß es tiefenpsychologisch das «Leben unseres Willens» (GS I, XIX) umfaßt. Das scheint im Widerspruch zur Strukturlehre des Bewußtseins zu stehen, der zufolge das Wollen nur eine von drei Verhaltensweisen neben Erkennen und Fühlen darstellt. Der scheinbare Widerspruch verschwindet jedoch, wenn man beachtet, daß der Begriff des Willens in der Strukturlehre in zweierlei Bedeutungen vorkommt: zum einen als das bewußte, zwecksetzende Verhalten, das mit der Freiheit der Wahl verknüpft ist. Als solches ist die Willenstätigkeit auf ein selbst gewähltes Ziel gerichtet. Zum anderen bezeichnet Wille die elementare Aktivität des Bewußtseins, die Unruhe, die von einer Vorstellung zur anderen treibt. Als solche bildet der Wille den Kern des Bewußtseins, das unbewußte oder besser vorbewußte Prinzip seiner Bewegung, das Dilthey als «Lebensdrang» ausdrücklich dem «toten und starren Begriff der Selbsterhaltung» entgegensetzt (GS I, 376). Das vorherrschende Gefühl, in dem die Wirksamkeit des Willens erfahren wird, ist das der ‹Mächtigkeit›, der Unwiderlegbarkeit seiner Zustände, die die Wirklichkeit des Erlebens von der Möglichkeit des bloßen Vorstellens unterscheidet (GS V, 156). Diese Mächtigkeit des Willens findet im kontinuierlichen Wechsel der Bilder des Verhaltens ihren Ausdruck.

Die als «Leben der Bilder» erfahrbare Tätigkeit des Willens tritt in der gefühlsmäßigen Besetzung von Vorstellungen zutage, die ihren reinen Erhaltungswert übersteigt: «Ein Bündel von Trieben und Gefühlen, das ist das Zentrum unserer seelischen Struktur, von welchem aus das Spiel der Eindrücke durch den Gefühlsanteil, der von diesem Zentrum aus ihnen zuteil wird, in die Aufmerksamkeit erhoben, Wahrnehmungen und deren Verbindungen mit Erinnerungen, Gedankenreihen gebildet werden, an welche alsdann Steigerung des Daseins oder Schmerz, Furcht, Zorn sich anschließen» (GS V, 206). In dieser komplexen emotionalen Zuständlichkeit des Bewußtseins bildet der Gefühlsanteil keine bloß ‹subjektive› Hinzufügung zu den Vorstellungen, sondern verweist auf die transzendentale Funktion des Willens. Im zweiten Buch seiner «Einleitung in die Geisteswissenschaften» nennt Dilthey die Einsicht in «das willenerfüllte Ich, in welchem die ganze Welt erst da ist», den entscheidenden Schritt in der Entwicklung der Erkenntnistheorie über den Empirismus, aber auch über den Kritizismus hinaus (GS I, 190). Die Schwäche der neuzeitlichen Metaphysik sieht er darin, daß in ihr «für den Willen, welcher von innen anfängt, keine Stelle ist» (GS I, 213). Die «innere Erfahrung des Willens» bilde eine Lücke in der Theorie des Bewußtseins, die in anbetracht des Dualismus von Anschauung und Denken niemals überbrückt werden könne: «Dies verkannten die Skeptiker, und noch Kant hat es nicht gesehen» (GS I, 240).

Was Kant nicht sah, Arthur Schopenhauer hat es gesehen, und damit ist ihm eine ganz neue Ansicht des Subjekts aufgegangen. «Die Welt als Wille und Vorstellung» nimmt die Erfahrung des Willens als Kern des

Selbstbewußtseins, und darin liegt die epochale Bedeutung dieses Werks, das dem 19. Jahrhundert den Weg freigemacht hat für das Verständnis der Seiten des Bewußtseins, die sich dem begrifflichen Denken entziehen.[2] Das ist ein deutlicher Bruch mit der Tradition des Rationalismus. Dessen Erklärung der Welt aus dem Denken und die Forderung nach Selbstdurchsichtigkeit des Subjekts macht dieses selbst zu einem bloßen Gedankending, wogegen sich Schopenhauer mit Vehemenz zur Wehr setzt. In der Ausgestaltung seiner Willensmetaphysik, die den Willen zum Wesen der Welt erklärt, geht Schopenhauer freilich weit über das hinaus, was sich an den Gegebenheiten des Bewußtseins deskriptiv aufweisen läßt. Das darf jedoch nicht zu dem Schluß verleiten, sein voluntaristischer Ansatz bliebe für die Subjekttheorie wertlos. Im Gegenteil: Indem Schopenhauer im Unterschied zu Kant dem Willen den Primat im Selbstbewußtsein einräumt, weil er die Rede von einem «logischen Ich» unverständlich findet, kann er die Gefahr der Fiktionalisierung des Subjekts, von der Nietzsche später sprechen sollte, abwenden. Die Willenserfahrung besitzt ein gewisses Maß an Undurchdringlichkeit, das die Wirklichkeit des Ich garantiert. Das führt im Hinblick auf die Hermeneutik zu der Frage, wie die Willenserfahrung ausgelegt werden muß, damit sie das «Ich denke» Kants ersetzen kann.

Der Wille ist in der Lage, die Stelle der ‹Synthesis› einzunehmen, wenn sein Begriff so gefaßt wird, daß ihm nichts Relatives mehr anhaftet und er sich nicht auf andere Aktivitäten zurückführen läßt. Der Wille muß absolut genommen werden, so daß seine Wirklichkeit alles Zufällige abstreift. Dafür sind in Schopenhauers Willensbegriff drei Momente maßgeblich. Zunächst die Permanenz des Willens: Im Gegensatz zum Intellekt fungiert er «unermüdlich» (W II, 939). Ferner seine Aktualität: «Jeder Willensakt ist ganz, was er sein kann» (W II, 933). Schließlich seine Totalität: Der Wille als Unbefriedigtsein ist nicht auf einzelnes gerichtet, sondern auf alles (und alle). Das macht die «Blindheit» des Willens aus, die mit seiner Totalität zusammenfällt. Permanenz, Aktualität und Totalität: Die Schrankenlosigkeit seiner Tätigkeitsmerkmale läßt den Willen zur unhintergehbaren Wirklichkeit des Bewußtseins werden, der sich alle übrigen Funktionen unterordnen.

Eine entscheidende Probe auf die Eignung des Willens als Analogon des transzendentalen Subjekts liegt in der Identitätsproblematik. Die Aktivität des Willens muß so beschaffen sein, daß sie für die Einheit der

Welt- und Selbsterfahrung stehen kann. Schopenhauer ist dieser Zusammenhang nicht entgangen. Er demonstriert die transzendentale Einheitsfunktion des Willens an der Möglichkeit der Identifizierung von Personen. Dabei unterscheidet er Selbstidentifikation von Fremdidentifikation. Selbstidentifikation über Zeitintervalle hinweg erfolgt, wie die analytische Philosophie gezeigt hat, ohne Kriterien. Nach Schopenhauer erfolgt die Selbstidentifikation nicht durch das Gedächtnis, da auch Gedächtnislücken in der Regel das Ichgefühl nicht tangieren. Es handelt sich demnach um eine Identifikation im Augenblick – einem Augenblick, der freilich kein qualitätsloser Punkt ist, sondern eine Qualität besitzt, die als Ersatz für die kontinuierliche Erinnerung fungiert. Schopenhauer definiert diese Qualität als «unmittelbares Innewerden eines Verlangens» (W II, 930). Das Nacheinander der Zeitpunkte wird hier ersetzt durch die Aufladung des gegenwärtigen Zustandes, so daß eine nichttemporale Tiefendimension entsteht. Auf eine Formel gebracht: Identität gibt es nicht ohne Intensität. Wie beim Schmerz kann auch beim Innewerden eines Verlangens die Wissensfrage nicht sinnvoll gestellt werden. In Form des unhintergehbaren Lebensgefühls fungiert der Wille demnach als letzte Instanz der Selbstidentifikation. Ein willenloses Subjekt könnte keine innere Selbstidentifikation vollziehen. Es wäre auf kognitive Rekonstruktion des äußeren Lebensverlaufs angewiesen.

Zur Bestätigung der Selbstidentifikation durch die Willenserfahrung führt Schopenhauer das Phänomen des Vergessens an. Alles Kognitive könne vergessen werden, so daß man selbst bei bedeutenden Handlungen nach einiger Zeit nicht mehr weiß, aus welchen Gründen man gerade so und nicht anders gehandelt hat: «Aber der Charakter selbst, von dem die Taten bloß Zeugnis ablegen, kann von uns nicht vergessen werden: er ist jetzt noch ganz derselbe, wie damals. Der Wille selbst, allein und für sich, beharrt» (W II, 975). Was man behält, sind demnach nicht die Inhalte, sondern ihre Modalität, eine bestimmte Qualität des Mediums, in dem sie erscheinen und auf dem die Unverwechselbarkeit der inneren Selbsterfahrung beruht.

Nicht nur im Prozeß der Selbstidentifikation, sondern auch bei der Fremdidentifikation spielt der Wille eine entscheidende Rolle. Wenn Identifikation von Personen nicht durch Rekonstruktion der raumzeitlichen Kontinuität ihres Lebenswegs erfolgen kann und wenn auch andere Kriterien entfallen (Aussehen, Fingerabdrücke usw.), dann bleibt allein der Blick als Anhaltspunkt, um die Identität durch Augenschein zweifelsfrei festzustellen. Diese Qualität des Blicks führt Schopenhauer auf den Willen zurück. Das Auge fungiert als Fenster ins Innere, weil es zugleich das Medium ist, in dem sich der Wille ausdrückt. Ein Indiz dafür liefert die Lebendigkeit, die Intensität des Blicks, die den übrigen körperlichen Alterungsprozeß überdauert. Wie immer es mit der empirischen Richtigkeit dieser Beobachtung und ihrer Erklärung auch stehen mag, die Intuition stimmt. Im blickenden Auge nistet ein Erkenntnisgrund, der sich nie ganz auflösen läßt. Daher der strukturelle Zusammenhang zwischen Blick und Wille, der es ermöglicht, Innen und Außen zu verbinden: das Auge als Symbol der Person.

Der Augen-Blick treibt Schopenhauer dazu, das «Ich denke» durch den Willen als «den wahren, letzten Einheitspunkt des Bewußtseins und das Band aller Funktionen und Akte desselben» (W II, 854) zu ersetzen. Das besagt: «so oft ‹Ich› in einem Urteil vorkommt» (ebd.), wird auf ein Subjekt Bezug genommen, das in seiner Absolutheit sich dem begrifflichen Erkennen entzieht. Denn wäre das Ich eine Funktion des Denkens, dann müßte es nicht nur sich selbst, sondern auch den anderen durchsichtig sein, was offenbar – und Gott sei Dank – nicht der Fall ist. Die Ich-Identität beruht auf der grundsätzlichen Undurchsichtigkeit des Willens, die sich in der Zuständlichkeit des Bewußtseins äußert. Damit ändert sich freilich der Charakter der personalen Identität gegenüber der rein logischen Gleichheit. Die Einheit des «Ich denke» weicht der Permanenz einander widerstrebender Zustände. Daher hält Schopenhauer Kants Satz: «Das: Ich denke, muß alle meine Vorstellungen begleiten können» für «unzureichend», und er nennt das Ich «eine unbekannte Größe, d. h. sich selber ein Geheimnis» (W II, 853). Die Absicht, dieses Geheimnis zu lüften, hat Dilthey in der Nachfolge Schopenhauers dazu geführt, seine Strukturlehre des Bewußtseins auf der Basis der Willenserfahrung zu entwickeln.

2. Zur Hermeneutik der Willenserfahrung

Es ist schon erstaunlich, daß auch diejenigen Interpreten, die in der Auslegung der Erlebniswirklichkeit den Kern der Philosophie Diltheys sehen, dessen explizite und implizite Bezugnahmen auf Schopenhauers Willenslehre kaum registriert haben. Das wäre zwar weiter kein großes

Unglück, wenn es sich nur um eine rein philosophiegeschichtliche Frage der Abhängigkeit eines Denkers von einem anderen handelte. Aber im Fall Schopenhauers und Diltheys steht erheblich mehr auf dem Spiel. Es geht um nicht weniger als um die Voraussetzungen, unter denen es in der zweiten Hälfte des 19. Jahrhunderts möglich wurde, den Intellektualismus ohne Rückfall in den Materialismus von innen zu überwinden. In diesem Prozeß markiert Schopenhauers Willenslehre den entscheidenden Wendepunkt, insofern «Wille» für die Wirklichkeit des Bewußtseins steht, die durch die Funktionen des Denkens nicht erfaßt wird. Aber was der Begriff nicht erfaßt, die Bilder machen es sichtbar. Wenn Schopenhauer den Lebenslauf das «Bild unseres Willens» nennt, so ist damit ausgedrückt, daß die Intensität des Lebensdrangs nicht stumm bleibt. Der triebhafte Kern unseres Wesens tritt im Lebensbild an die Oberfläche, ohne daß man ihn direkt zu fassen bekäme. Er versteckt sich im Aufbau des Bildes, für den Momente der Unbestimmtheit wesentlich sind. Denn die Sinndarstellung des Bildes beruht darauf, daß es undeterminierte und unausgeführte Stellen aufweist wie etwa eine Skizze. Häufig ist es so, daß der Gehalt eines Bildes um so augenfälliger ist, je mehr weggelassen wird. Die Lücken und Unbestimmtheiten sind die Felder der höchsten Intensität, der stärksten Konzentration von Sinn. Auf das Lebensbild übertragen heißt dies: Was am Leben scheinbar äußerlich und zufällig bleibt, das Fragmentarische erweist sich im höchsten Maß als bedeutsam. Dahinter verbirgt sich die geheime Selbstinszenierung des Willens, «denn der Wille führt das große Trauer- und Lustspiel auf eigene Kosten auf, und ist auch sein eigener Zuschauer» (WI, 438).

Die aus dem Willen geborene Wirklichkeit der Bilder äußert sich in deren Gegebenheitsweise, im «Innewerden», das Dilthey im Anschluß an Schopenhauer der Subjekt-Objekt-Korrelation des intentionalen Bewußtseins entgegensetzt: «Das, was den Inhalt des Bewußtseins bildet, ist von dem Bewußtsein selber nicht unterschieden. Es ist gleichsam ein Hell- und Lichtwerden dessen, was diesen Inhalt bildet» (GS XIX, 66). «Hellwerden» läßt sich nur als stufenweise Ausdifferenzierung der Bilder begreifen, die im zuständlichen Bewußtsein unmittelbar gegenwärtig sind: «Eine entwicklungsgeschichtliche Auffassung des psychischen Lebens wird daher in diesem Innewerden die primitive Form des Bewußtseins erblicken müssen» (GS XIX, 67). Was hier mit «Innewerden» bezeichnet wird, hat Schopenhauer als Leibeserfahrung beschrieben, die sich gegenüber der gegenständlichen Erkenntnis durch eine Unmittelbarkeit auszeichnet, in der Impuls und Bewegung, Innen und Außen miteinander verbunden sind (W I, 153). Als Ausdruck des Willens ist der Leib nach Schopenhauer «jedem das Realste» (W I, 16), so wie Dilthey der Willenserfahrung das Maximum an Realität zuschreibt: «die Realität der Realitäten» (GS I, 190).

Dieser bisher unbemerkt gebliebene Zusammenhang ist für die Grundlegung der Hermeneutik von äußerster Wichtigkeit, da er erklärt, wie es überhaupt möglich und nötig wurde, einen selbständigen Begriff des Verstehens neben dem gegenständlichen Erkennen zu entwickeln. Solange Bewußtsein ausschließlich als intellektuelle Funktion gedeutet wird, besteht für philosophische Hermeneutik im Grunde kein Bedarf. So kann es für Kant infolge seiner Lehre von der Einheit des Gegenstandsbewußtseins und des Selbstbewußtseins nur eine einzige Form des Erkennens geben, nämlich die begriffliche. Das ändert sich mit der Einsicht in die Sonderstellung der Willenserfahrung grundlegend. Denn um sich der durch das Denken nicht einzuholenden Realität der Willenserfahrung zu vergewissern, bedarf es eines speziellen Verfahrens der Auslegung. Bildet der Wille in seiner logischen Unfaßbarkeit den Ausgangspunkt der Selbsterfahrung, dann besteht das Selbst in nichts anderem als einem kontinuierlichen Prozeß des Selbstverständnisses, der auf die Vermittlung von Bildern angewiesen ist. Das von Dilthey entwickelte Konzept der Hermeneutik, ihr über eine spezielle Kunstlehre der Textauslegung hinausgehender Universalitätsanspruch hat hier seinen bewußtseinstheoretischen Ort und läßt sich somit problemgeschichtlich als Antwort auf Schopenhauers Willenslehre verstehen.

Von Schopenhauer hat Dilthey allerdings nur so viel übernommen, wie nötig war, ohne in die Gefahr metaphysischer Kontamination zu geraten. Gegen metaphysischen Überschwang war Dilthey durch seine empiristisch-positivistische Grundhaltung gefeit. Mit aller wünschenswerten Klarheit distanziert er sich von Schopenhauers unkritischer Metaphysik des Willens (GS I, 390), welche die Willenserfahrung ontologisch transformiert und zum Seinsgrund der Welt hypostasiert. Das ist für ihn die «Mystik des neunzehnten Jahrhunderts» (GS I, 397). Schopenhauers metaphysischer Ausdeutung des Willens billigt Dilthey lediglich begrenzte geistesgeschichtliche Bedeutung zu, insofern sie die rationalistische Metaphysik, die in der Denknotwendigkeit den Grund der Welt erblickt, in Frage gestellt habe. Den weitergehenden positiven Ertrag wirft die Willenslehre nach Dilthey erst im Rahmen der Hermeneutik ab, in dem die Willenserfahrung zu einer Methode des Verstehens weitergebildet wird.

Seine hermeneutische Wende bewahrt Dilthey auch weitgehend vor den ideologischen Implikationen, die sich aus Schopenhauers Willensmetaphysik für die Lebensphilosophie ergeben. Dilthey verfällt nicht dem abgrundtiefen Pessimismus Schopenhauers, der sich in der eigenartigen Lehre von der Aufhebung des Willens äußert. Aber ebensowenig ist bei Dilthey eine Bewunderung der Macht des Willens zu spüren, der Nietzsches «Wille zur Macht» entsprungen ist. So warnt Dilthey vor der «inneren Unseligkeit» des von Nietzsche gepriesenen «naiven Bewußtseins» (GS V, 379). Aufgabe der Philosophie bleibe es nach wie vor, die dunklen Seiten des Bewußtseins aufzuhellen. Nur könne das nicht in der Weise des Rationalismus geschehen, der durch Absolutsetzung des Denkens das Triebhafte einfach beiseite schiebt – ein Verdrängungsvorgang, der die Gefährlichkeit des Triebhaften nur noch steigert. Denn die Ausschaltung des Willens in der rein theoretischen Einstellung kann niemals von Dauer sein: «Alles Begehren erscheint dann erfüllt, der Wille schweigt, es ist ein Ruhepunkt in der Veränderlichkeit des Lebens. Spiegelklar und hell ist die Fläche der sonst so bewegten Seele. Aber nur ein Moment, und zwischen der Außenwelt und dem Gefühlsleben ist diese Harmonie vorüber. Es wird begehrt, was nicht ist, und sei es im Erkennen, sei es im äußeren Handeln, ist die Spannung des Wollens wieder vorhanden. Hier ist der eigentliche Sitz der Lebendigkeit des seelischen Lebens» (GS VII, 332). Die triebhafte Aktivität des Ich lebt von der oft zwar nur leichten, aber unaufhebbaren Differenz zwischen Intention und Erfüllung des Bewußtseins, eine Differenz, die für den Menschen Chance und Gefährdung zugleich bedeutet. Angesichts dieser Tatsache richtet Dilthey eine deutliche Warnung vor zu großem Optimismus an die Adresse des Idealismus: «Wir haben uns diszipliniert. Was hülfe es uns, wenn der Sturm des Hasses hereinbricht?» (GS XIX, 375). Diese bange Frage belegt, daß Dilthey weit davon entfernt war, die Erlebniswirklichkeit sich selbst zu überlassen. Die Macht der Bilder als Ausdruck des Triebhaften, das für das gegenständliche Bewußtsein immer Trübung und somit Gefährdung bedeutet, bedarf anderer Mittel der Bändigung als der des reinen Denkens. Hier hilft nur eine hermeneutische Praxis der Interpretation, die der Logik der Bilder gerecht wird.

Vom Standpunkt der Hermeneutik nimmt sich das Programm der Transzendentalphilosophie, Erfahrung aus dem reinen Denken zu konstruieren, wie der Versuch Münchhausens aus, sich am eigenen Schopf aus dem Sumpf zu ziehen: «Der Intellekt, diese vorübergehende, nur in Zwischenräumen am Leben auftretende Funktion machte sich selbst zum Prinzip des ganzen Universums. In seinen Kategorien gewahrte er die Formen des Wirklichen. Demgegenüber haben wir erkannt, daß das Erkennen nie hinter das Leben greifen kann, an welchem es auftritt» (GS XIX, 348). Das führt Dilthey zu der Einsicht, daß es im Leben und durch das Leben immer Ereignisse gibt, «welche über uns entscheiden. Es ist die tiefstgreifende Erfahrung, welche der Mensch überhaupt machen kann» (ebd.). Bewußtsein enthält auf allen Ebenen das Unvorhersehbare und das Unverfügbare, das durch keine Selbstreflexion letztendlich in Begriffe aufgelöst werden kann. Es bleibt immer ein Rest von Faktizität. Damit bekommt die Hermeneutik einen resignativen Zug, sie wird zur unendlichen Aufgabe, die das historische Bewußtsein auf den Plan ruft: «Die alten Götter müssen wir mitnehmen in jede neue Heimat. Nur der lebt sich aus, der sich dahingibt. Umsonst suchte Nietzsche in einsamer Selbstbetrachtung die ursprüngliche Natur, sein geschichtsloses Wesen. Eine Haut nach der anderen zog er ab. Und was blieb übrig? Doch nur ein geschichtlich Bedingtes: die Züge des Machtmenschen der Renaissance. Was der Mensch sei, sagt ihm nur seine Geschichte» (GS VIII, 224). Die Geschichtlichkeit spiegelt demnach nicht nur die rein äußerliche Bedingtheit der menschlichen Existenz, sondern verweist auf die nicht im voraus zu berechnende Dynamik des Willens als Kern des Bewußtseins.

3. Relationenlogik zwischen Logismus und Intuitionismus

Der Wille als Kern des Subjekts: Diese Einsicht hat Konsequenzen, die über die Psychologie hinausreichen und die Gestalt der Logik verändern. Das ist einer der folgenreichsten Vorgänge in der Geistesgeschichte des späten 19. Jahrhunderts, ein wahrhafter Paradigmenwechsel, der in der Geschichte der Philosophie noch nicht hinreichend Beachtung gefunden hat. Auch hier spielt Dilthey die Rolle des Wegbereiters für Entwicklungen, die im Strukturalismus des 20. Jahrhunderts ihren vorläufigen Höhepunkt gefunden haben. Der Vorgang läßt sich auf die Formel bringen: von der Logik der Eigenschaften zur Logik der Relationen.³ In diesem Prozeß kommt dem Satz vom zureichenden Grunde, der von Leibniz zum Prinzip der Welt gemacht worden ist und mit dem Schopenhauer die Welt als Vorstellung begründet, eine Schlüsselstellung zu. Der Satz vom Grunde ist die Kette, an die die Metaphysiker die Logik gelegt hatten. Nietzsche, der die Logik des Seins durch eine Logik des Scheins ersetzen wollte, hatte an dieser Kette schon mächtig gezerrt. Aber es fehlte ihm doch an systematischer Kraft, ihre Glieder zu zerreißen. Erst Dilthey ist dieser Kraftakt gelungen, ohne den die Hermeneutik als selbständige Philosophie nicht zustande gekommen wäre. Martin Heidegger hat diese Wende zu Ende gebracht, indem er die «Herrschaft des Satzes vom Grunde» als den philosophischen Kern des technischen Zeitalters herauskehrt.⁴

Schon in der «Einleitung in die Geisteswissenschaften» bestreitet Dilthey, daß der Satz vom Grunde ein «Denkgesetz» ist, das dem Satz des Widerspruchs gleichwertig zur Seite gestellt werden kann (GS I, 390f). Als Argument führt er den ausgezeichneten Fall der Willenserfahrung an, die sich nicht unter das Prinzip der Denknotwendigkeit bringen läßt: «Der menschliche Geist findet es nicht unerträglich, den logischen Zusammenhang, vermittels dessen er über das unmittelbar Gegebene hinausgeht, da unterbrochen zu sehen, wo er in lebendigem und unmittelbarem Wissen freie Gestaltung und Willensmacht erfährt» (GS I, 391). Die Unmittelbarkeit der Willenserfahrung, die sich gegen die Konsequenzlogik sperrt, entspricht Schopenhauers Interpretation des Willens als einer Macht, dessen Wirksamkeit nicht dem Satz vom Grunde unterworfen ist (WWV I, 162).

Im Unterschied zum Widerspruch, der als Denkgesetz keine Ausnahme duldet, auch nicht in den erlebten Formen des Bewußtseins, billigt Dilthey dem Satz vom zureichenden Grunde lediglich den Status eines «Erkenntnisgesetzes» zu (GS I, 394), das auf einen bestimmten Gegenstandsbereich, auf die äußere Erfahrung beschränkt bleibt. Empirische Urteile über Gegenstände der Außenwelt beziehen demnach ihre objektive Gültigkeit aus dem Zusammenhang der Vorstellungen, sofern er nach allgemeinen Begriffen gedacht werden kann. Als Bedingung für die Herstellung objektiver Erkenntnis nach dem Satz vom Grunde nennt Dilthey die Relativität und Homogenität der Vorstellungen. Für die innere Erfahrung jedoch, die primär Willenserfahrung ist, hat dieses Objektivierungsschema keine Gültigkeit. Denn das Erleben, das Dilthey als «Innewerden» beschreibt, ist nicht relativ, sondern absolut (GS I, 394). Ferner sind die Inhalte des unmittelbaren Erlebens nicht homogen, sondern heterogen, «ungleichartig» (GS I, 393). Die Realität des Erlebens läßt sich somit nicht auf den vom Satz vom zureichenden Grunde gestifteten Objektivitätsbegriff bringen, der logisch als Form der «Unterordnung» qualifiziert ist.

Die rationalistische Auffassung, die Erfahrung sei vollständig dem Satz vom Grunde unterworfen, nennt Dilthey in seiner «Einleitung» «Logismus» (GS I, 396). Mit der gleichen kritischen Qualifikation belegt er in der Abhandlung «Erfahren und Denken» von 1892 auch die Lehre, Erkenntnis komme nur durch die Funktionen des Denkens zustande, die von der Wahrnehmung getrennt sind (GS V, 97). Die Kritik des «Logismus» bedeutet allerdings nicht, daß Dilthey in den Empirismus verfällt. Das Erleben hält er keineswegs für amorph, sondern er erkennt ihm eine eigene Gestalt zu, den «durch die Totalität des Gemütes geschaffenen Zusammenhang» (GS I, 395). In der Vorrede zur «Einleitung» geht Diltheys erklärtes Bemühen dahin, sowohl gegenüber der rationalistischen als auch gegenüber der empiristischen Erkenntnistheorie die Zusammenhangsform des Erlebens zu entwickeln (GS I, XVIII), die er «Struktur» nennt und die logisch dadurch gekennzeichnet ist, daß sie das Prinzip der Unterordnung und das Prinzip der Nebenordnung miteinander verbindet.

Philosophiegeschichtlich bildet die hermeneutische Logismuskritik das unbekannt gebliebene Gegenstück zur phänomenologischen Psychologismuskritik, die Edmund Husserl in seinen «Logischen Untersuchungen» (1900) formuliert hat. Das sollte von all denjenigen beachtet werden, die dem Standpunkt des Erlebens den Vorwurf des naiven psychologistischen Naturalismus machen zu müssen glauben. Wenn auch kein geborener Logiker, so war Dilthey erkenntnistheoretisch doch alles andere als naiv. Sein Strukturbegriff des Erlebens ist durch die Trennung von Logik und Psychologie schon hindurchgegangen. Im zweiten Buch der «Einleitung» veranschaulicht er seine Logismuskritik an den Hauptvertretern der rationalistischen Metaphysik. Das metaphysische «Theorem von dem logischen Zusammenhang in der Natur» habe in Spinozas pantheistischem Naturbegriff seine reinste Ausprägung gefunden. Spinozas «Panlogismus» wird interpretiert als Ausdruck der Souveränität, die Descartes dem denkenden Subjekt gegenüber der Wirklichkeit zuerkennt. Damit aber gehe die «Souveränität des geistigen Lebens», die die Willenserfahrung umfasse, verloren (GS I, 387f). Was in der Neuzeit als Ermächtigung der Vernunft gegenüber der Willkür eines voluntaristischen Gottes begonnen hatte, verkehrt sich somit ins Gegenteil: Der Geist kann seine Freiheit gegenüber der ihn selbst verschlingenden «Konsequenz des metaphysischen Satzes vom Grunde» (GS I, 388) nicht mehr behaupten. Es bedarf daher neuer Wege, um der Willenserfahrung gerecht zu werden. Das ist keine Absage an die Rationalität des logischen Denkens, sondern eine Kritik an der Verwechslung von Logik und Metaphysik.

Diltheys Zurückweisung des Logismus gipfelt in seiner Kritik an Leibniz. Hinter dem von Leibniz logisch gebändigten Willen Gottes, der die Welt nach dem Prinzip des zureichenden Grundes eingerichtet habe, sieht Dilthey das «Antlitz eines logischen Weltgrundes» hervortreten (GS I, 389). Das Argument, ein grundloser Wille sei ein Widerspruch in sich und komme dem Fatalismus gleich, mit dem Leibniz im Briefwechsel mit Samuel Clarke die Ansprüche der mathematischen Rationalität gegenüber dem theologischen Voluntarismus verteidigt, kommentiert Dilthey mit dem Satz: «Es ist klar, Leibniz kommt so zu einer Exekutivgewalt, welche den Gedanken ausführt, nicht zu einem wirklichen Willen» (ebd.). Es zeugt von seinem geistesgeschichtlichen Scharfblick, daß Dilthey diese Stelle aus der Korrespondenz von Leibniz in ihrer zentralen Bedeutung für die Gestalt des neuzeitlichen Rationalismus erkannt hat.[5] Ihm entgeht aber nicht die Kehrseite, die darin besteht, daß die Rettung des objektiven Wirklichkeitsbegriffs vor der Bedrohung durch den Voluntarismus um den Preis der Vernichtung des Bewußtseins der Freiheit vollzogen wird.

Die Stellungnahme gegen Leibniz könnte den Eindruck erwecken, als führe die Logismuskritik in den voluntaristischen Irrationalismus zurück. Davon kann aber keine Rede sein. Denn der Willensbegriff ist nicht mehr der des nominalistischen Willkürgottes, der grundlosen Wahl, auf dessen Überwindung der neuzeitliche Rationalismus fixiert war. Es geht vielmehr um die unmittelbare Erfahrung des Willens, um das Bewußtsein der Freiheit, das als unmittelbare Gegebenheit des Bewußtseins von der Beweisbarkeit der Freiheit unabhängig ist. Die Wirklichkeit der Willenserfahrung, zu der Dilthey einen Zugang sucht, unterscheidet sich von der Idee der Wahlfreiheit wesenhaft dadurch, daß sie immer als Zuständlichkeit eines Verhaltens- und Lebenszusammenhangs erfahren wird. Die Wirklichkeit des Erlebens, die im «unmittelbaren Wissen als Freiheit» gegeben ist (GS I, 391), bleibt gegenüber allen Beweisen des Gegenteils immun, weil das zuständliche Bewußtsein im Unterschied zum Gegenstandsbewußtsein absolut ist, d. h. nicht in Subjekt und Objekt zerlegt werden kann, ohne daß die Wirklichkeit des Erlebens verlorengeht. Die Absolutheit des Erlebniszusammenhangs bildet somit die einzige Wirklichkeit der Freiheit, die mit der Zuständlichkeit des Bewußtseins identisch ist.

Die Befreiung der Willenserfahrung vom Logismus wirft die Frage auf, wie man den unmittelbar gegebenen Erlebniszusammenhang auf den Begriff bringen kann. Wenn man nicht im Intuitionismus versacken will, bedarf es einer Umbildung der Logik, die es gestattet, auch ohne Rückgriff auf den Satz vom Grunde Zugang zur Willenserfahrung zu gewinnen. Die erforderliche Umbildung der Logik, die dann zur Hermeneutik geführt hat, spielt sich innerhalb der Logik der Relationen ab, die in der zweiten Hälfte des 19. Jahrhunderts die traditionelle Abstraktionslogik ersetzt hat. Dieser Vorgang ist von Ernst Cassirer in seinem Buch «Substanzbegriff und Funktionsbegriff» (1910) eindrucksvoll beschrieben worden.

Für die Logik der Relationen hat schon Schopenhauers «Die Welt als Wille und Vorstellung» die Koordinaten vorgegeben. Nach Schopenhauer betrifft Erkenntnis nicht das Wesen, sondern immer nur «Beziehungen der Dinge», zunächst «Beziehungen auf den Willen», dann «Beziehungen der Dinge zueinander» (W II, 1123). Der Übergang zu den Beziehungen der Dinge zueinander stellt eine höherstufige Form der Erkenntnis dar, die durch Zunahme an Mitteilbarkeit ausgezeichnet ist. Erkenntnis ist somit nichts anderes als ein Prozeß stufenweiser Objektivierung: «Wenn nämlich von einem Objekte viele und mannigfaltige Beziehungen unmittelbar aufgefaßt werden, so tritt aus diesem, immer deutlicher, das selbsteigene Wesen desselben hervor und baut sich so aus lauter Relationen allmählich auf, wiewohl es selbst von diesen ganz verschieden ist» (ebd.). Das Hervortreten der Sache selbst in ihrer reinen Sichtbarkeit macht nach Schopenhauer die Erkenntnis der «Idee» aus, die den «Wurzelpunkt aller dieser Relationen und dadurch die vollständige und vollkommene *Erscheinung*» bildet (WWV II, 1124).

Die Rückführung der Erkenntnis auf Beziehungen, die sich aus Schopenhauers Standpunkt des Willens ergibt und in der Ideenlehre ihren Höhepunkt findet, bestimmt auch die hermeneutische Strukturtheorie des Bewußtseins. Freilich mit einem wesentlichen Unterschied. Während bei Schopenhauer der Ausgang vom Willen in Platonismus umschlägt, wird bei Dilthey die Willenserfahrung pragmatisch transformiert. Die «Beziehungen», die das Erkennen ausmachen, bleiben an das Verhalten gebunden; Verhalten heißt transzendental nichts anderes als Aufbau von Beziehungen. Verhaltensweisen erzeugen «Daseinsbezüge»; Erkennen, Fühlen und Wollen bilden «Beziehungsarten», die als solche im Verhalten begründet sind: «Beziehungsart und Verhaltungsweise entsprechen einander» (GS VII, 16). Der Bewußtseinszusammenhang als Gefüge von Beziehungen erreicht seine größte Dichte dadurch, daß «zwischen den Beziehungsarten selber regelmäßige Beziehungen» (ebd.) bestehen. Das Resultat dieser Beziehungssteigerung bildet ein Relationalismus, der den substantialistischen Wahrheitsbegriff hinter sich läßt. Die oberste Relation ist die des Körpers zur Welt, die mit dem Verhalten zusammenfällt. Aus dieser Relation kann der Mensch sich nie befreien: «Durch das unabänderliche Grundgesetz seiner Lage ist er an diese Relationen gebunden» (GS VIII, 27). Daraus ergibt sich eine skeptische Einschätzung der Erkenntnismöglichkeiten des menschlichen Geistes: «Was er als diese Welt anschaut, träumt oder denkt, ist immer diese Relation, nichts Anderes» (ebd.). Allerdings beinhaltet diese Einschränkung auch Gewinn. Denn die Relation hat die Funktion einer Perspektive, durch die der Mensch etwas «an der Welt» erblickt, «das sonst für uns nicht sichtbar wäre» (ebd.).

Wie sehr die Relationenlogik das Erkenntnisproblem modifiziert, bestätigt Ernst Cassirers «Philosophie der symbolischen Formen», in der es von der «Grundform der Beziehung» heißt: «Sie beherrscht die Gesamtheit des Erkennens vom einfachsten sinnlichen Wiederfinden und Wiedererkennen bis hinauf zu jenen höchsten Konzeptionen des Gedankens, in denen er alles Gegebene überschreitet. In ihr daher muß der ‹Begriff› begründet und verankert werden. ‹Begreifen› und ‹Beziehen› erweisen sich der schärferen logischen und erkenntniskritischen Analyse überall als Korrelata, als echte Wechselbegriffe» (III, 348). Die dominierende Stellung, die der Relation hier eingeräumt wird, entspricht der neukantianischen Umbildung des kantischen Synthesisbegriffs, wie sie Cassirer in «Substanzbegriff und Funktionsbegriff» durchführt. An die Stelle der Verknüpfung von Elementen tritt die Idee der Erzeugung von notwendigen Bedingungszusammenhängen von einem bestimmten Anfangsglied aus. Der Relationsbegriff fällt somit

mit dem Funktionsbegriff zusammen. Das macht den Rationalismus der Relationenlehre Cassirers aus, die ihre Vollendung in der mathematischen Begriffsbildung findet. Dahinter steckt das für den neukantianischen Erkenntnisbegriff charakteristische Bemühen, nichts in der Welt als gegeben hinzunehmen. Alles soll durch algebraische Reihenbildung gemäß dem Denkgesetz des zureichenden Grundes begrifflich restlos durchdrungen werden.

Vor diesem Hintergrund läßt sich die Idee einer hermeneutischen Relationenlogik formulieren. Um an die Struktur des Erlebens heranzukommen, braucht man Relationssysteme, die nicht auf dem Prinzip der Kontinuität beruhen und auch nicht dem Satz vom Grunde unterworfen sind. Das trifft für das Bild zu, sofern man das Bild nicht rein intuitiv auffaßt und der Seite der Empfindungen zurechnet. Zwar ist das Bild von der Wirklichkeit getrennt; aber es enthält innere Beziehungen, für die sich keine Regel der Erzeugung angeben läßt, wie das beim mathematischen Funktionsbegriff der Fall ist. In diesem Sinne hat Wittgenstein die «logische Form», die in jedem Bild steckt, als «interne Relation» definiert, als «Relation der Strukturen» (Tractatus 4.122).[6] Die Relationen, die das Bild konstituieren, können nicht auf eine analytische Grundrelation zurückgeführt werden, nach der jedes Moment aus dem vorherigen eindeutig ableitbar wäre. Denn das Bild setzt sich nicht wie das Urteil aus Begriffen zusammen, die eine feste Bedeutung besitzen, sondern baut sich aus ‹Elementen› auf, die für sich nichts bedeuten (Farbflecken, Linien). Zwischen den Elementen sind nach allen Richtungen Beziehungen möglich, die den Sinn des Bildes ausmachen, aber diese inneren Beziehungen kann man nicht auf den Satz vom Grunde zurückführen. Es handelt sich vielmehr um Entsprechungen und Oppositionen, die der begrifflich nichtkonstruierbaren Gestaltbildung zugrunde liegen. Insofern stellt das Bild eine selbständige Form der Bedeutungsbildung dar, die geeignet ist, die Willenserfahrung auszulegen. Damit werden alle Theorien hinfällig, in denen das begriffliche Denken einseitig über die «Vorstellbarkeit» von Inhalten entscheidet (GS I, 404).

Die am Bild orientierte Logik der internen Relationen erfordert als notwendige Ergänzung einen Symbolbegriff, der sich von dem der mathematischen Naturwissenschaften unterscheidet. Bei Ernst Cassirer bedeutet Symbol zunächst, als Moment im Gesamtprozeß der Begründung zu fungieren: «In der symbolischen Bezeichnung ist freilich die besondere Beschaffenheit des sinnlichen Eindrucks abgestreift; aber es ist alles dasjenige festgehalten und für sich herausgehoben, was ihn als Systemglied kennzeichnet», heißt es in «Substanzbegriff und Funktionsbegriff» (197).[7] Dieser abstrakte Symbolbegriff, von dem Cassirer ausgeht, genügt nicht mehr, um der Logik der bildhaften Relationen gerecht zu werden. Für sie ist wesentlich, daß eine anschauliche Form Bedeutung repräsentiert, ohne Systemglied in einem gesetzlichen Zusammenhang sein zu müssen. Das gilt für Skizzen, zum Beispiel für die Darstellung eines Gesichts durch zwei Löcher, über die Picasso seine Verwunderung geäußert hat: «Zwei Löcher sind das Symbol für das Gesicht, sie genügen, um die Vorstellung eines Gesichtes hervorzurufen, ohne es darzustellen»[8]. Statt auf einen gesetzlich geregelten Erkenntnisfortschritt zu verweisen, steht das Symbol für den Vorgang der anschaulichen Repräsentation. Hier liegt ein neuer Symbolbegriff vor, der uns im nächsten Abschnitt beschäftigen wird.

4. Die Eröffnung der symbolischen Dimension

So neu freilich, wie er im Vergleich mit dem mathematisch-funktionalen Symbolbegriff aussieht, ist der repräsentative Symbolbegriff natürlich nicht. Er stammt aus der Ästhetik des 18. Jahrhunderts, die im Bereich der Kunst das Symbol gegenüber der gekünstelten allegorischen Figur aufgewertet hat.[9] Für die Romantik zeichnet sich das künstlerische Symbol dadurch aus, daß es als anschauliche Totalität seinen Eigenwert gegenüber der gemeinten Idee bewahrt. Dieser Symbolbegriff, für den die Darstellung wichtiger wird als das Dargestellte, weist den Weg, um an die Bedeutungsbildungsprozesse im zuständlichen Bewußtsein heranzukommen. Allerdings müssen auf dem Weg dazu die Umbildungen berücksichtigt werden, die der Symbolbegriff bei Dilthey unter dem Einfluß der Strukturpsychologie durchgemacht hat.

Noch einmal kann Diltheys Poetik als Leitfaden für die Theorie der Symbolbildung dienen. «In unserem psychophysischen Wesen ist uns die Beziehung eines Innen und Außen gegeben, und diese übertragen wir überallhin» (GS VI, 99). Dieser erkenntnisanthropologische Kernsatz enthält die Voraussetzung für eine hermeneutische Symbollehre. Wenn man in der universalen Übertragung nicht bloße Selbsttäuschung sehen will, so muß man sich für die Definition des Symbolischen an die Doppelnatur des Menschen halten: «Die Art, wie hier Zustand und Bild als Inneres und Äußeres sich verweben, wird nicht erworben, sondern ist in dem psychophysischen Wesen des Menschen angelegt: gleichsam eine Erweiterung oder Projektion des eigenen Lebensbefundes findet hier statt» (ebd.). Die beiden Seiten des Bewußtseins, Innen und Außen, machen die Funktion des Symbolischen verständlich. Sie besteht nicht darin, die Innerlichkeit zu verbergen oder zu verdrängen, sondern durch Bilder zu realisieren, die das Unsichtbare sinnfällig machen: «Wir deuten oder versinnlichen unsere Zustände durch äußere Bilder, und wir beleben oder vergeistigen Außenbilder durch innere Zustände» (GS VI, 99f). Die Wechselbeziehung von Innen und Außen macht die Bilder ihrem Wesen nach zu Symbolen: «Inneres, das im Äußeren sich manifestiert, ist immer die Form unseres Auffassens: so leben wir immer in Symbolen» (GS VIII, 17).

Geistesgeschichtlich betrachtet ist dieses Konzept des Symbolischen eine Weiterbildung von Friedrich Schleiermachers romantischem Transzendentalismus. Dieser Vorgabe zufolge liegt ein Symbol als Verhältnis eines «Äußeren zu einem Inneren» dort vor, wo die reine Vernunft zur Darstellung gelangt, nämlich im menschlichen Dasein: «Die an sich unzeitliche Vernunft stellt sich in der räumlich-zeitlichen Ordnung dar in dem Bewußtsein», so resümiert Dilthey die Position Schleiermachers (GS XIV/1, 292). Für die Darstellung der Vernunft im Bewußtsein spiele der Körper eine wesentliche Rolle: «Es gibt keine Form des Bewußtseins, die anders als zugleich mit ihrer Leiblichkeit hervortreten könnte» (GS XIV/1, 293). Damit wird die Leiblichkeit zur symbolischen Funktion, zur gleichsam geistigen Leiblichkeit, die im Körperbild hervortritt: «So ist das Bewußtsein in seiner ihm wesentlichen Zeitlichkeit das ursprüngliche Symbol der Vernunft. Wie das Bewußtsein, so ist auch die menschliche Gestalt ursprüngliches Symbol» (GS XIV/1, 292f). Die symbolische Funktion des Leibes, die sich in der menschlichen Physiognomie am deutlichsten bemerkbar macht, erfährt bei Dilthey eine Transformation, die für den Pragmatismus charakteristisch ist: An die Stelle der zeitlosen Vernunft tritt das Verhalten, das im Körperbild zur Darstellung gelangt.

Diese Sinnverschiebung bringt den Symbolismus in die Nähe der psychoanalytischen Theorie des Unbewußten. Bei Dilthey finden sich Äußerungen, die in diese Richtung weisen: «Also ist die ursprüngliche

Aufgabe unserer Tätigkeit, daß die ganze Vernunft Bewußtsein werde» (GS XIV / 1, 292). In diesem Satz ließe sich Vernunft durch das Unbewußte ersetzen, und die psychoanalytische Hermeneutik wäre perfekt. Allerdings bleibt ein entscheidender Unterschied zur psychoanalytischen Theorie der Symbolik. Der liegt darin, daß für die Psychoanalyse nur das Verdrängte der symbolischen Darstellung bedarf.[10] Demgegenüber beharrt Dilthey darauf, daß menschliches Erscheinen immer auf Symbolisierungen angewiesen ist. Im Verhalten erzeugt der Wille sein «natürliches Symbol» als das «Bildliche, das in fester gesetzlicher Beziehung zu einem inneren Zustande steht» (GS VI, 227). Zum Verhalten gehört die Ordnung der Bilder, so daß Dilthey sagen kann, die Symbole bilden kein «Gewand, das über einen Körper geworfen wird, vielmehr sind sie dessen natürliche Haut» (ebd.). In diesem Vergleich ist der Symbolismus der Postmoderne in nuce enthalten. Er unterscheidet sich von den Verschleierungen des 19. Jahrhunderts als Symbolismus der Unverhülltheit. Denn auch und gerade die Nacktheit hat ihre eigene Symbolik. Hier läßt sich erahnen, welche Bedeutung Diltheys Aufwertung des Körperbildes zukommt: Die Oberfläche der Körper wird zum Ort der Primärprozesse, zum Armaturenbrett, auf dem alle Verhaltensweisen des zuständlichen Bewußtseins zusammenlaufen: Erkennen, Fühlen und Wollen.

Freilich führt Dilthey den pragmatischen Ansatz nicht immer konsequent genug durch, um die Fruchtbarkeit des Symbolbegriffs für die Hermeneutik voll auszuschöpfen. Die elementare Relation von Innen und Außen wird zunächst noch konventionell als «Ausdruck» gedeutet. Dilthey spricht vom «Umsatz unserer Gemütszustände in vorstellungsmäßige Symbole und Ausdrucksbewegungen», und er beruft sich für «beide Formen der Umsetzung» auf Friedrich Schleiermachers «Begriff der symbolisierenden Tätigkeit» (GS V, 187). In der Art allerdings, wie Dilthey die symbolisierende Tätigkeit auffaßt, erweist sich wieder seine Modernität. Die Umsetzung der Bewußtseinszustände in Ausdruck überschreitet die Befindlichkeiten des Subjekts. Ausdruck muß als objektivierende Leistung verstanden werden, als Steigerung und Gestaltung der Gefühle, die dem sprachlichen Ausdruck, der etwas meint oder bedeutet, in nichts nachsteht. Der bildliche Ausdruck bewirkt, daß die Richtung der Bewegungsantriebe umgekehrt wird. Dadurch gewinnen die Zustände einen expressiven Mehrwert, eine Bedeutungsanreicherung, die sich nicht mehr auf die reine Innerlichkeit des Gefühls reduzieren läßt, sondern als symbolische Form der Welterschließung fungiert.

Diese Konzeption der expressiven Symbolisierung findet ihre Entsprechung in Diltheys Theorie der Erlebnisdichtung, deren Reflexionsniveau man nicht gerecht wird, wenn man sie als ‹sentimentalen› Subjektivismus einstuft. Das Verhältnis von Erlebnis und Ausdruck wird dynamisch gedacht, als Prozeß der Aufklärung, dem transzendentale Funktion zukommt. Darüber war sich Dilthey durchaus im klaren. So heißt es in «Das Erlebnis und die Dichtung» im Bezug auf Goethe: «In dem Herausholen eines Allgemein-Menschlichen aus den unbewußten Tiefen unseres Daseins war Goethe verbunden mit der Transzendentalphilosophie von Kant, Fichte und Hegel» (127). Dieses Herausholen eröffnet immer zugleich eine neue Sichtweise auf die Welt: «Alle religiösen, metaphysischen, historischen Ideen sind doch schließlich Präparate aus vergangenen großen Erlebnissen, Repräsentationen derselben, und nur sofern sie die eigenen Erfahrungen dem Dichter verständlich machen, dienen sie ihm, Neues am Leben zu gewahren» (126). Ausdruck umfaßt also eine Korrelation zweier Bewegungen, der Vertiefung nach Innen und der Gestaltung nach Außen, die als manifester und als latenter Sinn im Symbol zusammenfallen.

Der Symbolismus bleibt bei Dilthey nicht durchgehend auf die Ebene des Ausdrucks beschränkt. Stellenweise durchbricht er die Verbindung von Erlebnis und Ausdruck und erreicht eine andere Bedeutungssphäre: die Darstellung. Darstellung ist mehr, ist etwas anderes als Ausdruck: Sie ist in die Gestaltung verlegter Ausdruck. Für den Übergang vom Ausdruck zur Darstellung finden sich schon in Diltheys Poetik klare Formulierungen: Poesie «drückt das Erlebnis aus, und sie stellt die äußere Wirklichkeit des Lebens dar» (113). Und: Ausdruck ist immer zugleich «Darstellung einer mächtigen äußeren Tatsächlichkeit» (126). Hier kompliziert sich die einfache Richtung von Innen nach Außen in ein Verhältnis wechselseitiger Repräsentation: Der Ausdruck wird zur Perspektive der Darstellung, die auf die Welt verweist. Die Stärke dieser Position liegt darin, daß sie Ausdruck und Darstellung nicht auseinanderreißt, sondern als zwei Seiten ein und desselben Vorgangs der symbolischen Bedeutungsbildung behandelt.

Die Ausdrucks- und Darstellungsfunktion des zuständlichen Bewußtseins hat Dilthey unter dem Begriff der *Repräsentation* behandelt. Repräsentation spielt in den späteren Ausarbeitungen seiner Strukturlehre eine so wichtige Rolle, daß der Husserl-Schüler Ludwig Landgrebe in ihm die Brücke sah, die Hermeneutik und Phänomenologie miteinander verbindet.[11] Aber dieser gut gemeinte Brückenschlag erweist sich bei genauerer Betrachtung als Akt der Kolonialisierung der hermeneutischen Bedeutungstheorie. Denn Repräsentation bei Dilthey ist kein intentionaler Begriff, sondern bezeichnet das Verhältnis von Aussagen zum Erlebnis- und Lebenszusammenhang, in dem sie entstanden sind. In diesem Sinne hebt Dilthey hervor, daß «reale» Repräsentation im Unterschied zur rein zeichenhaft-logischen ein «Gegensätzliches» enthalte (GS VII, 331). Als solche erfolge die reale Repräsentation immer «in einem Bildlichen», so daß ihre Allgemeinheit nie den Zustand «leerer Idealität» annehmen kann, wie das bei mathematischen Symbolen der Fall ist (GS VI, 186). Die Repräsentation entspricht somit der Semantik des Bildes, dessen Bedeutung ganz aus Beziehungen und Gegensätzen aufgebaut ist. Diese sind auch für das darstellende Verhalten konstitutiv, das im Unterschied zum zweckorientierten Handeln von der konstitutionellen Mehrdeutigkeit des Bildes lebt, die an der Wirklichkeit das zum Vorschein bringt, was durch den Begriff in seiner Eindeutigkeit verdeckt wird.

Die symbolische Funktion der realen Repräsentation kommt auch und vor allem im Medium der Sprache zur Geltung. Den Übergang vom Erlebnis zur Sprache hat schon Dilthey als wesentlich für die Hermeneutik herausgehoben: «Die innere Erfahrung wird ergänzt durch ihren Ausdruck in der Sprache, und an dem festen Ausdruck kann ich besser als am Erlebnis selber das in dem Erlebnis enthaltene Verhalten mir zum Bewußtsein bringen» (GS VII, 326). Die Wichtigkeit des sprachlichen Ausdrucks wird in einem späten Fragment zur Strukturpsychologie, das sich mit dem dichterischen Erlebnis beschäftigt, noch deutlicher. Wohl unter dem Druck der antipsychologistischen Logik Edmund Husserls versucht Dilthey, den Mangel des psychologischen Ansatzes zu überwinden, der sich unvermeidlich daraus ergibt, daß Erlebnisse in ihrer Innerlichkeit dem Verstehen nicht direkt zugänglich gemacht werden können. Hier bleibt nur die ‹Einfühlung›, auf die kein Verlaß ist: «Sonach kann nur eine andere Methode weiterführen. Sie geht durch ein Mittelglied (...). Aus dem Erlebnis entstehen die Ausdrücke desselben (...). In der Sprache treten sie auf als: Anschauung oder Begriff (Beurteilung) vom Gegenstande, Gefühl über, Intention usw. zu oder auf (...). So kann, während an den Erlebnissen eine feste

Abgrenzung nicht aufstellbar war, diese an den Ausdrücken und den Objektivierungen aufgezeigt werden» (GS VI, 318). Immer wieder ist Dilthey auf die präpositionalen Ausdrücke zurückgekommen. In ihnen sieht er Hinweise auf die getrennten Sinnbereiche des Erlebens, die sich nicht auf eine homogene Bedeutungsebene bringen lassen: «Die Beziehung einer Wahrnehmung auf einen Gegenstand, der Schmerz über ein Ereignis, das Streben nach einem Gute – diese Erlebnisse enthalten deutlich voneinander unterschiedene innere Beziehungen» (GS VII, 16). Das besagt: Verhältniswörter bringen die Gerichtetheit des Erlebens zum Ausdruck, die der objektiven Bedeutungsbildung vorausgeht. Insofern verleihen die Verhältniswörter den entsprechenden Aussagen eine situationale Bedeutung, die auf verschiedene Relationen zwischen dem Selbst und der Welt, letztlich auf «Lagen» des menschlichen Körpers verweist. Hier geht die Körpererfahrung direkt in die Logik der sprachlichen Repräsentation über. Um das an der Äußerung von Schmerz zu verdeutlichen: Wenn wir von Schmerzen sprechen, so ist die Rede deshalb verständlich, weil mit Schmerz keineswegs nur die private Empfindung gemeint ist, die niemand nachvollziehen kann, sondern immer auch eine bestimmte Einstellung gegenüber der Welt, eine bestimmte Verhaltensweise. Diese wird durch den Ausdruck «Schmerz über» angezeigt, der eine grundsätzlich andere Bewußtseinslage beinhaltet als der Ausdruck «Begriff von», und diese Bewußtseinslage ist es, die das Reden über Schmerz verständlich macht.

Für die Logik des sprachlichen Ausdrucks verweist Dilthey auf Franz Brentano und Edmund Husserl (GS VI, 318). Und an anderer Stelle erwähnt er in diesem Zusammenhang ausdrücklich Husserls «Begriff der reinen Grammatik» (GS VII, 322). Die Bezugnahmen legen Zeugnis ab von seinem Bemühen, die Theorie der realen Repräsentation auf die Ebene der logisch-semantischen Bedeutungslehre zu heben. Freilich, so lautet das gängige Urteil der Interpreten, hat es Dilthey an systematischer Kraft gefehlt, um den Anschluß wirklich zu vollziehen. Aber der Abstand zu Husserl kann auch als Stärke Diltheys ausgelegt werden. Denn sein Bemühen, in der Logik der Repräsentation den Boden des bildhaften Bewußtseins nicht zu verlassen, zeugt von der Einsicht in die Grenzen des begrifflichen Sinnverstehens: «Verstehen ist hier auf den bloßen Denkinhalt gerichtet, dieser ist in jedem Zusammenhang sich selbst gleich, und so ist das Verstehen hier vollständiger als in bezug auf jede andere Lebensäußerung. Zugleich sagt es aber für den Auffassenden nichts aus von seinen Beziehungen zu dem dunklen Hintergrund und der Fülle des Seelenlebens» (GS VII, 206). In der Aufhellung gerade dieses dunklen Hintergrundes aber sieht Dilthey die Aufgabe der Hermeneutik, die sich daher nicht auf eine Theorie der objektiven Bedeutungen und noch viel weniger auf eine Analytik der Urteile beschränken kann. Urteile nämlich sind weit davon entfernt, die symbolischen Formen des Erlebens und die ihnen entsprechenden Formen der Darstellung zu erfassen. Die hermeneutische Logik tritt demgegenüber als «Grammatik der Bild- und Begriffssymbole» auf (GS II, 4). Dilthey geht davon aus, daß es nur eine begrenzte Zahl von «primären Symbolen» (GS VIII, 29) gibt, die als «syntaktische Grundglieder» (ebd.) im Aufbau jeder natürlichen Sprache fungieren. Natürlich wären ausführliche sprachtheoretische Untersuchungen erforderlich, um den Symbolismus der Darstellungsfunktion zu erschließen. Dieses Desiderat schmälert aber in keiner Weise die ursprüngliche Einsicht in die primäre Symbolik des Erlebens, die in den sprachlichen Ausdrucksformen überall durchschlägt.

5. Stufen der Symbolbildung

Im Symbolismus der bildhaften Repräsentation erreicht die Strukturlehre des zuständlichen Bewußtseins ihren Höhepunkt. Hier entfaltet sie ihre ganze hermeneutische Sprengkraft, die den Subjekt-Objekt-Dualismus der Intentionalität wegfegt. Im intentionalen Bewußtsein gehen alle Akte von einen identischen Ich-Pol aus, der den unverzichtbaren Referenzpunkt aller Bewußtseinsinhalte bildet. Die «symbolisierende Tätigkeit» des zuständlichen Bewußtseins dagegen spielt sich auf mehreren Ebenen des Bewußtseins ab, die der klassischen Dreiteilung der kognitiven Funktionen in *Wahrnehmen*, *Erkennen* und *Denken* entsprechen. Diese Dreiteilung ist allerdings zu unterscheiden von der Trias der Verhaltensweisen. Dilthey selbst spricht von einem «anderen Beziehungssystem der Erlebnisse», das in dem aus Erkennen, Fühlen und Wollen gebildeten Strukturzusammenhang eingeschachtelt ist (GS VII, 329). Dieses andere Beziehungssystem «innerhalb der typischen Verhaltungsweisen» bildet eine «Stufenordnung, in welcher die partikulare, von außen bedingte Mannigfaltigkeit von Gegebenheiten sich den Zielen des Geistes anpaßt» (ebd.). Der Anpassungsprozeß besteht in fortschreitender Klärung der Bewußtseinsinhalte: In diesem Sinne sind die «Stufen des Bewußtseins gleichsam die Technik der Struktur, durch verschiedene Gebilde hindurch zur Herrschaft des Geistes über sich und die Welt zu gelangen. Die Stufen sind dieselben im psychischen Zusammenhang und in der Sphäre des gegenständlichen Auffassens, das jenem sich zuwendet» (GS VII, 331). Damit ist deutlich ausgesprochen, daß auf allen Stufen der geistigen Tätigkeit vom Wahrnehmen bis zum Denken immer schon symbolische Funktionen im Spiel sind, daß es kein die «Sachen selbst» direkt treffendes Auffassen gibt, sondern daß die Sachen erst in den Bildern, in den Interpretationen zum Vorschein kommen.

Es erhebt sich die Frage, inwiefern die Stufenordnung des Verstehens als Folge des symbolisch-pragmatischen Bewußtseinsbegriffs angesehen werden kann. Die Antwort läßt sich im Hinblick auf die transzendentale Synthesislehre geben. Wenn Bewußtsein nicht intellektualistisch als intentionale Vereinigungshandlung eines «Ich denke» begriffen wird, sondern pragmatisch als Ausdruck eines «willenerfüllten Ich», so bleibt die Abstufung die einzige Möglichkeit, ohne Apriorismus zu einer gültigen Artikulation der Vorstellungen zu gelangen. Stufen bedürfen keines vorgängigen Subjekts, sie entstehen durch Formalisierung des Verhaltens. Jede höhere Stufe setzt die vorherige voraus, läßt sich aber nicht aus ihr ableiten. Damit bewahrt die Stufenbildung im Unterschied zur Entwicklung alle Phasen der Aktivität des Bewußtseins: «Eine Stufenordnung, weil in ihr das Gegebene erhalten bleibt, aber in einer höheren Form des Bewußtseins» (GS VII, 329). Die strukturale Stufenlehre muß somit als Ersatz für den Apriorismus der «synthetischen Einheit der Apperzeption» gelesen werden. An seine Stelle treten strukturalistisch beschreibbare Formen der Selbstorganisation des Verhaltens, der Selbstdifferenzierung des Willens, die den Charakter symbolischer, d. h. wirklichkeitserschließender Funktionen haben.[12] Aber nicht nur zum transzendentalen Apriorismus liefert die strukturale Stufenlehre eine Alternative, sondern auch zum empiristischen Phänomenalismus, dem zufolge Erkennen in der Bildung vorübergehender Empfindungskonstellationen besteht. Diese entstehen und vergehen wie Figuren im Sande. Dagegen liefert die Stufenlehre des Symbolischen ein Modell, nach dem sich die Wirklichkeit des Willens an der Wirksamkeit der Bilder artikulieren kann.

Das Stufenmodell der symbolischen Funktionen erfordert seine Ergänzung durch ein Schichtenmodell des Bewußtseins. Dilthey hat allerdings keine ausgeprägte Schichtenlehre vorgelegt. Das blieb seinen Nachfolgern vorbehalten. Einschlägig ist der Versuch von Erich Rothacker, eine tiefenpsychologische Schichtenlehre in erkenntnisanthropologischer Absicht zu entwickeln. Seine «Schichten der Persönlichkeit» liefern reiches Material dafür, wie die kognitive Erschließung der Wirklichkeit auf Schichten des Verhaltens zurückführbar ist. Allerdings gelangt die physiologische Ausgestaltung der Schichtenlehre nicht zu eindeutigen Ergebnissen. Leitend ist Rothackers Grundunterscheidung zwischen «Tiefenperson» und «kortikaler Person», die sich auch neurophysiologisch gut voneinander abgrenzen lassen. Dieser Doppelschichtung entsprechen zwei verschiedene Zugangsweisen zur Welt, die emotionale und die rationale, die als Verstehen und Erkennen (Erklären) unterschieden werden. Diese Zweiteilung wird bei Rothakker überlagert durch eine Dreiteilung, die innerhalb der beiden Weisen der Welterschließung wirksam wird. Sowohl im Verstehen als auch im Erkennen lassen sich drei Stufen unterscheiden, die der klassischen Dreiteilung in Wahrnehmen, Erkennen und Denken (Sinnlichkeit, Verstand und Vernunft) entsprechen. Rothacker nennt die den drei Funktionen zugeordneten Schichten: Leben, Es, Ich (141 ff).

Wenn in Rothackers Schichtenlehre die Verschachtelung der beiden Einteilungsprinzipien auch nicht immer klar wird, so liefert sie doch einen wesentlichen Beitrag zur Systematik der kognitiven Funktionen, welche die physiologische mit der logischen und sogar semiotischen Dimension verbindet. Nicht zufällig spricht Rothacker davon, daß jedes welterschließende Verhalten «eigenen Spielregeln» folgt, und er erkennt diesen Spielregeln eine Struktur zu, in der die psychologisch-physiologische Seite des Erlebens mit der symbolisch-pragmatischen Seite des Verstehens verbunden ist. Diese Doppelseitigkeit des Strukturbegriffs bewahrt Rothackers Schichtenhermeneutik vor dem Naturalismus, ohne der gegenteiligen Gefahr des semiotischen Formalismus zu erliegen.

Auch in Diltheys Strukturlehre des Bewußtseins findet sich die Schichtenkonzeption zumindest in Andeutungen. Hinsichtlich des Zusammenspiels der drei Verhaltensweisen in jedem Bewußtseinszustand spricht er von «Schichtung» (GS V, 201). Und in der Lehre vom «erworbenen Zusammenhang des Seelenlebens» ist die Schichtenvorstellung implizit enthalten, wie die von Dilthey bevorzugte Tiefenmetaphorik erkennen läßt (GS V, 83; 226). Insofern kann man sagen, daß die Strukturlehre Diltheys einen Versuch darstellt, das Schichten- mit dem Stufenmodell zu verbinden. Das gibt der Unterscheidung von den «drei großen Zusammenhängen, welche in der Struktur des Seelenlebens verbunden sind», ein genetisches Fundament (GS V, 180). Auf ihm ruht die triadische Architektonik der symbolischen Funktionen des verstehenden Bewußtseins. Die Abstufung nach ihrem Abstraktionsgrad vom Wahrnehmen bis zum Denken deckt sich, wie schon gesagt, nicht mit den drei Verhaltensweisen Erkennen, Fühlen und Wollen. Vielmehr sind auf jeder Stufe der symbolischen Welterschließung alle drei Verhaltensweisen beteiligt.

Um Mißverständnisse zu vermeiden, sei hervorgehoben, daß die Stufen des Symbolischen keine «Schichten des Bildes» bezeichnen, sondern lediglich verschiedene Einsatzweisen der Bilder.[13] Bilder besitzen eine Plastizität, die sie auf mehreren Abstraktionsebenen verwendbar macht. Die kognitiven Funktionen, die in diskursiven Zeichensystemen getrennt werden, sind in den Bildern vereint. Hierin hat die Offenheit des Verstehensprozesses ihren bewußtseinstheoretischen Grund. Historisch entspricht die Rückführung des Verstehens auf Bilder dem Schritt von der «rationalen Hermeneutik» der Aufklärung zur «hermeneutischen Kunst» Friedrich Schleiermachers und Friedrich Schlegels, die Dilthey als «ästhetisch begründet» bezeichnet und die er zur Hermeneutik der Bilder des zuständlichen Bewußtseins ausbaut (GS V, 103). Die Hermeneutik der Bilder läßt die Leistungen des Bewußtseins nicht in den Fiktionalismus konventioneller Zeichensysteme einmünden und zeigt einen Weg auf, wie das Ich als Zentrum der Symbolbildung gerettet werden kann.

6. Grundformen der bildhaften Welterschließung

Die Stufenlehre der Symbolbildung ist für die Hermeneutik bedeutsam, weil sie zu einer neuen Formenlehre des Verstehens führt. Sie geht davon aus, daß Verstehen im Unterschied zum Erkennen sich nicht unmittelbar auf etwas richtet, sondern immer *Verstehen als* etwas beinhaltet. Darin gleicht das Verstehen dem Modus des *Sehens als*. Das Verstehen erfordert einen anderen Kategorienbegriff als den erkenntnistheoretischen. Während Kant Kategorien als «Gedankenformen» definiert, die Vollständigkeit der Kategorientafel postuliert und die Kategorien für deduzierbar hält, faßt Dilthey die Kategorien des Verstehens als symbolische Formen auf, die im Lebenszusammenhang verankert sind. Damit verlieren die Kategorien ihren streng begrifflichen Status und werden zu Darstellungsmodi des Verhaltens, die verschiedene Ausdrucksfomen des Bewußtseins umfassen und verschiedenen Allgemeinheitsgrad annehmen können. In dieser Verschiebung des Kategorienproblems tritt der Wandel von der erkenntnistheoretischen zur hermeneutischen Logik noch deutlicher zutage als in der Strukturlehre. Die hermeneutische Kategorienlehre zieht die Konsequenzen aus dem Abbau der starren Entgegensetzung von Subjekt und Welt. Wo beide in der Zuständlichkeit verbunden sind, da nehmen die Kategorien notwendig medialen Charakter an.

Die Neufassung des Kategorienbegriffs, seine Erweiterung gegenüber dem Intellektualismus, bleibt nicht auf die Hermeneutik beschränkt, sondern läßt sich auch in der phänomenologischen Logik antreffen. Ein Blick auf Edmund Husserl ist für das Verständnis der hermeneutischen Kategorienlehre hilfreich, weil dadurch das Bildungsgesetz der Formen des Verstehens einsichtig wird. So unterscheidet Husserl streng zwischen Kategorien und Allgemeinbegriffen. Den Unterschied sieht er darin, daß Kategorien nicht auf «Generalisierung», sondern auf «Formalisierung» beruhen. Diese zu wenig beachtete Unterscheidung entspricht der zwischen Abstraktion und Repräsentation, zwischen Begriff und Bild. Selbst wenn Husserl es etwas anders gemeint haben sollte: Formalisierung ist keine Verallgemeinerung durch Abstraktion, sondern Verallgemeinerung durch Spezialisierung, d.h. durch Hervorhebung unverwechselbarer Züge, so wie man es aus der Karikatur kennt. Gerade die auf genereller Unwahrscheinlichkeit beruhende Spezialisierung disponiert Formen dazu, allgemeine Verhältnisse hervortreten zu lassen, die sich der begrifflichen Definition entziehen. Husserl verdeutlicht das am Beispiel geometrischer Formen, deren Gültigkeit als Bausteine der räumlichen Welt nicht auf ihrem Gattungscharakter beruht. Es handele sich vielmehr um «formale», d.h. Einfachheit mit Unwahrscheinlichkeit kombinierende Verallgemeinerungen (Hua III, 27 ff). Genau das entspricht der symbolisch-pragmatischen Theorie der Bedeutungsbildung, wie man am Beispiel des Auslösers sehen kann, dessen Auffälligkeit auf der Kombination von Unwahrscheinlichkeit und Einfachheit beruht. Natürlich sind hermeneutische Kategorien mehr als Auslöser, sie lassen Bedeutungen als Sinnbilder erscheinen, aber dieser symbolische Mehrwert wird nur aus der Perspektive des darstellenden Verhaltens verständlich.

Die Ähnlichkeit des hermeneutischen Kategorienbegriffs mit Husserls Auffassung reicht noch weiter. Auf der Grundlage der Formalisierung entwickelt er die Idee einer reinen Logik als Mannigfaltigkeitslehre. Deren Aufgabe besteht darin, die Abstufungen der Formalisierung herauszuarbeiten, denen der Status von Kategorien zuerkannt wird. Drei Stufen des Kategorialen werden unterschieden, deren Beschreibung die Grundlegung der Logik liefern soll. Die erste Stufe liegt in der Fixierung von «Bedeutungskategorien» und der ihnen entsprechenden «reinen oder formalen gegenständlichen Kategorien» (Hua XVIII, 244 ff). Es handelt sich dabei um «elementare Verknüpfungsformen», die für die Vorstellung von Dingen überhaupt konstitutiv sind, noch unabhängig von ihren gesetzmäßig geregelten Zusammenhängen in der raum-zeitlichen Wirklichkeit. Die zweite Stufe bilden die «kategorialen Theorien und Gesetze», die auf den Kategorien der ersten Stufe aufbauen. Die dritte und letzte Stufe schließlich umfaßt die «Theorie der möglichen Theorieformen», den «kategorialen Typus von Theorien». Diese Ausweitung des Kategorienbegriffs in Richtung auf eine Typologie der Wissensformen im Rahmen der phänomenologischen Neubegründung der Logik bestätigt die Fruchtbarkeit des Prinzips der Abstufung in der hermeneutischen Kategorienlehre, wie es der symbolische Pragmatismus entwickelt.

Die Übereinstimmung im Einteilungsprinzip der Kategorien, die sich aus der Transformation der transzendentalen Logik Kants im 19. Jahrhundert ergibt, kann freilich nicht die Differenzen verdecken, die zwischen Phänomenologie und Hermeneutik bestehenbleiben. Die erste Differenz ergibt sich daraus, daß Husserl die in der Wahrnehmung vollzogene Formalisierung intuitionistisch als «Einsicht in das Wesen» von Begriffen deutet.[14] Diese Deutung begründet den phänomenologischen Optimismus hinsichtlich der Übersichtlichkeit und Verläßlichkeit allgemeiner Begriffe, denen nicht nur Orientierung in der Welt, sondern ihre endgültige Fixierung zugetraut wird. Die «Unterordnung des Materialen unter das Formale» erlaubt nach Husserls Überzeugung der transzendentalen Logik den Rückgang auf einen «kleinen Bestand unmittelbarer oder ‹Grund›-Wahrheiten, welche in den rein logischen Disziplinen als ‹Axiome› fungieren» (Hua III, 27). Dem Intuitionismus der phänomenologischen Kategorienlehre entspricht der in Husserls «Logischen Untersuchungen» noch latente und später manifeste Ontologismus. Die grundsätzlich paradoxiefreien Grundbegriffe beziehen sich auf reine Gegenstände, genannt «Etwas überhaupt», die übrigbleiben, wenn der Blick in vollständige Übereinstimmung mit dem angeblickten Gegenstand gebracht wird. Aus dieser Sicht heißt Fortschritt in der Begründung der Logik nichts weniger als: Eindringen in das «‹wahre Wesen› des realen Seins» (Hua XVIII, 257).

Genau in die entgegengesetzte Richtung läuft die hermeneutische Kategorienlehre des symbolischen Pragmatismus. Die kategoriale Formalisierung der Welt hält sich an die Bilder und symbolischen Ausdrücke, die Verhalten darstellen. Damit tritt an die Stelle des Ontologismus der reinen Mannigfaltigkeitslehre der Pragmatismus der Bedeutungsklärung von Situationen, von unhintergehbaren Lagen, die durchaus unklar und inkonsistent sein können. In den hermeneutischen Kategorien begegnet der Mensch nicht dem «Wesen des Seins», sondern den Bildern des Willens, die mit dem Bild, das er selbst ist, zusammenfallen. Von der Intuition unterscheidet sich die symbolische Kategorialisierung dadurch, daß sie Differenzen und Widersprüche nicht ausschließt. Vielmehr sind Differenzen und Widersprüche konstitutiv für die internen Symbolverarbeitungen, in denen verschiedene Welten einander begegnen. Nur das Widersprüchliche, das in sich selbst Differente erfordert Verstehen; wo Eindeutigkeit herrscht, gibt es nichts weiter zu deuten.

Die zweite Differenz zu Husserl liegt in der Perspektivität der hermeneutischen Kategorien, die schon in Diltheys Texten deutlich in Erscheinung tritt. Er definiert Lebenskategorien als im Verhalten fundierte «Arten der Auffassung», von denen jede eine eigene «Regel der Beziehung» enthält (GS VII, 192). Gemeint sind die Beziehungen zwischen den Verhaltensweisen des Bewußtseins, zwischen Wirklichkeitsauffassung, Wertgefühl und Zwecksetzung durch den Willen. Dadurch bezeichnen Kategorien nicht reine Gegenstände, sondern komplexe Lebenslagen, die nicht in einen Begriff gefaßt werden können: «Jede solche Kategorie bezeichnet dann eine eigene Welt von Prädizierungen» (ebd.). Insofern erfassen die Lebenskategorien im Verhältnis zu den naturwissenschaftlichen Begriffen die Wirklichkeit «von einem anderen Gesichtspunkt aus» (GS VII, 236). Dieser andere Gesichtspunkt bedeutet weder logische Unterordnung des einzelnen unter ein Allgemeines noch bloße Nebenordnung, sondern Ineinander des Verschiedenen, wie es im bildhaften Erleben erfahren wird: «Es ist ein Chaos voll Harmonien, Dissonanzen – aber die Dissonanzen lösen sich nicht auf in Harmonien» (ebd.). Die Dissonanzen, so ließe sich Diltheys Gedankengang ergänzen, sind vielmehr konstitutiv für die hermeneutische Erfahrung, die somit die Logik der Differenz, die Logik des Chaos begründet. Das macht die hermeneutischen Kategorien zu dynamischen Weltperspektiven, die den Bedeutungsreichtum der menschlichen Situationen und Lagen hervortreten lassen.

Gegenüber dem transzendentalen Ansatz Kants, nach dem die Kategorien als gegenständliche Grundbegriffe am Leitfaden der Urteilsformen gewonnen werden, eröffnet der hermeneutische Kategorienbegriff neue Dimensionen der symbolischen Welterschließung. Das ist freilich nicht so zu verstehen, als wären die Grundformen des Verstehens material andere als die des gegenständlichen Erkennens.[15] Nicht um zwei völlig unabhängig nebeneinander stehende Einteilungsschemata handelt es sich, ebensowenig wie gegenständliches und zuständliches Bewußtsein voneinander getrennt sind. Vielmehr bilden die hermeneutischen Kategorien den bildhaften Hintergrund, vor dem sich die gegenständlichen Denkformen ausbilden. An diesen selbst noch im Fluß befindlichen Hintergrund heranzukommen, ist alles andere als einfach. Die Erschließung der bildhaften Strukturen, die Aufdeckung der subjektiven Seite der objektiven Begriffe erfordert eine ungewöhnliche Umstellung des Blicks: Statt auf die Intentionalität muß sich die hermeneutische Theorie auf die Zuständlichkeit des Bewußtseins richten. Es geht in der Hermeneutik demnach um nichts Geringeres als um den Nachvollzug der Innensicht des gegenständlichen Bewußtseins. Relationentheoretisch formuliert heißt das: Verwandlung der Beziehung von Vorstellungen auf Gegenstände in Beziehungen der Vorstellungen zu den Verhaltensweisen, die das zuständliche Bewußtsein ausmachen. Wie sich die Formen des zuständlichen Bewußtseins gemäß den Stufen der symbolischen Repräsentation in einer hermeneutischen Kategorienlehre darstellen lassen, wird der zweite Teil dieses Buches zeigen.

1 Ernst Machs Auflösung des Ich beschreibt M. Sommer, Evidenz im Augenblick. Eine Phänomenologie der reinen Empfindung, Frankfurt a. M. 1987.
2 Vgl. H. Barth, Schopenhauers «eigentliche Kritik der Vernunft», in: J. Salaquarda (Hg.), Schopenhauer (Wege der Forschung), Darmstadt 1985, 60–72.
3 Die Geschichte der Relationenlogik ist noch nicht geschrieben. Materialien bei E. Paisseran, La logique des relations et son histoire, Albi 1973.
4 Martin Heidegger, Der Satz vom Grund, Pfullingen 1957, 198.
5 Diltheys Kritik am Satz vom Grunde bei Leibniz rekonstruiert M. Riedel in seiner Einleitung zu Wilhelm Dilthey, Das Wesen der Philosophie, Stuttgart 1984, 3–24.
6 Den Zusammenhang von Bild und Satz bei Wittgenstein erhellt im Hinblick auf die moderne Kunst Cl.-A. Scheier, Wittgensteins ‹Tractatus› und die Kunst nach Cézanne, in: Mitteilungen der TU Braunschweig, Jg. XX, 1985, 20–29.
7 Zur Rekonstruktion von Cassirers Symbolbegriff aus der Logik des Funktionsbegriffs vgl. W. Marx, Cassirers Philosophie – ein Abschied von kantianisierender Letztbegründung?, in: Über Ernst Cassirers Philosophie der symbolischen Formen, hg. von H.-J. Braun u. a., Frankfurt a. M., 1988, 75–88. Daß Cassirer neben dem funktionalen Symbolbegriff keinen anderen verwendet, wie W. Marx behauptet, darf allerdings bezweifelt werden. Es sieht eher so aus, als würden bei Cassirer zwei Symbolbegriffe miteinander verbunden: der mathematisch-naturwissenschaftliche, in dem das Symbol ein Teil für das Ganze ist, und der romantische, in dem das Symbol Ausdruck einer anders nicht zugänglichen Innerlichkeit ist.
8 G. H. Brassai, Gespräche mit Picasso, Reinbek bei Hamburg 1966, 175.
9 Einschlägig sind die ästhetischen Schriften von Karl Philipp Moritz. Vgl. P. Bürger, Zur Geschichtlichkeit von Anschauung/Anschaulichkeit als ästhetische Kategorie, in: Kolloquium Kunst und Philosophie 1, Ästhetische Erfahrung, hg. von W. Oelmüller, Paderborn/München 1981, 41–49.
10 Dieser von Ernest Jones seit 1916 kanonisch gemachte Symbolbegriff hat durch A. Lorenzer, Kritik des psychoanalytischen Symbolbegriffs, Frankfurt a. M. 1970 seine Gültigkeit eingebüßt.
11 Ludwig Landgrebe, Wilhelm Diltheys Theorie der Geisteswissenschaften. Analyse ihrer Grundbegriffe, in: Jahrbuch für Philosophie und phänomenologische Forschung, hg. von E. Husserl, 1928, Bd. 9, 297 ff und 353 ff.
12 Daß es sich hier um eine allgemeine Tendenz handelt, die sich aus der pragmatischen Umbildung des kantischen Transzendentalismus zwingend ergibt, findet seine Bestätigung in der historisch allerdings wirkungslos gebliebenen Stufenlehre der Kategorien «Erstheit, Zweitheit und Drittheit» bei Peirce. Diese Abstufungen markieren Grade der Verarbeitung des unmittelbar Gegebenen durch das Bewußtsein. Die «Erstheit», die Peirce der «Phänomenologie» zuordnet, bezeichnet das reine Vorhandensein von isolierten Gefühlsqualitäten. Die Wissensform der «Zweitheit» umfaßt Reaktionen und Relationen, also höherstufige Akte der Verarbeitung des Gegebenen. Die Drittheit schließlich gehört zur Metaphysik des Geistes und bezeichnet die Kategorie der (ästhetischen) Repräsenta-

tion. Wenn diese Kategorienlehre philosophiegeschichtlich auch unwirksam geblieben ist, so macht sie doch das Grundprinzip der pragmatischen Transformation der Transzendentalphilosophie klar: die Auffächerung der Einheitsform der Synthesis in verschiedene Artikulationsformen des Bewußtseins, die sich relationenlogisch beschreiben lassen. Dazu P. Krausser, Die drei fundamentalen Strukturkategorien bei Charles S. Peirce, in: Philosophia naturalis Bd. VI, 1960, 3–31.

13 Zu den Vorbehalten gegenüber der Schichtentheorie des Bildes siehe H. U. Asemissen, Zur Philosophie des Bildes, in: Neue Rundschau, 1970, 524–541.

14 Zur kritischen Transformation von Husserls Wesenslehre vgl. F. Fellmann, Phänomenologie als ästhetische Theorie, Freiburg/München 1989. Die dort vorgeschlagene ästhetische Lesart der Phänomenologie hat die Frage offengelassen, wie die Logik der erzählten Geschichten mit der Logik der Bilder zusammenhängt. Diese Frage soll durch den Symbolischen Pragmatismus beantwortet werden, der sich in dieser Hinsicht als Fortsetzung von Phänomenologie als ästhetischer Theorie versteht.

15 Th. M. Seebohm, Über die unmögliche Möglichkeit, andere Kategorien zu denken als die unseren, in: Kants transzendentale Deduktion und die Möglichkeit von Transzendentalphilosophie, hg. vom Forum für Philosophie Bad Homburg, Frankfurt a. M. 1988, 11–31 wirft dem Historismus generell Unfähigkeit vor, zwischen formalen und materialen Kategorien gehörig zu unterscheiden. Auf Dilthey jedenfalls trifft dieser pauschale Vorwurf nicht zu.

TEIL II:
KATEGORIENLEHRE

Kapitel III: Formale Kategorien

1. Formale Kategorien als interne Relationen

Die Strukturlehre des Bewußtseins hat von der Oberfläche der sprachlichen Zeichen in die Tiefen der bildhaften Symbolisierungsprozesse geführt. Deren Formen sind komplizierter und vielschichtiger als die der transzendentalen Apperzeption, die sich als einfache Vereinigungshandlung des Denkens, als ‹Synthesis› bestimmen läßt. In den Tiefen des zuständlichen Bewußtseins muß sich die Untersuchung auch noch weiter aufhalten, um im einzelnen die Stufen der Symbolisierung der Form nach zu erhellen. Aber sie muß schließlich auch wieder aus dem ‹Reich der Mütter› aufsteigen, um die sprachliche Ebene zu bestimmen, auf der sich die Bilder des zuständlichen Bewußtseins artikulieren und an die sich das Verstehen zu halten hat. Nur so erreicht die philosophische Hermeneutik ihr Ziel, eine umfassende Formenlehre des Verstehens zu entwickeln.

Mit dieser Aufgabenstellung ist von vornherein der Vorwurf entkräftet, den die Semiotiker der bewußtseinstheoretisch orientierten Hermeneutik zu machen pflegen, nämlich daß sie ihre Kategorien nicht im Rahmen sprachlicher Kommunikation definiere. Daran ist nur so viel richtig, daß die sprachlichen Formen, die für die Hermeneutik in Frage kommen, nicht die von Begriff und Urteil sind, sondern evozierende und mimetische Ausdrucksformen, auf die sich die Interpretation richten muß, wenn sie zur Bildlichkeit der situationalen Bedeutungen vordringen will. Das ist der Weg vom Logos zum Mythos, der nur dann als Regression erscheint, solange man die Bilder lediglich als undeutliche Begriffe auffaßt. Sieht man dagegen in den Bildern des zuständlichen Bewußtseins selbständige Schemata der Sinnbildung, so liefert die hermeneutische Logik eine Erweiterung des Bedeutungshorizonts über die Intentionalität hinaus in die Räume des Unvordenklichen.

Um Licht in das Dunkel der erlebten, vorbegrifflichen Bedeutungen zu bringen, können wir uns wieder an Wilhelm Dilthey orientieren. Er läßt die Logik nicht erst mit dem Begriff beginnen, sondern greift auf die Wahrnehmung als elementare Form des gegenständlichen Auffassens zurück. Dabei geht er von der Strukturlehre des Bewußtseins aus, nach der neben der Korrelation von Ich und Welt alles am Bewußtsein Vorgang ist: «Solche Vorgänge sind Vergleichen, Unterscheiden, Ähnlich-, Gleichfinden, Grade bestimmen, Verbinden, Trennen» (GS V, 83). Die Vorgänge, welche die Wahrnehmung gliedern, heißen «elementare logische Operationen» (GS V, 83). Sie machen die «Intellektualität der Wahrnehmung» aus (GS V, 572). Ihren Relationscharakter hat Dilthey deutlich herausgestellt: «Die elementaren formalen logischen Leistungen erfassen nicht Inhalte, Gegenstände, Vorgänge, sondern Beziehungen» (GS VII, 302). Um Relationen also handelt es sich, die sich nicht weiter in einzelne Bestandteile zerlegen lassen. Die Relationen sind noch nicht ‹nach außen› auf Gegenstände gerichtet, es sind interne Relationen, durch die das Wahrnehmungsfeld seine gestalthafte Gliederung erfährt. Das macht sie zu Grundformen des zuständlichen Bewußtseins, zu Kategorien. Dilthey nennt sie «formale Kategorien», weil sie noch vor allen inhaltlichen Bestimmungen liegen. Auf allen Stufen des Wissens sind sie wirksam: «Sie sind ebenso die formalen Bedingungen des Verstehens als des Erkennens, der Geisteswissenschaften wie der Naturwissenschaften» (GS VII, 197). Zu den formalen Kategorien zählen «Einheit, Vielheit, Gleichheit, Unterschied, Grad, Beziehung» (GS VII, 196).

Die Lehre von den formalen Kategorien, wie sie Dilthey entwickelt, entspricht den intuitionistischen Tendenzen in der Logik des 19. Jahrhunderts, die alle intellektuellen Leistungen auf Anschauungsprozesse zurückführen wollen. Damit sind freilich erhebliche Schwierigkeiten verbunden. Denn geht man vom Dualismus von Anschauung und Denken aus, so erhebt sich die Frage: Wie kommt die Intellektualität in die Wahrnehmung hinein? Die Neukantianer antworten: Wahrnehmung beruht auf Prozessen begrifflicher Synthesis, auf Akten des Denkens, die selbst nicht Teile des Wahrnehmungsprozesses sind.[1] Aber, so lautet die nächste Frage, wenn Wahrnehmung Begriffe voraussetzt, woher kommen die Begriffe? Will man nicht auf die Lehre von den eingeborenen Ideen zurückgreifen und hält sich statt dessen an die Abstraktionstheorie, so bewegt sich die Reflexion in einem Zirkel. Wie kommt man aus dem Zirkel heraus? Wie immer: durch den Übergang auf eine andere Ebene des Bewußtseins. In diesem Fall auf die Ebene der Bilder, die das zuständliche Bewußtsein prägen. Das führt zu der These: *Die formalen Kategorien lassen sich logisch als interne Relationen von Bildern explizieren.*

Für diese These spricht einiges. Insbesondere die neuere Wahrnehmungstheorie, die davon ausgeht, daß der Aufbau der Wahrnehmung ohne «kognitive Schemata» nicht auskommt.[2] Schemata schieben sich dieser Theorie zufolge zwischen die Empfindungselemente und die gegenständlichen Begriffe und fungieren somit als Vermittler zwischen den unmittelbaren Perzepten und den kognitiven Prozessen. Freilich bleibt die Frage nach Struktur und Status der Schemata offen. Hier sind nur dann Fortschritte zu erwarten, wenn sich die Wahrnehmungstheorie vom Primat der begrifflichen Steuerung löst und sich an die Bildlichkeit hält.[3] Der Rückgang auf die Wahrnehmung als solche gibt keine befriedigende Antwort auf die Frage nach dem Status der formalen Kategorien, solange die Rede von der «Intellektualität der Wahrnehmung» nicht geklärt ist. Die Frage lautet demnach: Worin besteht die «Intellektualität», die Wahrnehmung von bloßer Empfindung unterscheidet? Antwort: in den internen Relationen, welche die Präsenz der Eindrücke gliedern, auflockern und in Bilder verwandeln.

Gegenüber der intellektualistischen Behauptung, daß Relationen nur gedacht werden können, läßt sich darauf verweisen, daß man die Ähnlichkeit zweier Gegenstände direkt sehen kann. Allerdings – und diese Einschränkung ist bedeutsam – entsprechen dem Sehen von Relationen keine Sinneseindrücke wie Farbe oder Form. Das Sehen von Relationen enthält im Unterschied zu reinen Impressionen immer schon ein Moment der Uneigentlichkeit. Das besagt: Relationen werden an Bildern sichtbar, sie machen die Bildlichkeit der Wahrnehmung aus, die nicht als Abbildcharakter aufgefaßt werden darf.

Die Forderung, für die Begründung der formalen Kategorien vom Denken auf die Bilder zurückzugehen, setzt eine klare Bestimmung des Verhältnisses von Wahrnehmung und Bild voraus. Vom Bild als Vergegenwärtigung des Abwesenden unterscheidet sich Wahrnehmung dadurch, daß sie direkt die Dinge betrifft: Ich sehe die Wiese und nicht ein Bild von ihr. Aber auch dieser direkte Gegenstandsbezug erfolgt durch Vermittlung von Bildern, die als Medium fungieren, in denen der Gegenstand dargestellt ist. Im Normalfall wird das Medium nicht wahrgenommen, es verschwindet hinter dem Gegenstand. Aber daß zwischen dem Wahrnehmenden und dem Gegenstand immer das Bild präsent ist, belegt der Fall der Wahrnehmungstäuschung. Wird sie aufgedeckt, dann zeigt sich, daß das, was ich zu sehen meinte, bloß ein Bild war. Das macht den Vorrang der Bildlichkeit gegenüber der Gegenständlichkeit der Wahrnehmung aus. Genetisch erklären läßt er sich so, daß der Mensch zunächst in Bildern seiner Phantasie lebt. Das bedeutet, daß die Wahrnehmung eine abgeleitete, genauer: die begrifflich gebändigte Form des Imaginären darstellt. Das bestätigen die entwicklungspsychologischen Theorien von Jean Piaget und anderen: Noch bevor der Mensch Gegenstände wahrnimmt, erfährt er sich und die Umwelt in Bildern, die Verhaltensweisen ausdrücken.[4] Die Verwandlung der zuständlichen Bilder in gegenständliche Wahrnehmung erfolgt nach der Logik des Begriffs, die den Wechsel der Bilder durch Unterlegung eines identischen Gegenstandes ‹erklärt›.

Der bildhafte Aufbau der Wahrnehmung findet seine überzeugende Bestätigung durch die Theorie der Farbe in der Malerei des 19. Jahrhunderts. Am Primat der Farbe gegenüber der Linie entwickelt sich eine «Entbegrifflichung des Sehens», die deutlich macht, daß es am Bild neben der Intentionalität noch eine vorgegenständliche Schicht der Bedeutung gibt, die sich isolieren und der Struktur nach beschreiben läßt.[5] In der abstrakten Malerei wird diese in jedem Bild latente Bedeutungsschicht manifest und zum Inhalt der Darstellung selbst gemacht. Für die Wahrnehmungstheorie hat die Bildanalyse zur Folge, daß die formalen Kategorien nicht als Denkformen bezeichnet werden können. Es sind Formen der Einbildungskraft, nach denen sich der Aufbau der Bilder des zuständlichen Bewußtseins vollzieht. Die formalen Kategorien gehören somit zur Logik des Imaginären. Daher nehmen die formalen Kategorien eine eigentümliche Stellung zwischen Sinnlichkeit und Verstand, zwischen Rezeptivität und Spontaneität ein.

Das Grundmodell für die elementaren logischen Operationen liefert das Herausheben von Gestalten aus dem Fluß der Sinneseindrücke. Hier liegt die fundamentale Relation von Figur und Hintergrund, wie sie von der Gestaltpsychologie formuliert worden ist: «Ein Aggregat von Eindrücken löst sich von seiner Umgebung los und bewegt sich im Raume. So trennt es sich von seiner Umgebung» (GS VII, 303). Konstantenbildung und Unterscheidung des Wesentlichen vom Unwesentlichen sind die Prinzipien dieser Aktivität. Prägnant zusammengefaßt:

«In dem raschen, ach nur zu raschen Flusse der inneren Vorgänge sondern wir so einen aus, isolieren ihn, erheben ihn zu verstärkter Aufmerksamkeit. Es wachsen Einteilung und Benennung, in welcher der Keim der Definition liegt, aus diesen logischen Tätigkeiten notwendig heraus» (GS V, 171). Was hier beschrieben wird, ist die vorbegriffliche Bedeutungsbildung durch Isolierung eines Gesamteindrucks, die an gemalten Bildern durch den Rahmen verstärkt wird. Innerhalb der Bild-Rahmen erfolgt Gestaltbildung primär durch Trennung: «Mit dem Auffassen des Zusammenhangs (ist) überall Unterscheiden, Trennen, Zergliedern verbunden» (GS V, 174). Im Akt der Trennung liegt die elementare Voraussetzung jeder Beziehungsbildung: «Auch das Unterscheiden und Trennen bringt Verhältnisse hervor und dient somit der Verbindung» (GS V, 176).

Verbindung (Synthesis) ist demnach eine Funktion der Trennung, so daß Dilthey zu dem Schluß kommt: «Die Formeln der Transzendentalphilosophie über die Natur des synthetischen Vermögens in uns sind nur abstrakte und unangemessene Ausdrücke.» (ebd.) – idealistische Ausdrücke nämlich für den autopoietischen Prozeß der Selbstdifferenzierung, der Herausbildung von internen Relationssystemen, in denen Bewußtsein aktiv, aber nicht konstruktiv ist. Entsprechend heißt es vom Status der formalen Kategorien: «Sie sind gleichsam ein Gewahrwerden höheren Grades, das nur feststellt, nicht aber a priori konstruiert» (GS VII, 197). Auch den elementaren logischen Operationen wird der Charakter der begrifflichen Erzeugung von Bedeutungen ausdrücklich abgesprochen: «Dieselben haben die beziehende Natur des Denkens zu ihrer Voraussetzung, sind aber nach ihrer besonderen Beschaffenheit nur ein Bewußtmachen von Verhältnissen des Gegebenen» (GS VII, 296). Der Grad, den das Bewußtmachen erreicht, hängt von der Zahl der Relationen ab, die durch das Bild herausgehoben werden.

Gegenüber dem kantischen Dualismus von Rezeptivität der Sinnlichkeit und Spontaneität des Denkens legt Dilthey die logische Leistung tiefer, wodurch der Begriff des Gegebenen für das zuständliche Bewußtsein eine neue Dimension gewinnt: «Da sich zeigt, daß dies Gegebene durch logische Operationen selber zustande kommt, so rückt die Gegebenheit zurück. So wird ein zweiter Begriff von ‹gegeben› oder ‹unmittelbar› erforderlich. Dies Problem aber kann nur aufgelöst werden, wenn zuerst die Lehre von den Leistungen des beziehenden Denkens über das diskursive Denken hinaus durchgeführt wird» (GS I, 420). Eben diese Erweiterung des beziehenden Denkens über die Diskursivität hinaus führt zur Annahme eines ursprünglichen Symbolisierungsvermögens, das bei allen abstrakt symbolisierenden Zeichenprozessen vorausgesetzt werden muß.

2. Zentrale Phantasmen und präsentative Symbolik

Als Formen der Einbildungskraft haben die elementaren logischen Operationen symbolischen Charakter. Um die Symbolbildung zu erhellen, kann man sich an die zwei Formen des Symbolismus halten, die auf den Spuren von Ernst Cassirer Susanne K. Langer in ihrem Buch «Philosophie auf neuem Wege» (1942) unterscheidet: «diskursive» und «präsentative» Symbolik. Diskursive Symbolik beherrscht die abstrakten Zeichensysteme natürlicher und künstlicher Sprachen. Präsentative Symbolik dagegen tritt in der sinnlichen Wahrnehmung und Vergegenwärtigung auf und verrät eine deutliche Affektnähe. Die vertrauteste Form der präsentativen Symbolik liefert die Bildlichkeit. Für den symbolischen Aufbau des Bildes ist charakteristisch, daß er nicht wie die Sprache aus festen Bedeutungselementen besteht, sondern sich jeweils aus den Relationen zwischen den Sinnesdaten neu bildet: «Die Licht- und Schattenflächen, aus denen ein Porträt, z. B. eine Photographie, besteht, haben an sich keine Bedeutsamkeit. Einer isolierenden Betrachtung würden sie lediglich als Kleckse erscheinen. Und doch sind sie getreue Darstellungen visueller Elemente, die den visuellen Gegenstand bilden» (101). Die formalen Kategorien finden sich demnach nicht erst in der diskursiven, sondern schon in der präsentativen Symbolik des Anschauungsbildes.

Je nachdem auf welcher Ebene der Symbolik sie fungieren, erhalten die formalen Kategorien einen anderen Sinn. Rein logisch-diskursiv heißt Gleichheit nichts anderes als Substituierbarkeit innerhalb fester Zeichensysteme: $2+2=4$. Ebenso verhält es sich mit den übrigen formalen Kategorien, die Kalkülsprachen ermöglichen. Dieser abstrakte Charakter der formalen Kategorien verschwindet, sobald man die Ebene der präsentativen Symbolik betritt. Gleichheit, Verschiedenheit usw. bedeuten hier etwas qualitativ anderes. Da es vom logischen Standpunkt unter den unmittelbaren Gegebenheiten des Bewußtseins nichts absolut Gleiches geben kann, da Gleichheit durch bestimmte Hinsichten festgestellt wird, liegt ihre ganze Realität in der Phantasie, die am Gegebenen das Vergleichbare heraushebt. Daher die lebendige Evidenz der wahrgenommenen Gleichheit, die sich nicht definieren läßt und darin von der logischen Evidenz der Gleichheitszeichen grundsätzlich abweicht.

Die an den Bildern ablesbaren formalen Relationen bilden elementare symbolische Formen: «Auf sie lassen sich dann die Formen und Gesetze des diskursiven Denkens zurückführen» (GS VII, 296). Zu den Prozessen einer nichtdiskursiven Symbolbildung, die alle Formen der Bildlichkeit umfaßt, konstatiert Dilthey: «Es ist die Aufgabe der Psychologie, die Natur dieser Prozesse zu erforschen. Logisch und von der Theorie des Wissens aus angesehen, handelt es sich nur darum, daß die Prozesse, durch welche die räumliche und zeitliche Folge von Eindrücken oder inneren Vorgängen, die als gegeben auftreten, zu den höheren Formgebilden verbunden werden, als durch die angegebenen Leistungen erwirkt aufgefaßt werden können. Welche auch die Prozesse seien, so sind sie denen der angegebenen logischen Operationen äquivalent» (GS VII, 301). Die Umständlichkeit der Formulierung Diltheys vermittelt einen Eindruck von der Schwierigkeit, die genetische Methode in der Logik konsequent durchzuführen. Nicht um Reduktion von Bedeutung auf Empfindungen geht es, sondern um die Formulierung der Äquivalenz von psychologischen und logischen Prozessen. Diese Äquivalenz läßt sich nur behaupten, wenn man sich an die präsentativen Formen der Symbolbildung hält.

Der präsentative Symbolismus der formalen Kategorien erklärt sich aus der Struktur des zuständlichen Bewußtseins. Dilthey bleibt daher nicht bei der Psychologie stehen und scheut sich nicht, die Physiologie in die Logik einzubeziehen und das Nervensystem als Organ der primären Symbolbildung aufzufassen. Als Ausgangspunkt wählt er das «Verhältnis zwischen Reiz und Bewegung», das den Grundtatbestand des Lebens ausmacht (GS V, 205). Dieses Verhältnis wird als Überkreuzung von zwei gegenläufigen neuralen Reihen begriffen, nämlich der sensorischen Reihe, in der Eindrücke aufgenommen werden, und der motorischen Reihe, die von innen nach außen führt und Veränderungen in der Umgebung des Organismus hervorruft. Das Zusammenspiel beider Reihen erfordert freilich eine neue Ebene der Beschreibung. Wenn eine Reihe die andere ablöst, gibt es nur Reaktionen, die reibungslos ablaufen. Wenn dagegen der zentripetale und der zentrifugale Fluß sich gegenseitig durchdringen, entstehen Bilder, an denen sich sinnhaftes Verhalten entwickelt.

Den Prozeß der Symbolbildung begreift Dilthey als Vermittlung zwischen der kognitiven und der pragmatischen Seite des Bewußtseins: «Darum aber handelt es sich nun, die Verbindung zwischen diesen beiden Reihen herzustellen. Die eine verläuft vom Spiel der Reize bis zum abstrakten Denkvorgang oder dem inneren künstlerischen Bilden, dann geht die andere von den Motiven bis zum Bewegungsvorgang. In dem Zusammenhang des Lebens sind sie beide verbunden, von diesem aus wird ihr Lebenswert erst ganz verständlich: ihn also gilt es nun zu erfassen» (GS V, 204). Was hier als «Lebenswert» bezeichnet wird, ist nichts anderes als die Logik der «Übergänge eines Zustandes in den anderen», die nicht kausal als Bewirken, sondern nur symbolisch als «Erwirken» beschrieben werden können (GS V, 206). Die symbolische Vermittlung vollzieht sich in Bildern, deren gefühlsmäßige Besetzung die Wirksamkeit des Willens als Kern des Ich zum Ausdruck bringt: «Ein Bündel von Trieben und Gefühlen, das ist das Zentrum unserer seelischen Struktur» (ebd.). Dieses Zentrum tritt nicht direkt in Erscheinung, sondern bildet den Ort der primären Imagination, an dem zentrale Phantasmen entstehen.

Die Symbolbildung des zuständlichen Bewußtseins läßt sich auf physiologischer wie auf psychologischer Ebene als Prozeß gegenseitiger Anpassung «der psychophysischen Lebenseinheit und den Umständen, unter welchen sie lebt», auffassen (GS V, 212). Die Situationsgebundenheit des Lebens bedingt die Zuständlichkeit des Bewußtseins. Anders als im intentionalen Bewußtseinsmodell, das ausschließlich auf Herrschaft nach außen gerichtet ist, verläuft Anpassung auch und vor allem in entgegengesetzter Richtung, in Richtung auf Herrschaft nach innen. Daher gilt für das Verhältnis der Lebenseinheit zur äußeren Wirklichkeit: «Wo sie diese Wirklichkeit nicht zu bestimmen vermag, da paßt sie ihr die eignen Lebensprozesse an und beherrscht die unbändigen Leidenschaften und das Spiel der Vorstellungen durch die innere Tätigkeit des Willens. Das ist das Leben» (GS V, 212). Die lebensphilosophische Terminologie darf die kognitive Wende nicht verdecken, die Diltheys Analysen der Symbolbildung den kognitionswissenschaftlichen Modellen des Geistes vergleichbar macht. Denn «Leben» bedeutet nichts anderes als Selbstregulation durch Bildung von «Aktionsschemata» (Jean Piaget), und diese ist auf «Selektion der Eindrücke» angewiesen. Die Verarbeitung der Eindrücke tritt psychologisch im Phänomen der Aufmerksamkeit in Erscheinung, die nach dem Schema der präsentativen Symbolik arbeitet.

In der Bildung der zentralen Phantasmen haben die elementaren logischen Operationen, die den formalen Kategorien zugrunde liegen, ihre systematische Stelle. Demgemäß heißt es von der Aufmerksamkeit: «Sie besteht nur in den Vorgängen des Unterscheidens, Gleichfindens, Verbindens, Trennens, Apperzipierens. In diesen Vorgängen entstehen nun Wahrnehmungen, Bilder. Allmählich bildet sich ein fester Zusammenhang reproduzierbarer Vorstellungen, Wertbestimmungen und Willensbewegungen. Nun ist die Lebenseinheit nicht mehr dem Spiel der Reize preisgegeben» (GS V, 212). Das Zentrum der Symbolbildung wird hier klar von den Reizquellen unterschieden. Die elementaren logischen Operationen stellen somit die fundamentale Stabilisierungsleistung der Bild-Rahmen dar. Das läßt sich schon auf der untersten Ebene des rein zuständlichen Bewußtseins nachweisen: «Sinnliche Gefühle» (Empfindungen) bilden keine einfachen Gegebenheiten des Bewußtseins, sondern treten als «dunkle Symbolsprache» in Erscheinung, die als «inneres Gerüst, eine Grundverzeichnung unseres leiblichen Selbst» gelesen werden muß (GS V, 107). Der Aufbau des Selbst in den Bildern des Körpers, die diesen als Sphäre des Eigenen, der «Heimlichkeit des Spiels der Gefühle» gegenüber der Außenwelt abgrenzen, erfolgt in Form von «Verdichtung», von «Summierung» der Eindrücke zu zentralen Phantasmen (GS V, 131). Das sind die Primärvorgänge der Symbolbildung, die sich von der diskursiven Symbolik dadurch unterscheiden, daß sie nur als individuelle Totalitäten auftreten, die sich nicht in einzelne Elemente zerlegen lassen.

3. Symbolische Dekomposition

Die symbolische Funktion der formalen Kategorien, die Dilthey neurophysiologisch expliziert hat, muß in pragmatischer Hinsicht noch weiter präzisiert werden. Wie bilden sich die elementaren symbolischen Formen im Vollzug des menschlichen Verhaltens, im Aufbau der Vorstellungsbilder? Dazu findet sich bei Dilthey wenig, da seinerzeit die Verhaltensforschung noch nicht sehr entwickelt war. Deshalb ist es erforderlich, über Dilthey hinauszugehen und sich an einen moderneren Autor zu halten, der die Logik des Pragmatismus wie auch die entsprechenden verhaltenstheoretischen Entwicklungen berücksichtigt. Hier bietet sich Arnold Gehlen (1904–1976) an, dessen Anthropologie für die Hermeneutik grundlegende Bedeutung besitzt. Ausgerechnet Gehlen – so wird man fragen –, der seine Anthropologie in polemischer Auseinandersetzung mit der Bewußtseinstheorie entwickelt, soll in der philosophischen Hermeneutik eine zentrale Stelle einnehmen? So unwahrscheinlich es klingen mag: Gehlens anthropologische Erfahrungstheorie läßt sich als Weiterführung von und Ergänzung zu Diltheys psychologischer Grundlegung des Verstehens lesen! Das belegt einmal mehr, wie wenig das historische Selbstverständnis von Autoren über die sachlichen Zusammenhänge aussagt, die zwischen ihren Theorien bestehen.

Zugang zu Gehlens Denken gewährt sein früher Aufsatz «Vom Wesen der Erfahrung» (1936), in dem das anthropologische Konzept der Entlastung zum ersten Mal systematisch entwickelt wird.[6] Gegen rein mentalistische Bewußtseinstheorien vom Schlage Husserls bezieht Gehlen von vornherein den pragmatischen Standpunkt, der besagt: «*Angleichung* unseres Bewußtseins an die vitalen Lebensprozesse» (37). Die Zusammengehörigkeit von Erfahrung und Verhalten verbietet es nach Gehlen, Erfahrung als eine «Art des Wissens» zu definieren, als «Erkenntnisart», die notwendig im Urteil endet. Demgegenüber macht Gehlen unter Berufung auf Aristoteles einen «weitaus tieferen und reicheren Begriff von Erfahrung» geltend, dem zufolge Erfahrung als eine Art des Könnens aufgefaßt wird, die unabhängig von der Urteilsbildung ihre Realität allein in der Herstellungs- und Orientierungspraxis des Menschen besitzt (27f). Die Faszination, die das Können auf Gehlen ausübt, beruht auf dem absoluten Wirklichkeitsbezug des Könnens. Können ist ein Zustand, in dem die Wirklichkeit pragmatisch «verfügbar» ist.

Einseitige Beschränkung der Philosophie auf «Bewußtseinsprobleme», Absolutsetzung des Begriffs als Grundlage des Wissens und Überschätzung des sogenannten «Bewußtseinsstromes», so lautet das Sündenregister, das Gehlen der idealistisch verfahrenden Subjektphilosophie vorhält. Demgegenüber hebt er den pragmatischen «Leistungscharakter» der Erfahrung immer wieder hervor: «Sie ist Ausübung, Auswahl und Verwerfung, Schöpfung und Aufbau» (28). Aber

«Aufbau» ist nicht im Sinne der intentionalen Synthesis zu verstehen, sondern funktioniert so, daß eine ursprünglich ungerichtete Bewegung zu Resultaten führt, die ihr nachträglich Sinn verleihen. Dabei spielt die Wiederholung eine wichtige Rolle. Wenn sich bei einer Bewegung immer dasselbe Resultat einstellt, bilden sich Schemata, an denen sich das Verhalten orientieren kann. Der Organismus hält das Resultat fest und kann sich neuen Probierhandlungen zuwenden. Dieser als «unendlich wichtig» bezeichnete Schritt erfolgt nach Gehlen gleichsam «hinter dem Rücken des Bewußtseins» (35). Das macht deutlich, worauf es ankommt, um die elementare sinnhafte Gliederung der Erfahrung zu verstehen: auf die Bildung von internen Relationen, welche die diffusen Eindrücke des Erlebens in feste Bilder transformieren. Den eigentlichen Erfahrungsprozeß qualifiziert Gehlen demnach als «geschlossen, erledigend, verfügend» (36). Darin besteht die entlastende Funktion der Erfahrung.

In seinem Hauptwerk «Der Mensch» hat Gehlen 1940 das pragmatische Modell der Erfahrung in weit ausholenden verhaltenstheoretischen Deskriptionen präzisiert. Sieht man einmal von den im engeren Sinne biologischen Voraussetzungen und den im weiteren Sinne soziologischen Folgen dieser Deskriptionen ab, so tritt als leitender Gesichtspunkt der symbolische Charakter aller Erfahrungsprozesse hervor. Gehlen macht sich dazu die Ergebnisse der Gestaltpsychologie zunutze, insbesondere die von ihr entwickelte Lehre der «symbolischen Prägnanz» (158). Diese Lehre gibt Antwort auf die Frage, wie sich im dauernden Wechsel der Sinneseindrücke elementare logische Beziehungen herausbilden können. Das geschieht nicht durch Zusammenfassung gleichwertiger Empfindungselemente, sondern durch Akzentuierung singulärer Aspekte, die das changierende Wahrnehmungsfeld übersichtlich erscheinen lassen. Das führt zu der These, «daß die Struktur unseres Sehfeldes durchaus symbolisch ist» (171).

Die symbolische Struktur des Wahrnehmungsfeldes resultiert aus dem menschlichen Verhalten. Als Beispiel führt Gehlen die Wahrnehmung eines Buchs an: «Dieses braune Parallelogramm ‹bedeutet› ein Buch, weil es sich bei weiterem Umgang in eine Serie von Gewohnheiten hineinziehen läßt, nämlich zu blättern und zu lesen» (ebd.). Diese Formulierung läßt erkennen, wie sich im Prozeß der Bedeutungsbildung der Akzent von der Intentionalität auf die Repräsentation verschiebt. In diesem Zusammenhang kommt der Gewohnheit eine wesentliche Funktion zu. Pragmatisch bedeutet sie Entlastung durch Vollzugssicherung, semantisch Bildung von Symbolen, die es dem menschlichen Geist ersparen, «sich auf die mögliche volle Ausgiebigkeit der Dinge einzulassen» (172). Der Symbolbildungsprozeß kommt der Orientierungsnot des Lebens entgegen, er begründet die Struktureinheit der heterogenen Verhaltensweisen, die sich nur als Substitution beschreiben läßt: «Das Hinsehen erspart das Betasten, das Wort sogar schon das Hinsehen – aber es ersetzt jeweils jenes auch, vertritt oder ‹repräsentiert› es» (177). Hier tritt deutlich der Übergang von der ökonomischen zur symbolischen Funktion hervor. Beide sind zwei Aspekte desselben Vorgangs, der Bewußtsein in die Lage versetzt, die Daten des Erlebens in Bilder zu transformieren und «Übersicht über ganze Reihen solcher Symbole in Symbolfeldern» zu gewinnen (214).

Die Grundfigur, die sich in allen Symbolbildungen auffinden läßt, hat Gehlen auf die Formel gebracht, «daß mit Erfolg A für B gesetzt, A als B genommen wird» (215). Er verfolgt diese Erfahrungsfigur bis in die höchsten Stufen des Denkens, sieht ihre Quelle aber im «sensomotorischen Vollzugsverfahren» (220). Die Substitution als elementare symbolische Funktion, die der Bildung sensomotorischer Phantasmen zugrunde liegt, ist an eine Operation gebunden, die Gehlen in Anlehnung an die Wahrnehmungsanalysen der Gestaltpsychologie «Dekomposition» nennt: «Da uns wahrnehmend weniger Einzeldinge als Gesamtsituationen gegeben sind, aber solche eben in gegliederter Form, wobei die Gliederungspunkte jeweils solche Symbole sind, so entsteht Beziehungserfassung grundsätzlich durch Dekomposition, Auflösung von Situationen in einzelne sensorische Akzente und deren Beziehungen, niemals durch Addition von etwa zuerst und der Reihe nach aufgefaßten Einzelheiten» (214).

Im Hinblick auf den Symbolismus der formalen Kategorien ist der von Gehlen herausgestellte Zusammenhang zwischen Dekomposition und Beziehungserfassung von Bedeutung. Damit findet die Frage, inwiefern der Primat der Beziehungen aus dem pragmatischen Bewußtseinsbegriff folgt, ihre Antwort. Beziehungen ‹herstellen› ist eine besondere Kunst. Man muß in der Lage sein, den Fluß der Daten zu zerlegen. Der Biologe Hans Driesch, dem Gehlen sachlich und terminologisch verpflichtet ist, sieht den Unterschied zwischen tierischem und menschlichem Handeln darin, daß dem Tier die Fähigkeit mangelt, Gegebenes weitgehend aufzulösen.[7] Die Auflösungsfähigkeit definiert das menschliche Bewußtsein, da sie die Bildung symbolischer Repräsentation ermöglicht. Denn Symbolbildung ist keine Reihenbildung, sondern eher das Gegenteil, nämlich Zerbrechen eines gegebenen Ganzen, was der ursprünglichen Bedeutung des Symbols als materiales Erkennungszeichen entspricht.

Die Symbolbildung hat Gehlen eindrucksvoll unter Rückgriff auf einen kunsttheoretischen Terminus der Aufklärung illustriert, der auch in der Gestaltpsychologie eine zentrale analytische Rolle spielt: «der fruchtbare Moment»[8]. Was darunter zu verstehen ist, läßt sich sehr gut am Problem der Bewegungsdarstellungen zeigen. Wenn man den Bewegungsablauf nicht wie im Film im ganzen wiedergeben kann, sondern auf einen momentanen Ausschnitt angewiesen ist, so stellt sich für die Darstellung das Problem, welche Phase der Bewegung sich am besten dazu eignet, den Gesamtverlauf zu repräsentieren. Bei der Darstellung einer schaukelnden Person zum Beispiel ist es zweifellos der Umkehrpunkt, an dem die Dynamik der Gesamtbewegung in einen einzigen Moment zusammengezogen ist. Genau das gilt für die symbolische Dekomposition oder Dekonstruktion: «Der ‹fruchtbare Moment› der Bewegung trägt und repräsentiert die ganze Bewegungsfolge, ihn zu vollziehen, heißt, die ganze Bewegung ablaufen zu lassen. Insofern kann man ganz gut von einer symbolischen Struktur der Bewegung reden, die der Wahrnehmung parallel geht» (190). Der fruchtbare Moment läßt sich auf die Bilder des zuständlichen Bewußtseins anwenden, die es ermöglichen, komplexe Wahrnehmungen als einheitliche Bedeutungen zu erfassen, ohne auf abstrakte Begriffe zurückgreifen zu müssen.

Vor diesem symbolisch-pragmatischen Hintergrund überrascht es nicht, daß Gehlen der Phantasie eine zentrale Rolle im Erfahrungsprozeß zuerkennt.[9] Phantasie als Vermögen der «Gesamtversetzungen» (317) ist für ihn «ein sehr reelles und vitales Geschehen» (316), das nicht mit der Unverbindlichkeit und Willkür der spielenden Einbildungskraft verwechselt werden darf. In der Wirksamkeit des Kunstwerks sieht Gehlen auch im Zeitalter der Reflexion die produktive Phantasie ungebrochen fortleben: «Aber gerade das Bewußtsein des ‹Bildes›, der Unwirklichkeit gestattet es, in dieser Bewegung zu bleiben, ohne sie ungenügend zu finden, wie es die bloße Bewegung der Einbildungskraft der Wirklichkeit gegenüber allerdings wäre» (326). Die Wirklichkeit konstituierende Funktion der Bilder beruht demnach darauf, daß sie dem Menschen sein eigenes Verhalten zur Darstellung bringen. Erst diese symbolisch-pragmatische Lesart vermag die Bilder aus dem vitalistischen Dunstkreis einer kollektiven «Urphantasie» zu befreien, mit dem sie Gehlen in der ersten Auflage von «Der Mensch» noch umgeben hatte.

4. Präsentative Symbolik und die Erfahrung der Außenwelt

Die Probe aufs Exempel der symbolischen Funktion der Wahrnehmung liefert Diltheys bekannte und breit wirksam gewordene Abhandlung «Beiträge zur Lösung der Frage vom Ursprung unseres Glaubens an die Realität der Außenwelt und seinem Recht» (1890). Diese Abhandlung bildet einen Meilenstein auf dem Weg zur Lösung des Wirklichkeitsproblems, das durch Kants «Widerlegung des Idealismus» nicht erledigt war und den Erkenntnistheoretikern im 19. Jahrhundert keine Ruhe gelassen hat.[10] Zu groß war die Bedrohung, die vom Phänomenalismus und Fiktionalismus für das Selbstverständnis des Menschen in der Welt ausging. Die Bemühungen der philosophischen Hermeneutik um einen eigenständigen Begriff des Verstehens haben hier ihren tiefsten Antrieb. Der Zusammenhang von Wirklichkeit und Verstehen zeigt, daß die philosophische Hermeneutik nach Dilthey mehr umfaßt als eine Methodologie der Geisteswissenschaften. Sie wird zu einer allgemeinen Theorie der Erfahrung, die Erlebnis und Ausdruck miteinander verbindet. Verstehen gibt es nicht erst auf der Ebene des sprachlichen Ausdrucks, sondern schon auf der Ebene des Erlebens, auf die sich der Ausdruck bezieht.

Unter diesen Voraussetzungen kann es nicht überraschen, daß Dilthey schon in der Vorrede zur «Einleitung in die Geisteswissenschaften» die Wirklichkeitserfahrung als das «hartnäckigste aller Rätsel dieser Grundlegung» bezeichnet, das nicht durch die Annahme eines «starren a priori unseres Erkenntnisvermögens», sondern allein genetisch im Ausgang von der «Totalität unseres Wesens» gelöst werden könne (GS I, XVIII). Die Totalität seines Wesens ist dem Menschen im Erleben präsent, das sich als Selbstgefühl noch nicht auf Gegenstände bezieht, sondern nur verschiedene Aggregatzustände kennt, von denen sich die Unterscheidung des Bewußtseins in ein Selbst und ein anderes herleiten läßt. Das Selbst und das andere sind zunächst Modi des zuständlichen Bewußtseins. Das andere bezeichnet Verdichtungen des Gefühls, Freude oder Angst, die als fremde Mächte empfunden werden. Über diese zuständliche Gliederung des Bewußtseins führt die räumliche Ordnung, in der Gegenstände erscheinen, schon hinaus. Folgerichtig betont Dilthey, daß das andere nicht wesenhaft durch Räumlichkeit definiert ist: «ein von uns unabhängiges andere, ganz abgesehen von seinen räumlichen Bestimmungen» (GS I, XIX).

Das andere des Selbst bleibt unräumlich, weil es sich um dynamische Differenzen innerhalb des zuständlichen Bewußtseins handelt. Daraus ergibt sich für die Erfahrung der Andersheit, daß kein Unterschied in der Gewißheit gegenüber der Erfahrung des Selbst besteht. So betont Dilthey, daß das andere im zuständlichen Bewußtsein mit dem Selbst gleichzeitig und gleich sicher auftritt (ebd.), daß es ferner keineswegs als bloßes «Phänomen» erscheint (GS I, 368) und daß es schließlich nicht etwa nur «durch einen Schluß» gegeben ist (GS I, 395): «Das Andere kann im Selbstbewußtsein so ursprünglich wie das Selbst als lebendige wirksame Realität gegeben sein» (GS I, 401). Die dem anderen eigene Form der Präsenz besteht ganz und gar in seiner gefühlsmäßigen Wirksamkeit, die nichts anderes ist als die Kehrseite der Wirksamkeit des Selbst. Hier liegt der Kern aller Wirklichkeitserfahrung.

Dieser Wirklichkeitsbegriff findet bei Dilthey, wie bekannt, seine Auflösung im voluntaristischen Modell des Bewußtseins. Den Ausgangspunkt bildet die Widerstandserfahrung. Dagegen ist der Einwand erhoben worden, daß mit dem Widerstand schon die Gegenständlichkeit vorausgesetzt wird, die allererst erklärt werden soll. Mit Recht macht Dilthey dagegen geltend, daß der Wille sich nicht primär auf Gegenstände richtet, nicht intentional ist, sondern «unwillkürlich» und damit ziellos agiert (GS V, 104). Die unwillkürliche Bewegung des Willens besteht in reiner Expansion, was Dilthey veranlaßt, von «Willensmacht» zu sprechen, «welche gleichsam ihre Fangarme ringsumher nach Erfüllung und Befriedigung ausstreckt» (GS V, 96). Sich selbst überlassen würde der Wille alles aufsaugen, so daß kein Raum mehr für ein vom Selbst unabhängiges anderes bliebe. Erst Widerstände sind es, die den Willen in Bewußtsein seiner selbst und zugleich eines anderen verwandeln: «Ist es doch derselbe Akt von Auseinanderhalten des Selbst und der Objekte innerhalb des Bewußtseins, gleichsam von Furchung innerhalb dieses Bewußtseins, in welchem das Selbst abgegrenzt und zugleich das Bild als ein Außen objektiviert wird» (GS V, 124).

Sigmund Freud hat dieses andere des Selbst als Trauma beschrieben, das nicht mit der äußeren Einwirkung zusammenfällt, sondern erst nachträglich in Form eines Bildes wirkt.[11]

Die Hemmung der Expansion des Willens in der Widerstandserfahrung verleiht dem anderen ebenfalls Willenscharakter, so daß sich im Bewußtsein «zwei Willenseinheiten» gegenüberstehen (GS V, 134). Mit diesem Modell gelingt es, die erlebte Wirklichkeit als Funktion der Willenserfahrung im Kontext von Verhaltensweisen und den dadurch ausgelösten Handlungen zu definieren. Um ein konkretes Beispiel Diltheys zu zitieren: «Jede Gegend hat für uns in dem Grade Realität, als unsere Füße sie betreten, unsere Hände die Gegenstände betastet haben, der Widerstand ihrer Entfernungen zu überwinden war» (GS XIX, 356). Erlebte Wirklichkeit ist demnach Resultat tätiger Auseinandersetzung, der gegenüber rein theoretisches Erkennen Verlust an Realität bedeutet: «Könnte man sich einen Menschen denken, welcher ganz Wahrnehmung und Intelligenz wäre, dann würde dieser intellektuelle Apparat vielleicht alle möglichen Mittel zur Projektion von Bildern enthalten: niemals würde dieses alles doch die Unterscheidung eines Ich von realen Gegenständen möglich machen» (GS V, 130f). Das heißt: Wirklichkeit läßt sich nicht auf die Leerstelle eines «etwas überhaupt» reduzieren, sondern Wirklichkeit ist immer Wirksamkeit, in der das Subjekt als ein Inneres und das Objekt als ein Äußeres auseinandertreten und zugleich einander berühren. Der primäre Ort dieser Berührung ist der menschliche Körper.

Der voluntaristische Wirklichkeitsbegriff wird von Dilthey mit dem erklärten Ziel entwickelt, die Erfahrungswirklichkeit vor ihrer Auflösung in bloße Vorstellungen zu bewahren. Bedrohlich erscheint ihm eine Fehlinterpretation des «Satzes der Phänomenalität», der «Phänomenalismus», der die Wirklichkeit in Schein verwandelt. Diese Bedrohung gehe nicht nur vom Empirismus aus, der die Wirklichkeit in Empfindungselemente auflöst, sondern auch und insbesondere vom Kritizismus, der Wirklichkeit zu einer gedanklichen Konstruktion macht. Es gehört zu den wichtigen philosophischen Einsichten Diltheys, hier eine untergründige Übereinstimmung der sich bekämpfenden Erkenntnistheorien aufgedeckt zu haben. Zu Recht spricht er von den «beiden Fraktionen des Phänomenalismus» (GS V, 92), vom Phänomenalismus als «Zwillingsbruder des Intellektualismus» (GS V, 127).

Die Überwindung des Phänomenalismus findet Dilthey in der Philosophiegeschichte bei den schottischen Philosophen Thomas Reid und Alexander Bain vorgebildet. Allerdings folgt er ihnen nicht vorbehaltlos. Zwar hält er deren Rückgang auf das Willenserlebnis für richtig, bestreitet aber dessen intuitionistische Ausdeutung (GS V, 97; 127). Es sei eine psychologische Täuschung, die Wirksamkeit des Willens im Bewußtsein als unmittelbare Gegebenheit zu behandeln. Die Willensaktivität bedarf der Vermittlungen, um in den Lichthof des Bewußtseins zu gelangen. Die Frage ist nur, wie diese Vermittlungen aussehen, in welchem Medium das Willenserlebnis Gestalt gewinnt.

Hier liegt der Punkt, an dem die Symbolisierungen ihre Funktion ausüben. Vorstellungen, die sich auf Gegenstände beziehen, sind immer zugleich «Umkleidungen» von Willenserfahrungen, die den Vorstellungen ihren Realitätsgehalt verleihen (GS V, 130). Dieser Vergleich darf allerdings nicht negativ aufgefaßt werden. «Umkleidungen» bleiben nach Dilthey der Wirklichkeit des Willens nicht äußerlich, es handelt sich nicht um bloß fiktive «Ideenkleider», wie Edmund Husserl die mathematischen Begriffe nennt, auch nicht um «Konfektionskleider», von denen Henri Bergson hinsichtlich des mechanistischen Denkens spricht, sondern um Kleider von genauem Zuschnitt, um Bilder von Verhaltensweisen, welche die zentralen Erfahrungen des Widerstands «interpretieren» (GS V, 133). Wirklichkeit erweist sich demnach schon auf der elementaren Ebene der Wahrnehmung als «Interpretationskonstrukt» (um einen Begriff von Hans Lenk zu gebrauchen).[12] Die Wahrnehmung der Wirklichkeit hat ihren Maßstab an den Bildern, die das zuständliche Bewußtsein erfüllen: «In dem Maße, in welchem diese inneren Bestandteile sich summieren, ineinander wirken, übereinandergreifen, wächst der Charakter von Wirklichkeit, welchen die Bilder für uns haben. Sie wird zu einer Gewalt, die uns ganz umfängt, ein Netz, dessen Maschen nichts durchlassen, dem nichts sich entzieht» (GS V, 131). Durch die präsentative Symbolik läßt sich die Wirklichkeitserfahrung als Funktion des Willens deuten, die dem organischen Prozeß analog ist: «Hier ist das Leben selber. Es ist beständig sein eigener Beweis» (ebd.).

Zusammenfassend kann man festhalten: Verstehen ist kein Prozeß, der auf die diskursiven Zeichen beschränkt bleibt, sondern der die Wirklichkeitserfahrung in ihrer konkreten Form betrifft. Nicht Sinn und Bedeutung, sondern die im Sinn aufscheinende Wirklichkeit ist das eigentliche Feld der philosophischen Hermeneutik, die damit zu Recht als *prima philosophia* auftritt. Für die Hermeneutik nach Dilthey gilt: Wirklichkeit ist ein pragmatisch fundierter Glaube, der seinen Ursprung in den Willenserfahrungen hat und sein Recht aus den Vermittlungen der Bilder bezieht. Die Bilder bilden die äußere Wirklichkeit nicht ab, sondern stellen Verhaltensweisen dar, die sich bei Gelegenheit von Widerständen ausbilden.

Dieser Ansatz erklärt die wesentlich situationale Bedeutung der Bilder, die anders als die abstrakten Begriffe auch das Undefinierbare, das Widerständige der Wirklichkeit sichtbar werden lassen. Das unterscheidet Bilder von bloßen Fiktionen. Wenn es gelingt, die Erfahrung der Wirklichkeit aus der Darstellungsfunktion der Bilder verständlich zu machen, kann die Hermeneutik mit der Logik konkurrieren und einen Beitrag zur Analysis der Wirklichkeit liefern. Denn, so hat es Friedrich Nietzsche in seiner drastischen Art formuliert: «Auch die Logik beruht auf Voraussetzungen, denen Nichts in der wirklichen Welt entspricht» (SW II, 31).

5. Neue Perspektiven für die Logik: «analytische Logik»

Die außerordentliche philosophische Bedeutung der präsentativen Symbolik liegt darin, daß sie die Reihe der modernen Begründungen der Logik eröffnet. Ihre gegenwärtige Gestalt haben die Logikbegründungen in der «Protologik» gefunden, welche die für jede Sprache konstitutiven Unterscheidungen in elementaren Formen der Praxis aufsucht. Im Anschluß an die operative Logik Paul Lorenzens ist dabei die argumentationspragmatische Situation in den Vordergrund gerückt.[13] Dagegen zeigt die hermeneutische Kategorienlehre, daß die elementare Prädikationspraxis noch vor der Intersubjektivität im Rückgang auf die Bilder des situationalen Bewußtseins expliziert werden kann. Das besagt: Die Protologik muß als Hermeneutik gelesen werden, eine Lesart, die dazu beitragen kann, den unfruchtbaren Gegensatz von Hermeneutik und Logik, von Wahrheit und Methode zu überwinden.

Dilthey hat 1892 die Idee einer neuen Logikbegründung in seiner zunächst unveröffentlicht gebliebenen Abhandlung «Erfahren und Denken» skizziert. Was das für die hermeneutische Logik bedeutet, wird sichtbar, wenn man berücksichtigt, daß im selben Jahr auch der «Urtext der modernen Semantik», Gottlob Freges Abhandlung «Über

Sinn und Bedeutung» erschienen ist. Diese Koinzidenz markiert eine geistesgeschichtliche Konstellation, deren Auslegung das spannungsreiche Verhältnis von Logik und Hermeneutik allererst historisch verständlich macht. «Begriffsschrift» und Bilderschrift treten in eine Opposition zueinander, die hundert Jahre dauern sollte. Heute ist es an der Zeit, die feindlichen Brüder wieder zusammenzubringen und miteinander zu versöhnen.

Dilthey hat seinen Text als «Ergänzung» zur Außenweltabhandlung konzipiert (GS V, 86). Die Ergänzungsbedürftigkeit ergibt sich für ihn aus der Befürchtung, daß die in der Außenweltabhandlung hervorgehobene vermittelnde Funktion der Vorstellungen den Eindruck erwekken könnte, die Realität der Erfahrung lasse sich auf die Verstandesfunktionen zurückführen. Demgegenüber kommt es Dilthey nun auf den Nachweis an, daß die Denkformen nur dann die Realität der Erfahrung erfassen, wenn sie mit den symbolischen Formen der Wahrnehmung übereinstimmen. *Das Motiv der Logikbegründung liegt in der Sorge um die Wirklichkeit.* Wie quälend diese Sorge für die philosophischen Geister des ausgehenden Jahrhunderts war, belegen die Formulierungen, die sich zum Thema Logik und Mathematik bei Friedrich Nietzsche finden: «In ihnen kommt die Wirklichkeit gar nicht vor, nicht einmal als Problem» (SW VI, 76).

Die Überlegungen Diltheys gehen von der «Widerlegung des Empirismus» aus, wie sie in der zweiten Hälfte des 19. Jahrhunderts von Hermann Lotze und Christoph Sigwart in ihren Logiken entwickelt worden ist.[14] Sie beruht auf der Einsicht, daß die Objektivität von Sachverhalten unabhängig von den zufälligen Vorstellungsverläufen des empirischen Subjekts ist. Objektivität gibt es nur im Urteil, das als Verknüpfung von Vorstellungen ein apriorisches Prinzip erfordert: die «beziehende Tätigkeit des reinen Denkens» (GS V, 75 f). Mit den Logikern ist sich Dilthey darin einig, daß die objektive Gültigkeit des Urteils nicht auf Sinneseindrücke zurückgeführt werden kann, er besteht aber darauf, daß die Denktätigkeit von den Strukturen der Erfahrung nicht gänzlich abgekoppelt wird. Wie ist das möglich?

Angesichts der Gefahr des Wirklichkeitsverlusts hilft nach Diltheys Meinung auch die Konsenstheorie der Wahrheit nicht weiter. Zu der von Sigwart als Wahrheitskriterium vorgeschlagenen «Übereinstimmung hypothetisch angenommener Wesen» (GS V, 87) bemerkt er zu Recht, daß sie den Dualismus von Anschauung und Begriff, von Wirklichkeit und Notwendigkeit nicht zu überbrücken imstande wäre: «Ist diese Dualität in Kantischer gegenseitiger Ausschließung unaufhebbar, dann gibt es keine Erkenntnis, sondern nur mehr oder weniger wahrscheinliche Annahmen über das Wirkliche» (GS V, 86). Hier hilft nur eine entschlossene Neubesinnung auf die Erfahrungswirklichkeit weiter. Dazu kann sich Dilthey auf den Psychologen Carl Stumpf berufen, der den kantischen Dualismus von Materie und Form der Erkenntnis für unvereinbar mit der beschreibenden Psychologie erklärt. Auch die kantische Lehre vom Schematismus weist Stumpf als ungeeignet zurück, um zwischen Sinnlichkeit und Verstand zu vermitteln. Denn der Schematismus bilde ein abstraktes Zeichensystem, das immer neue Zeichensysteme als Vermittlungen erfordere. Das führe zu einem unendlichen Regreß. Um ihn zu vermeiden, müsse eine den unmittelbaren Gegebenheiten des Bewußtseins immanente Ordnung als letztes Fundament der Erfahrung angenommen werden – eine Argumentation, die von Dilthey zustimmend zitiert wird (GS V, 79).

Die primäre Gliederung der Inhalte des Bewußtseins, ihre immanente Ordnung betrifft nach Stumpf Relationen, die zwar nicht so unmittelbar wie primäre Sinnesqualitäten (Farbe, Ton) gegeben, aber auch nicht bloß «hinzugedacht» sind. In seinem Aufsatz «Psychologie und Erkenntnistheorie» (1891) drückt er diesen Sachverhalt so aus: «Das Erfassen von Relationen (ist) eine Art von Wahrnehmung, oder, wenn man von ‹Wahrnehmen› nur eben bei absoluten Inhalten sprechen will, eine Art von ‹Bemerken›, welches dem Wahrnehmen analog ist» (489). Die Verhältniswahrnehmung ist demnach weder, wie der Positivismus will, auf reine Empfindungen, noch, wie der Kritizismus will, auf logische Konstruktion zurückzuführen. Es handelt sich vielmehr um eine dritte Art der Erfahrung, um Bildwahrnehmung, für deren Untersuchung Carl Stumpf eine eigene Wissenschaft fordert, die er «Eidologie» nennt.[15]

Die Logik-Abhandlung Diltheys ergänzt diese Position in einem wichtigen Punkt. Sie wendet das bildhafte Erfassen von Relationen auf die Urteilstheorie an. Das führt zur Unterscheidung von zwei Urteilskriterien: Das erste besteht im «Enthaltensein eines Inhaltes in der erfahrungsmäßigen Wirklichkeit», das zweite in der «Gebundenheit oder Notwendigkeit des Denkvorgangs» (GS V, 85). Bisher, so kritisiert Dilthey, wurde von den Logikern lediglich das zweite Urteilskriterium als das einzig wahre anerkannt. Damit ist gemeint, daß die Sachlichkeit eines Urteils, seine Gültigkeit, nur ein anderer Ausdruck ist für ein logisch zwingendes Verhältnis der Urteilstermini untereinander.

Diese Deutung der Sachlichkeit des Urteils ist nach Dilthey nicht ausreichend, da sie keine Handhabe bietet, zwischen Erfahrungsurteilen, die wirkliche Sachverhalte beschreiben, und Phantasieurteilen (z. B. «Der Kentaur ist grün») zu unterscheiden. Der Wirklichkeitsbezug eines Urteils läßt sich nicht in logische Evidenz auflösen, die «eine Form des Überzeugungsgefühls für abstrakte Wahrheiten» darstellt (GS V, 80). Um den Zwang verständlich machen zu können, der von der Erfahrung eines wirklichen Gegenstandes auf den Urteilenden ausgeht, muß eine andere Form der Überzeugung aufgewiesen werden. Diese darf nicht konsekutiver Natur sein, sondern muß als «unmittelbare Gewißheit des in der inneren Erfahrung, vielleicht der Erfahrung überhaupt Gegebenen» hervortreten (GS V, 85). Es handelt sich also um eine Form der Überzeugung, die sich nicht auf das Denken beschränkt, sondern alle Modi des zuständlichen Bewußtseins betrifft. Zur Erläuterung soll ein Satz aus Diltheys später Studie über den psychischen Strukturzusammenhang angeführt werden: «Ich gewahre eine Farbe, ich urteile über sie, sie erfreut mich, ich begehre ihre Gegenwart: mit diesen Ausdrücken bezeichne ich verschiedene Verhaltungsweisen, welche sich auf dieselbe Inhaltlichkeit im Erlebnis beziehen» (GS VII, 21). Es handelt sich um das Erlebnis der Bedeutsamkeit, mit einem Wort: um Relevanz.[16]

Damit gelingt es Dilthey, die «naive Auffassung» der Urteilswahrheit zu rehabilitieren, ohne in den unhaltbaren Abbildrealismus zurückzufallen. Damit kommt der symbolisch-pragmatische Ansatz ins Spiel. In der Relevanz äußert sich die Macht der Bilder des Verhaltens, die allen logischen Evidenzen ihren Wirklichkeitsbezug sichern. Auf dieses Substrat und nicht auf die logische Evidenz von Bedingungsverhältnissen bezieht sich die natürliche Auffassung des Urteils, die Dilthey gegenüber den Verzerrungen des Logismus wieder zur Geltung bringen möchte: «In dieser phänomenalen Schattenwelt tritt an die Stelle der Erfahrung überall nur die logische Gebundenheit des Bewußtseins an Inhalte und deren Verhältnisse» (GS V, 87). Evidenz im logischen Sinne bildet demnach ein notwendiges, aber nicht hinreichendes Kriterium für die Urteilswahrheit. Zur «Logik der Konsequenz», wie Edmund Husserl sie später genannt hat, muß die Logik der Relevanz hinzukommen, die sich nur als Hermeneutik explizieren läßt.

Die Urteilskriterien der Evidenz und der Relevanz stehen nicht gleichwertig nebeneinander. Zwischen beiden kann ein «genetischer Zusammenhang» hergestellt werden: «Es ist aber dann klar, daß das Erfahren als die primäre Tatsache aufzuzeigen ist und das Denken als die sekundäre. Das Bewußtsein des in der Wirklichkeit Enthaltenseins der Aussage als das erste, das der Gebundenheit im Denken als das zweite» (GS V, 86). Das bedeutet die Umkehrung des Logismus, der den Wirklichkeitsbezug des Urteils zum bloß «abgeleiteten Merkmal des Denkens» machen will (GS V, 85). Daraus zieht Dilthey den Schluß: «Nur weil im Leben und Erfahren der ganze Zusammenhang enthalten ist, der in Formen, Prinzipien und Kategorien des Denkens auftritt, nur weil er im Leben und Erfahren analytisch aufgezeigt werden kann, gibt es ein Erkennen der Wirklichkeit» (GS V, 83).

Es könnte der Eindruck entstehen, als liege hier ein Rückfall in den Psychologismus vor. Aber dem ist nicht so, denn die logische Geltung von Aussagen, ihre Invarianz gegenüber dem Wandel der Vorstellungen, bleibt durch den genetischen Zusammenhang von Erfahrung und Denken unberührt: «Die Notwendigkeit der Aussage, das Bewußtsein des Nichtanderskönnens ist in dem gültigen Denken objektiv; wir finden sie im Inhalt und Gegenstand des Denkens begründet. Sie besteht also nicht in der psychologischen Gesetzmäßigkeit, mit welcher ein Denkakt hervortritt» (GS V, 87). Deutlicher läßt sich die Trennung von Psychologie und Logik kaum formulieren. Aber darüber hinaus will Dilthey zeigen, daß das im Urteil gesetzte Bedingungsverhältnis nur deswegen als Sachlichkeit aufgefaßt werden kann, weil die Zusammenhangsform der Gedanken untereinander das Verhältnis der Vorstellungen zum Verhalten des Subjekts widerspiegelt. Zur Erläuterung dieses Gedankens sei noch einmal aus der Studie zum psychischen Strukturzusammenhang zitiert: «Wie dasselbe (Erlebnis) Inhaltliches auf die Gegenstände bezieht, so scheint es nach der anderen Seite auf ein Ich sich beziehen zu müssen, das sich verhält» (GS VII, 21). Die im Erfahrungsurteil verborgene Beziehung auf die Verhaltensweisen herauszuarbeiten, ist die Aufgabe der neuen Logik, die Dilthey in Analogie zu seiner deskriptiven «analytischen Psychologie» «analytische Logik» nennt.

«Unter Analysis verstehen wir überall gleichmäßig die Zergliederung einer gegebenen komplexen Wirklichkeit» (GS V, 174). Im Bezug auf die Logik heißt Analysis Rückgang auf die bildlichen Strukturen der Erfahrung. Dadurch wird die analytische Logik zur Analysis der Logik selbst, speziell des Logismus der Schule Kants (GS V, 86). Dilthey spricht von «unanalysiertem Logismus» (GS V, 81); «Logismus» bezeichnet dabei die Lehre vom Denken, die sich über ihre eigenen Voraussetzungen noch keine Klarheit verschafft hat. Demgegenüber bedürfe es der «analytischen Behandlung», der «analytischen Einsicht», die davor bewahren kann, dem Apparat der formalen Logik zu «verfallen» (GS V, 83). Diese Formulierungen lassen die Richtung erkennen, in der aus der Logikkritik eine psychoanalytische Hermeneutik wird.

Die hermeneutische Tendenz der analytischen Logik kommt am Ende der Abhandlung «Erfahren und Denken» deutlich zum Audruck. Hier artikuliert Dilthey das Unbehagen am «souveränen Intellekt des Descartes» (GS V, 88). Die Absolutsetzung des Denkens, die das Selbstverständnis des neuzeitlichen Rationalismus prägt, ist nach Diltheys Auffassung erkauft um den Preis des Wirklichkeitsverlusts, der Entfremdung des Geistes von der natürlichen Welterfahrung: «So wird das Vermögen dieser Vernunft, sich der Realität denkend zu bemächtigen, zur Hypothese oder zum Postulat. Auch daß wir durch diese Vernunft zweckmäßig in den Weltlauf eingreifen und nach unseren Ideen ihn verändern, erweist doch nur, daß ein Zusammenhang im Bewußtsein besteht, welcher Bilder von Dingen und Personen mit dem denkenden Subjekte verbindet» (GS V, 88 f). Hier treten wieder die Bilder als Grund und Grundlage aller Symbolisierungsprozesse hervor, ohne die es kein Erkennen der Wirklichkeit geben kann.

6. Wahrnehmung und Bild

Die von Dilthey entwickelte Idee einer analytischen Logik ist in der Geschichte der Logik nicht ohne Wirkung geblieben. Sie hat in der genetischen Logik Edmund Husserls ihre eindrucksvollste Fortführung gefunden. Es kann kein Zweifel daran bestehen, daß Husserls späte Versuche einer «Genealogie der Logik» sich in den von Dilthey Ende des 19. Jahrhunderts vorgezeichneten systematischen Bahnen bewegen. Einschlägig für Husserls Begründung der Logik ist das zentrale vierte Kapitel des zweiten Abschnitts von «Formale und transzendentale Logik» (1929), das den Titel trägt «Rückführung der Evidenzkritik der logischen Prinzipien auf die Evidenzkritik der Erfahrung». In Parallele zu Diltheys Idee der analytischen Logik macht Husserl hier den Versuch, Erfahrung und Urteil durch eine Theorie der vorprädikativen «Sinngenesis» aufeinander zu beziehen. Damit soll der «Doppelseitigkeit» des Logischen, der subjektiven und objektiven Seite der Bedeutungsbildung, Rechnung getragen werden. Ziel der subjektiv gerichteten Betrachtungsweise der logischen Objektivierung ist die «genetische Rückführung der prädikativen Evidenzen auf die nichtprädikative Evidenz, die da Erfahrung heißt» (Hua XVII, 217). Und noch in den «Krisis»-Abhandlungen bezeichnet es Husserl als Aufgabe der Logik, «zu erforschen, wie sie selbst zu begründen sei, also nicht mehr ‹logisch›, sondern durch Rückleitung auf das universale vor-logische Apriori, aus dem alles Logische (...) seinen rechtmäßigen Sinn ausweist» (Hua VI, 144).

Allerdings treten bei Husserl Schwierigkeiten mit der Bestimmung des «vorlogischen Apriori» auf. Er versucht, das «vorlogische Apriori» rein aus der Gegenständlichkeit der Wahrnehmung zu gewinnen. Das gelingt ihm nur scheinbar, indem er die Intellektualität der Wahrnehmung schon als Urteil deutet, als sogenanntes «vorprädikatives Urteil» – was immer das heißen mag. Aber die Wahrnehmung läßt sich nicht ohne weiteres zum ‹Urmodell› des kopulativen Urteils S ist P machen. Denn die ‹Feststellung› der unmittelbaren Gegebenheiten in der Wahrnehmung ist auf einen Bild-Rahmen angewiesen, in dem die Erfahrung von Gleichheit, Verschiedenheit usw., die im Urteil Ausdruck findet, allererst möglich wird. Statt dessen sieht es bei Husserl so aus, als würde sich in der «schlichten» Wahrnehmung das «Wesen» der «Dinge selbst» zeigen. So einfach lassen sich Erfahrung und Urteil nur dann auf einen Nenner bringen, wenn man mit Husserl den Gegenstand des Bewußtseins auf den Grenzbegriff eines qualitätslosen «Etwas überhaupt» reduziert, das nichts mehr von den internen Relationen bewahrt, welche die Wirklichkeitserfahrung der rein logischen Konstruktion voraushat.

Der Primat des Urteils hat als weitere Schwierigkeit zur Folge, daß Husserls «Sinngenesis» nichts von den Repräsentationen erkennen läßt, die dem Bewußtsein auf allen Stufen zukommen. Für Husserl ist «Genesis» lediglich ein Synonym für «Konstitution» (Hua XVII, 215), und diese wiederum ist ihm gleichbedeutend mit «intentionaler Synthesis», die das Schema für die «Intentionalität der Erfahrung» wie für die «Intentionalität der prädikativen Urteile» abgibt (Hua XVII, 218). Damit ist der Standpunkt der Konsequenzlogik nicht überwunden, denn die Notwendigkeit der «intentionalen Synthesis» läßt sich nur als Bedingungsverhältnis von Termini beschreiben.

So kann es nicht überraschen, daß in dem postumen Werk «Erfahrung und Urteil» (1946) trotz aller Formulierungshilfen seines Schülers Ludwig Landgrebe die Vergeblichkeit der genetischen Logik Husserls sich in Form eines undurchschauten Logismus bemerkbar macht. Und das, obwohl Landgrebe die Annäherung an Dilthey so weit treibt, daß sogar die pragmatische Dimension der Urteilsbildung ausführliche Berücksichtigung findet (51 ff). Aber selbst wenn man mit Franz Brentano, an den sich Husserl in diesem Punkt anschließt, das Urteil nicht als bloße Verknüpfung von Vorstellungen auffaßt, sondern als Handlung des Bejahens oder Verneinens von Vorstellungen, läßt sich die Kluft zwischen Erfahrung und Urteil nicht vom Urteil her überbrücken. Denn das Urteil stellt einen abschließenden Akt dar, kein tentatives Verhalten, keine offene Überzeugung, wie sie für die Wahrnehmung konstitutiv ist. Damit wird das Programm der genetischen Logik auf der Ebene der Urteile hinfällig. Aber heißt dies, daß Husserls Idee einer genetischen Logik vollkommen wertlos wäre? Lassen sich die präsentativen Formen der Symbolbildung, die in der Wahrnehmung stecken, nicht doch in anderer Weise für die Theorie der Bedeutungsbildung fruchtbar machen?

Um diese Frage positiv zu beantworten, ist es erforderlich, die Wahrnehmung von der Intentionalität zu trennen und auf ihr bildliches Substrat zurückzugreifen. Das ist nicht leicht; denn die Wahrnehmung gibt sich objektiv, sie ist wesenhaft Wahrnehmung von etwas, das sich durch gegenständliche Begriffe bezeichnen läßt: eine Wiese, ein Haus usw. Von der Objektivität der Wahrnehmung, die sich in Urteilen äußert («Die Wiese ist grün»), ist ihre Erlebnisqualität zu unterscheiden, die davon abhängt, mit welcher Perspektive der Wahrnehmende an das Gegebene herangeht. Jemand, der die Bilder van Goghs im Kopf hat, wird Landschaften der Provence anders sehen als jemand, dem dieses Vorbild fehlt. Er wird Qualitäten der Landschaft erblicken, die sich ihm nur dadurch erschließen, daß er sie als Bild («wie gemalt») sieht. In diesem Sinne sind auch objektive Wahrnehmungen mit Bildern besetzt und durchsetzt, welche die selbständige Bedeutungsdimension des zuständlichen Bewußtseins ausmachen.

Die Verbindung von Wahrnehmung und Bild, von gegenständlichem und zuständlichem Bewußtsein, die hier als nachträgliche Überlagerung beschrieben worden ist, läßt sich auch und in noch stärkerem Maß feststellen, wo die Erfahrung nicht im Urteil endet. Das sind die Fälle der vorreflexiven Vertrautheit, wie sie Arnold Gehlen beschrieben hat. Aber auch die kindliche Wahrnehmung des eigenen Körpers gehört dazu, für die die Mutterbrust noch nicht als Gegenstand erscheint, sondern als Qualität des inneren Milieus, die sich tiefenpsychologisch als Projektion des Nahrungstriebs interpretieren läßt. Solange beim Kind Subjekt und Objekt noch nicht durch Widerstandserfahrungen und Lernvorgänge getrennt sind, ist die Herrschaft der Bilder in der Wahrnehmung ungebrochen. Bewußtsein muß noch durch und durch als «imaginärer Zustand» angesehen werden.[17] Unter diesen Umständen hat das Projekt der genetischen Logik nur dann Aussicht auf Erfolg, wenn man von den der Wahrnehmung zugrunde liegenden Bildern ausgeht.

Die Funktion der Bilder in der Wahrnehmung hat Max Scheler (1874–1928) in seinen Überlegungen «Zur Philosophie der Wahrnehmung» vom pragmatischen Standpunkt aus zu klären versucht. Er geht von der Transzendenz der idealen Bilder aus, die durch das motorische Verhalten auf den Menschen zugeschnitten wird: «Die Funktionsbündel unserer Wahrnehmungen dekomponieren, zerlegen die konkreten Bilder in sehr mannigfaltigen Hinsichten in subjektive Erscheinungsweisen und Aspekte, lassen sie aber in ihrem ontischen Eigenbestande dabei unversehrt» (GW VIII, 293). Durch das pragmatische Moment vollzieht sich der grundsätzliche Bruch mit dem Intentionalismus der Wahrnehmungslehre Husserls. Der Wahrnehmungsprozeß läßt sich nun nicht mehr so verstehen, daß Sinneseindrücke durch Begriffe direkt auf ‹gemeinte› Gegenstände bezogen werden, sondern die Sinneseindrücke bilden interne Relationssysteme, Bilder des zuständlichen Bewußtseins, an denen die Intentionalität ansetzen kann.

Mit der Verschiebung des Ausgangspunkts der genetischen Logik von der gegenständlichen Wahrnehmung auf das zuständliche Bild muß sich auch ihr Endpunkt ändern. Statt sich an die Urteilsformen zu halten, ist es erforderlich, die Formen der Prädikation zu beachten, in denen die Bilder sprachlichen Ausdruck gewinnen. Dilthey hat die Rolle der Prädikation für die Erfahrung des dem Selbst gegenübertretenden Anderen herausgestrichen: «Aber dies Andere ist nur mit seinen prädikativen Bestimmungen für unser Bewußtsein da, und die prädikativen Bestimmungen erhellen nur Relationen zu unseren Sinnen und unserem Bewußtsein» (GS I, 368). Die Form der Prädikation steht demnach für den «Lebensbezug», durch den alle Gegebenheiten ihren subjektiven Charakter erhalten: «Wie alles hier eine Stellung zu ihm hat, ebenso ändert sich beständig die Zuständlichkeit des Ich nach dem Verhältnis der Dinge und Menschen zu ihm» (GS VII, 131). Zuständlichkeit und Verhältnis zum Lebensbezug hängen voneinander ab: «Und den Prädikaten, die so die Dinge nur im Lebensbezug zu mir erhalten, entspricht der aus ihm stammende Wechsel der Zustände in mir selbst» (ebd.).

Zwei Formen der Prädikation lassen sich demnach unterscheiden, zwei Arten, die Bilder des zuständlichen Bewußtseins zu verarbeiten. Eine Art der Verarbeitung besteht darin, die Zuständlichkeit in gegenständliche Begriffe zu transformieren, in denen das bildhafte Element verschwindet. Das leistet die direkte, eigentliche Prädikation im Urteil. Die andere Art der Prädikation bewahrt die Bildlichkeit der Wahrnehmung. Das gilt für die übertragene, metaphorische Prädikation, die somit als eigenständige Form des Ausdrucks ernst genommen zu werden verdient. An sie hat sich die genetische Logik zu halten, die nur als Hermeneutik der Bildlichkeit Erfolg verspricht.

7. Radikale Metaphern und Bilder des zuständlichen Bewußtseins

Im Hinblick auf die formalen Kategorien ergibt sich nun die Frage, inwiefern die Bilder des zuständlichen Bewußtseins in der metaphorischen Prädikation zum Ausdruck kommen. In welcher Weise gibt eine Metapher das System der internen Relationen wieder, nach dem Gleichheit und Verschiedenheit, Abstufungen und Grade in der Wahrnehmung erlebt werden? Zur Beantwortung dieser Frage bedarf es einer pragmatischen Theorie der metaphorischen Prädikation, die über die poetische Dimension der Metapher hinausgeht. Das Interesse der hermeneutischen Kategorienlehre richtet sich daher nicht auf die Metapher als Kunstmittel, sondern als ein Mittel der Bedeutungsbildung, das gleichwertig neben dem Begriff steht. Hier muß die hermeneutische Logik ansetzen. Sie hat es nicht wie Husserl mit dem Verhältnis von

Wahrnehmung und Urteil zu tun, sondern mit dem Verhältnis von Bild und metaphorischem Ausdruck.

Nach der klassischen Definition in der aristotelischen Poetik heißt Metapher im engeren Sinne Übertragung eines fremden Ausdrucks nach dem Prinzip der Analogie.[18] Die Analogie weicht vom intentionalen Bezug des Zeichens dadurch ab, daß sie zwei Bedeutungen miteinander verbindet. Die Verbindung, besser: Überlagerung von zwei Bedeutungen erzeugt eine dritte Bedeutung, die auf einer anderen Ebene liegt und mehr als die Summe der beiden ersten bildet. Damit kommt der Metapher eine genuin kognitive Funktion zu. Das Erkennen des Gemeinsamen, das nach Aristoteles aus der Übertragung resultiert, stellt gleichsam den symbolischen Mehrwert des sprachlichen Vorgangs dar, der nicht nach dem Schema der Abstraktion begriffen werden kann. Es handelt sich um eine sprachliche Eigenleistung, die von der Logik des Begriffs nicht adäquat erfaßt wird.

Die Logik behandelt die Metapher in der Regel als uneigentliche Rede und zählt sie daher nicht zur elementaren Prädikation. Erst die Sprachwissenschaft hat erkannt, daß die Metapher eine selbständige und unhintergehbare Form der Sinnbildung darstellt. Freilich war es nicht die moderne Linguistik mit ihrem konventionalistischen Zeichenbegriff, der dieses Licht zuerst aufging. Es war vielmehr die heute als ‹psychologistisch› abgewertete Sprachforschung des 19. Jahrhunderts, die auf die genuine Leistung der Metapher aufmerksam wurde. In seinen «Vorlesungen über die Wissenschaft der Sprache» (1866) unterscheidet Max Müller (1823–1900) zwischen zwei Arten von Metaphern, zwischen *radikaler* und *poetischer* Metapher.[19] Unter poetischer Metapher versteht er die Übertragung einer in festen Begriffen artikulierten Vorstellung auf eine andere: «Wenn z. B. die Sonnenstrahlen die Hände oder Finger der Sonne genannt werden, so war das Hand oder Finger bedeutende Nomen schon fertig vorhanden und wurde nun als solches auf die sich ausbreitenden Sonnenstrahlen übertragen» (334).

Eine radikale Metapher (z. B. «der Frühling scheint») hingegen liegt vor, wenn «eine Wurzel, welche scheinen bedeutet, zur Bildung von Benennungen nicht bloß für Feuer oder Sonne, sondern auch für den Frühling, das Morgenlicht, die Klarheit des Gedankens oder für einen freudig aufjauchzenden Hymnus benutzt wird» (ebd.). Die radikale Metapher hat demnach nichts mit Übertragung von Vorstellungen zu tun, sondern es handelt sich um eine primäre Bedeutungsfeststellung, die sich ganz auf der Ebene der Anschauung und ohne Reflexion abspielt. Friedrich Nietzsche spricht in seinem Text «Über Wahrheit und Lüge im außermoralischen Sinne», der die primäre metaphorische Tätigkeit des Menschen analysiert, von «Anschauungsmetapher» (SW Bd. 1, 883). Die zugrunde liegende logische Operation beschreibt er als «ästhetisches Verhalten»: «Wozu es aber jedenfalls einer frei dichtenden und frei erfindenden Mittel-Sphäre und Mittelkraft bedarf» (ebd., 884). Die hier angesprochene Medialisierung läßt sich am besten als Auflösung der unbestimmten Sinneseindrücke, als bildhafte Bedeutungsfestlegung beschreiben. Diese hat man sich so zu denken, daß ein Bild sich ausbreitet und so eine in sich noch höchst bewegliche «primitive Metaphernwelt» erzeugt, die im Lauf der Entwicklung von einer Welt der ‹eigentlichen› Vorstellungen, d.h. der Begriffe verdeckt wird.

Diese Beschreibung des ursprünglich metaphorischen Prozesses der Bedeutungsbildung wirft die Frage auf, worin die Radikalität der Metapher, die diese zum Original evozierenden Ausdrücke macht, logisch begründet ist. Vom Prinzip der Referenz aus gesehen erscheint die Metapher als semantische Anomalie. Unterscheidet man mit Frege zwischen Sinn und Bedeutung, so stellt die Metapher den von ihm nicht berücksichtigten Fall dar, daß eine Prädikation keinen Sinn hat (z.B. «Die Wiese lacht») und trotzdem Bedeutung besitzt. Das ist dadurch möglich, daß die Metapher auf sprachlicher Ebene Vorstellungen so verbindet, wie sie im Bild verbunden sind: nicht begrifflich, sondern perspektivisch, d.h. als anschauliche Auffassungsweise. Das läßt sich am Beispiel «Die Wiese lacht» zeigen: Das in dieser klassischen Metapher Ausgedrückte ist ein Zustand im Bewußtsein des Betrachters, der gleichwohl nicht rein subjektiv bleibt, sondern durchaus eine Qualität am Gegenstand evoziert. Das, was die Metapher an der Wiese sehen läßt, kann aber nicht wie eine Eigenschaft (z.B. grün) erkannt, sondern nur in der Phantasie vorgestellt werden. Um das Lachen der Wiese zu ‹sehen›, muß man sie wie ein gemaltes Bild betrachten, man muß sie bereits ästhetisch irrealisiert haben. Die Metapher expliziert demnach keine Wahrnehmung, die sich auf einen Begriff bringen läßt, sondern das mit ihr verbundene Lebensgefühl, das immer schon die subjektiven Empfindungen überschreitet und *als Bild* eine den Betrachter und den Gegenstand umfassende situationale Bedeutung erschließt.

Durch ihre Bildhaftigkeit steht die Metapher der Wahrnehmung näher als dem Urteil. Sie bildet das eigentliche Vor-Urteil im doppelten Sinne des Wortes: Proto-Urteil und Doxa, in denen sich die Bildlichkeit des zuständlichen Bewußtseins sprachlich artikuliert. Der durch das Bild gestiftete Wirklichkeitsbezug von Metaphern, ihre die Darstellung des Unsichtbaren umfassende Dynamik des Sichtbarmachens, läßt sich an ihrer Wirkungsweise ablesen. Das von der metaphorischen Prädikation ausgelöste Überzeugungsgefühl entspricht nicht dem der logischen Evidenz, sondern der bildlichen Relevanz. Darauf beruht die auffällige Empfänglichkeit des Geistes für Metaphern auch und gerade in wissenschaftlichen Texten, die vom logischen Ideal begrifflicher Klarheit und Deutlichkeit beherrscht werden. Die metaphorische Prädikation markiert die Punkte, an denen das Denken die Bildhaftigkeit des Erlebens berührt und so den Gedanken die Bedeutsamkeit zurückgibt, die sie in Begriffen verloren haben. Hier bricht sich der von Friedrich Nietzsche herausgestellte «Trieb zur Metaphernbildung» Bahn, «jener Fundamentaltrieb des Menschen, den man keinen Augenblick wegrechnen kann, weil man damit den Menschen selbst wegrechnen würde» (SW Bd. 1, 887).

Die auch durch den Rationalismus des begrifflichen Denkens nicht ausrottbare Metaphernempfänglichkeit des Menschen wird zur wichtigen Bestätigung der bildhaften Struktur des Bewußtseins. Wäre Bewußtsein nur intentionale Synthesis, die sich selbst durchsichtig ist, so bliebe unverständlich, warum der Mensch so stark von Metaphern angesprochen wird. Nur weil Bewußtsein primär Zuständlichkeit ist, weil seine Struktur ganz aus Bildern besteht, fühlt es sich zu den Metaphern hingezogen, von ihnen fortgezogen in die Unergründlichkeit des Erlebens. So werden die radikalen Metaphern zu Perspektiven des situationalen Bewußtseins, zu Darstellungen der präsentativen Symbolik, in der sich das Verhalten der Menschen spiegelt.

Die metaphorische Bedeutungsbildung ergibt das Fundament, auf dem die natürlichen, letztlich aber auch die künstlichen Sprachen aufbauen. Ihre implizite Metaphorizität hat Hans-Georg Gadamer in «Wahrheit und Methode» als «grundsätzliche Metaphorik» (406) des sprachlichen Bewußtseins bezeichnet. Damit soll natürlich nicht gesagt sein, daß das normale Sprechen sich ständig in poetischen Metaphern vollzieht. Gemeint ist vielmehr im Sinne der radikalen Metapher, daß alle Prädikationen in den natürlichen Sprachen metaphorischen Relationen entsprungen sind. Die grundsätzliche Metaphorizität der Sprache äußert sich in der Vieldeutigkeit ihrer okkasionellen Ausdrücke. Freilich haben die Begriffe in den natürlichen Sprachen ihren ursprünglich metaphorischen Charakter weitgehend eingebüßt. Doch im poetischen Diskurs tritt die bildhafte Schicht hervor. Auch in kognitiven Diskursen bleibt das metaphorische Potential erhalten. Es äußert sich in den Konnotationen, die durch Einstellung eines Wortes in einen ungewöhnlichen Kontext ausgelöst werden. Auf diesen Sachverhalt macht der Literaturwissenschaftler Karlheinz Stierle aufmerksam, der die «Konnotationsmetapher» als selbständige Form der symbolischen Relation heraushebt, in der «eine habituell festgelegte oder aus subjektiver Perspektive hervorgehende, mit dem Konzept des Substituenten verknüpfte Konnotation auf ein Substitut übertragen» wird.[20] Dieses in der lyrischen Dichtung besonders ausgeprägte Paradigma läßt sich auf andere Diskurse übertragen, solange sie nicht in abstrakten Kalkülsprachen aufgehen, die situationale Sinnzusammenhänge bewußt ausschließen.

Aus der Lehre von den radikalen Metaphern ergeben sich für Theorie und Praxis des Verstehens zwei wichtige Folgerungen. Die erste, die Praxis betreffende, besteht darin, daß sich auch und gerade die Interpretation von theoretischen Texten an die übertragenen Ausdrücke, an Metaphernfelder zu halten hat. Denn diese geben Auskunft über die bildhaften Raster der Erfahrungswirklichkeit, die dem diskursiven Denken zugrunde liegen. Nur in den Bildern läßt sich das System der internen Relationen, welche die Perspektive des Auszulegenden bestimmen, erfassen. Das bedeutet keineswegs, daß die Interpretation damit die Ebene der Sachlichkeit verläßt und Aussagen als Symptome ihres subjektiven Ursprungs deutet. Denn die in den bildlichen Aussagen liegenden Relationssysteme sind keine störenden, die Sachlichkeit verdeckenden Zutaten, sondern die elementaren Voraussetzungen, um überhaupt Wirklichkeit in den Blick zu bekommen. Das macht den kategorialen Charakter der Metaphorik aus.

Die Metaphorizität der Sprache führt das Verstehen über die begrifflichen Bedeutungen hinaus zu den Bildern des zuständlichen Bewußtseins. Das läßt sich an einem Beispiel verdeutlichen: In einer Theorie über den Staat können organistische oder mechanistische Metaphern dominieren. Sie bestimmen unabhängig vom eigentlichen systematischen Argumentationszusammenhang den Gegenstand, über den geredet wird. Denn es macht einen Unterschied, ob die elementaren logischen Einteilungen nach dem Bild eines Organismus oder eines Mechanismus erfolgen. Nach welchen Prinzipien in Begriff und Urteil verbunden und getrennt wird, in welcher Hinsicht Gleichheiten oder Ähnlichkeiten festgestellt werden, darüber geben diese Metaphern Auskunft. Mechanistische Metaphern tendieren mehr dazu, am Gegebenen Verschiedenheiten zu betonen, organistische Metaphern lassen alles im Fluß sehen. Wo der in mechanistischen Bildern Denkende Unterschiede wahrnimmt, erscheint dem organistisch Denkenden die Wirklichkeit als Übergang. Daher ist ein Vergleich von zwei Theorien auf der Ebene der Argumentation nur dann sinnvoll und fruchtbar, wenn man sich durch Metaphernanalyse vorher vergewissert hat, daß beide Werke sich auf eine identische Weltsicht beziehen.

Aus dem Gesagten ergibt sich als zweite, die hermeneutische Theorie betreffende Folgerung, daß die aus der juristischen Auslegungslehre stammende Opposition von subjektiver und objektiver Interpretation in den Geisteswissenschaften ihr Ziel verfehlt. Natürlich ist es oberstes Gebot, daß der Verstehende seine subjektiven Einschätzungen nicht auf die Intention eines Textes überträgt. Das meint auch Dilthey nicht, wenn er das Erleben zum Leitfaden des Verstehens macht. Aber das Verstehen reicht so weit wie der Horizont, den die Bilder eröffnen. Um einen mathematischen Satz oder eine logische Schlußfolgerung zu verstehen, bedarf es keiner Interpretation. Ebensowenig bedürfen in der Regel einfache Feststellungen von Sachverhalten der Auslegung. Die Kunst der Interpretation setzt erst dort ein, wo es darum geht, den Erfahrungshorizont eines Textes zu eruieren. Dieser aber bildet sich in den Relationssystemen der Bilder, die den intentionalen Ausdrücken zugrunde liegen. Insofern ist ‹objektive Interpretation›, welche die Bedeutung eines theoretischen Textes allein aus seiner Intentionalität erhellen zu können glaubt, ein sinnloses Ideal.[21]

Den Zusammenhang der metaphorischen Prädikation mit den formalen Kategorien hat schon Susanne K. Langer in ihrer «Philosophie auf neuem Wege» zum Ausdruck gebracht: «Die spontanen Gleichnisse der Sprache sind das erste Zeugnis wahrgenommener Gleichheit. Der Umstand, daß die Armut der Sprache, die aus irgendeinem Grunde notwendige Hervorhebung oder Umschreibung, uns sogleich nach einem metaphorischen Wort greifen läßt, zeigt, wie natürlich die Wahrnehmung der gemeinsamen Form ist und wie leicht ein und derselbe Begriff durch Wörter, die eine große Vielfalt von Vorstellungen repräsentieren, vermittelt wird. Die Verwendung von Metaphern kann kaum als bewußter Kunstgriff bezeichnet werden» (143). Die gemeinsame Form, um die es Langer geht, ist die des Bildes, das hervortritt, wenn die Interpretation durch die gegenständliche Referenz der Aussagen hindurchgeht und zu ihrem situationalen Sinn vordringt. Das besagt, daß geisteswissenschaftliches Verstehen erst dann zum Ziel kommt, wenn es sich terminologisch offenhält. Die vorgängige Definition der Begriffe, die das Ideal der intentionalistischen Semantik ausmacht, hat im Prozeß des Verstehens keinen Sinn. Denn die Definition der Begriffe würde die symbolische Dimension der Welterfahrung zerstören.

Es wäre eine unbillige Forderung, wenn man als Beweis für die hermeneutische Theorie der formalen Kategorien eine vollständige ‹Metapherntafel› erwarten würde, die an die Stelle der logischen Konstanten zu treten hätte. Metaphern lassen sich nicht deduzieren, sie umfassen verschiedene Arten von Relationen, in denen und durch die sich das heterogene Kontinuum des zuständlichen Bewußtseins artikuliert. Dilthey zählt die Metapher zur «symbolisierenden Tätigkeit», die dem Erleben Bedeutung verleiht: «Steigerung des Erfahrenen, aber nicht in der Richtung einer leeren Idealität, sondern in der einer Repräsentation des Mannigfaltigen in einem Bildlichen, dessen mächtige und klare Struktur die geringeren und gemischten Erfahrungen des Lebens nach ihrer Bedeutung verständlich macht» (GS VI, 186). Insofern bleibt das metaphorische Reservoir für die Darstellung der formalen Kategorien unerschöpflich. Was die hermeneutische Kategorienlehre tun kann, ist die Erschließung von einzelnen Metaphernfeldern. Auch dazu finden sich Hinweise bei Dilthey. Als «große Metaphern, die noch in der Dichtung weiterleben», nennt er: «Tod, Zeugung, Geburt, Verhältnis des Kindes, des Vaters, der Mutter und der Verwandtschaft, der Krieg und der feindliche Gegensatz, das Aufzehren, das künstliche Herstellen usw.» (GS VIII, 146). Diese Aufzählung läßt erkennen, wie weit die metaphorische Welterschließung reicht. Sie umfaßt die naturhafte Seite des menschlichen Lebens wie seine kulturelle Dimension von den Formen der Nahrungszubereitung bis hin zur Technik. Auf all diesen Gebieten kommt der Mensch ohne hermeneutische Erfahrung nicht aus.

1 So insbesondere Ernst Cassirer, Substanzbegriff und Funktionsbegriff. Untersuchungen über die Grundfragen der Erkenntniskritik, Darmstadt 1969, 18 ff.
2 Vgl. M. D. Vernon, Wahrnehmung und Erfahrung, München 1977, 32 ff; 295 ff.
3 In der amerikanischen Psychologie ist zu diesem Thema eine ausgedehnte Debatte im Gange, deren philosophische Auswirkung beträchtlich sein dürfte: S. M. Kosslyn, The Medium and the Message in Mental Imagery: A Theory, in: Psychological Review, vol. 88, 1981, 46–66. Dazu: Z.W. Pylyshyn, The Imagery Debate: Analogue Media Versus Tacit Knowledge, in: Psychological Review, vol. 88, 1981, 16–45.
4 Vgl. Jean Piaget, Nachahmung, Spiel und Traum. Die Entwicklung der Symbolfunktion beim Kinde, Stuttgart 1975 (Gesammelte Werke Bd. 5). Piagets Begriff des Schemas (der Aktion) bleibt wie der Strukturbegriff allerdings unergiebig, solange nicht der für den Bildbegriff konstitutive Schritt ins Imaginäre getan wird.
5 Max Imdahl, Farbe. Kunsttheoretische Reflexionen in Frankreich, München 1987.
6 Zur geistesgeschichtlichen Einordnung vgl. das Nachwort von H. Schnädelbach zu Gehlens Aufsatzsammlung: Anthropologische und sozialpsychologische Untersuchungen, Reinbek bei Hamburg 1986.
7 Hans Driesch, Philosophie des Organischen, Leipzig 1921, 381 f.
8 Ernst H. Gombrich, Der fruchtbare Moment: Vom Zeitelement in der bildenden Kunst, in: Bild und Auge. Neue Studien zur Psychologie der bildlichen Darstellung, Stuttgart 1984, 40–62.
9 H. Ottmann, Der Mensch als Phantasiewesen. Arnold Gehlens Theorie der Phantasie, in: Phantasie als anthropologisches Problem, hg. von A. Schöpf, Würzburg 1981, 159–175, und D. Böhler, Arnold Gehlen: Die Handlung, in: Grundprobleme der großen Philosophen. Philosophie der Gegenwart II, hg. von J. Speck, Göttingen 1973, 230–280.
10 Zu denjenigen Philosophen, die Diltheys Wirklichkeitsbegriff positiv aufgenommen haben, zählen insbesondere die Phänomenologen Max Scheler, Erkenntnis und Arbeit, Bern ²1960, und Martin Heidegger, Sein und Zeit, Tübingen ¹⁴1977, 209 f.
11 M. Bertrand, Das philosophische Interesse an der Psychoanalyse, in: Die Philosophen und Freud, hg. von H. Vetter und L. Nagl, Wien/München 1988, 107.
12 H. Lenk, Welterfassung als Interpretationskonstrukt. Bemerkungen zum methodologischen und transzendentalen Interpretationismus, in: Allgem. Zeitschr. für Philosophie 13, Heft 3, 1988, 69–78.
13 Die beiden maßgeblichen Formen der Protologik entwickeln G. Granger, Langage et épistémologie, Paris 1979, und C. F. Gethmann, Protologik, Untersuchungen zur formalen Pragmatik von Begründungsdiskursen, Frankfurt a. M. 1979.
14 Zu Lotzes erkenntnistheoretischer Logik vgl. G. Gabriel, Objektivität: Logik und Erkenntnistheorie bei Lotze und Frege, Einleitung zu Rudolf Hermann Lotze, Logik, Drittes Buch. Vom Erkennen (Methodologie), Hamburg 1989,

IX-XXXIV. Was Husserls Ideenlehre der Erkenntnistheorie Lotzes verdankt, wird dargestellt von F. Fellmann, Phänomenologie als ästhetische Theorie, Freiburg/München 1989, 54f.

15 Eidologie ist für Stumpf die Wissenschaft von den psychischen Gebilden im Unterschied zu den psychischen Funktionen; C. Stumpf, Zur Einteilung der Wissenschaften, Abh. der Kgl. Preuss. Akad. d. Wiss., Berlin 1906, 32.

16 Relevanz als Zentralbegriff der phänomenologischen Methode bei A. Schütz, Das Problem der Relevanz, Frankfurt a. M. 1971.

17 Zu diesem Begriff vgl. Arnold Gehlen, Der Mensch, Frankfurt a. M. [8]1966, 319f.

18 Aristoteles, Poetica 1457b. Einen prägnanten Überblick über die analytischen Metapherntheorien der Gegenwart gibt E. Puster, Zur Wahrheit der Metapher, in: Wohin geht die Sprache? Wirklichkeit – Kommunikation – Kompetenz, hg. von J. Mittelstraß (Veröffentlichungen der Hanns Martin Schleyer-Stiftung, Bd. 28), Essen 1989, 90–99.

19 «Radikale Metapher» bleibt an die Erfahrung gebunden und ist daher nicht zu verwechseln mit «absoluter Metapher». Diese ist ein hochreflexives Kunstprodukt der manieristischen Dichtung: zum Beispiel ‹heißer Schnee›, eine paradoxe Wortmontage, die anschaulich nicht einlösbar ist und daher in der Dichtungstheorie «absolut» genannt wird. In diesem Sinne spricht von «absoluter Metapher» H. Friedrich, Die Struktur der modernen Lyrik, Hamburg 1956, 56. H. Blumenberg, Paradigmen zu einer Metaphorologie, Bonn 1960, deutet die «symbolische Darstellung» abstrakter Begriffe bei Kant als «absolute Metapher».

20 K. Stierle, Aspekte der Metapher, in: Text als Handlung. Perspektiven einer systematischen Literaturwissenschaft, München 1975, 160f.

21 So R. Brandt, Die Interpretation philosophischer Werke. Eine Einführung in das Studium antiker und neuzeitlicher Philosophie, Stuttgart–Bad Cannstatt 1984, der die Dialektik von subjektiver und objektiver Interpretation nicht genügend reflektiert und dadurch in einen unfruchtbaren hermeneutischen Objektivismus gerät.

Kapitel IV: Reale Kategorien

1. Erlebte Realität

Die hermeneutische Kategorienlehre kann sich mit den formalen Kategorien, wie sie in Metaphern zum Ausdruck kommen, nicht begnügen. Das Verstehen richtet sich auch und in erster Linie auf die materialen Perspektiven der Erfahrung. In der Rekonstruktion der materialen Perspektiven der hermeneutischen Erfahrung hat Dilthey maßgebliche Vorarbeit geleistet. Sein bedeutendster und zugleich bekanntester Beitrag zur Logik des Verstehens besteht darin, daß er «reale Kategorien» oder «Kategorien des Lebens» von den Grundbegriffen des wissenschaftlichen Erkennens unterschieden hat (GS VII, 228 ff). Zu den realen Kategorien zählen nicht nur Substanz und Kausalität, also Kategorien im Sinne Kants, sondern auch Raum und Zeit. Reale Kategorien umfassen somit das, was bei Kant streng getrennt behandelt wird: Anschauungsformen und Denkformen. Wie bei den formalen Kategorien geht Dilthey so vor, daß er die realen Kategorien aus dem Strukturzusammenhang des zuständlichen Bewußtseins entwickelt. Insofern heißen sie Grundbegriffe, «die vom Erleben ab aufgehen» (GS VII, 192). Erleben umfaßt verschiedene Verhaltensweisen, so daß reale Kategorien über den engeren Kreis des Denkens hinausweisen: «Dieselben sind gar nicht in der Vernunft gegründet, sondern in dem Lebenszusammenhang selber» (GS XIX, 361).

Die ‹niedere› Herkunft der realen Kategorien aus dem Lebenszusammenhang hat Dilthey nachgezeichnet. Er schildert die speziellen Lebenssituationen, in denen sich allgemeine Typen von Stellungnahmen zur Welt ausdrücken: «Im Leben bestehen Beziehungen zu dem, welchem gegenüber es Stellung nimmt, ein Verhalten dazu besteht: solche sind die Fremdheit, die Zurückziehung aus einem Lebensverhältnis, Aussonderung, Liebe, Zurückziehung auf sich selbst, Sehnsucht in einer Richtung, Entgegensetzung, Bedürfnis, daß etwas da sei, Postulieren desselben, Verehrung, Gestalt, Gestaltlosigkeit, Widerspruch des Lebens mit der Objektivität, Ohnmacht des Lebens dem Objektiven gegenüber, der Wille, das Unerträgliche in der bestehenden Objektivation aufzuheben, damit das Leben wieder zum Genuß seiner selbst komme, Ideal, Gedächtnis, Trennung, Vereinigung» (GS VII, 238). Das ist für eine Kategorienlehre wahrlich eine heterogene Liste. Sie läßt aber erkennen, wie das Kategoriale der Lebenserfahrung aus dem Umgang mit der Welt herauswächst. In diesem Sinne nennt Dilthey reale Kategorien Ausdruck von «inhaltlichen Beziehungen innerhalb der Verhaltungsweisen» (GS VII, 302).

Diese Bestimmung der Kategorien ist insofern von Bedeutung, als damit der relationale Charakter über die formalen logischen Operationen hinaus auf die Inhalte der Erfahrung ausgedehnt wird. Raum-zeitliche Wirklichkeit, wie sie von Menschen im Verhalten erlebt und erschlossen wird, kennt keine anderen Bausteine als die Verhaltensweisen selbst, mit denen der Mensch auf die Herausforderungen antwortet, die das Leben definieren: «Dieses enthält nur Erwirktes für den Auffassenden; denn das Wirken des Selbst ist unbekannt. Aber Verhalten, Stellung ist das Tiefere, welches die Art des Erwirkens durch das Leben setzt; alle Begriffe, die oben entwickelt sind, sind im Leben enthaltene Lebensbegriffe» (GS VII, 239). Die Rückführung der «Lebensbegriffe» auf Relationen des Verhaltens verleiht allen materialen Grundbegriffen der Wirklichkeit ein qualitatives Moment: «Die räumlichen Verhältnisse wie breit, weit, hoch, niedrig, erhalten so einen aus dem Verhalten stammenden Zusatz; ebenso mit der Zeit.» (ebd.).

Wie sehr sich die Kategorienlehre damit von Kant entfernt, war Dilthey wohl bewußt. Während nach Kant eine «Kategorie die Formel für eine Einheitsfunktion des Denkens» (GS XIX, 361) bildet, eröffnet der Standpunkt des Verhaltens dieser Auffassung gegenüber «eine gänzlich andere Grundansicht» (ebd.). Diese andere Grundansicht ergibt sich aus dem Rückgang auf die natürliche Welterfahrung, an der das «Analogische des Zusammenhangs in dem Subjekt und Objekt» zutage tritt (GS XIX, 359). Das «Analogische» resultiert aus dem Lebensvollzug, dem zufolge die Wirklichkeit eine Funktion der Wirksamkeit des Selbst darstellt: «So sind also Subjekt und Objekt, Lebenseinheit und Ding höchst verwandt, ähnlich, voll von überraschenden Analogien. Wofern man natürlich dem Ding in seiner primären Konzeption sich zu nähern versteht» (GS XIX, 360). Zum «Ding in seiner primären Konzeption» gehört das Denken in seiner primären Konzeption, das Erleben, das Dilthey streng von der bloßen Übertragung subjektiver Empfindungen auf die Gegenstände unterschieden wissen möchte: «Vielmehr ist auch unsere Auffassung des Objektes, wie die einer fremden Sprache, ursprünglich eine Art von Verstehen fremden Lebens» (ebd.).[1] Das ist ein für die hermeneutische Kategorienlehre zentraler Satz, an dem deutlich wird, daß Verstehen als Nachvollzug einer fremden Weltsicht nur deshalb möglich ist, *weil diese selbst primär den Charakter des Verstehens besitzt*, der im objektiven gegenständlichen Erkennen verlorengeht bzw. verdeckt wird. Man kann das auch so formulieren: Verstehen heißt, die Verzerrungen in den Äußerungen anderer rückgängig machen, die deren eigene Weltsicht durch die ‹objektiven› Begriffe erfahren hat; und die hermeneutische Kategorienlehre besteht darin, die Formen der ursprünglichen Welterfahrung freizulegen.

Damit verlieren die Kategorien ihren konstruktiv-synthetischen Charakter. Sie werden analytisch im Sinne der Erlebnismethode, die zwischen Mensch und Welt ein symbolisches Verhältnis aufdeckt: «Aus diesem Verhältnis ergibt sich, daß auch die Kategorien, in denen wir den gegebenen Zusammenhang des Lebens uns zum Bewußtsein bringen, durch das Ich und das Andere, das Subjekt und das Objekt, die Lebenseinheit und die Welt sich erstrecken» (ebd.). Der Ausdruck «sich erstrecken» verdeutlicht, daß die realen Kategorien «nicht a priori auf das Leben als ein ihm Fremdes angewandt werden, sondern daß sie im Wesen des Lebens selber liegen. Das Verhalten, das in ihnen zu abstraktem Ausdruck gelangt, ist der ausschließliche Angriffspunkt des Verstehens von Leben. Denn Leben selbst ist nur in dieser bestimmten Art von Beziehungen eines Ganzen zu seinen Teilen da» (GS VII, 232). Aus diesen Formulierungen geht klar hervor, daß die realen Kategorien situationale Bedeutung besitzen, die nicht ein für allemal definitorisch festgelegt ist, sondern sich nach dem Kontext richtet, in dem die Kategorien auftreten.

Sicherlich ist es richtig, daß die Zahl der realen Kategorien sich nicht endgültig festlegen läßt, wie Dilthey wiederholt hervorhebt (GS XIX, 361; VII, 232). Es genügt aber nicht, mit immer neuen Variationen von Kategorienlisten aufzuwarten. Dabei geht schließlich jede Orientierung verloren, und Begriffe verschiedensten Inhalts und Abstraktionsgrades laufen durcheinander. Insbesondere vermengt Dilthey Aspekte der Strukturlehre des Bewußtseins mit denen der Kategorienlehre. So werden «Realität, Wert und Zweck» (GS VII, 302), die gegenständlichen Korrelate der drei fundamentalen Verhaltensweisen des Bewußtseins, ebenso zu den Kategorien gezählt wie verschiedene Reflexionsbegriffe: Entwicklung, Ideal und andere (GS VII, 232). Dagegen ist es die Aufgabe der hermeneutischen Logik, das Bildungsgesetz der Kategorien so weit aufzuklären, daß der Mechanismus der symbolischen Vermittlung sichtbar wird, der die realen Kategorien von abstrakten Denkformen unterscheidet. Das heißt konkret: Raum, Zeit, Substanz und Kausalität, ohne die Wirklichkeit nicht denkbar ist, müssen in der dem Verstehen entsprechenden symbolischen Form interpretiert werden. Erst wenn das gelingt, ist der Weg frei für die weiteren Kategorien, die sich aus dem menschlichen Leben ergeben und welche individuelle Erfahrungen betreffen: Ein Musikstück, eine Begegnung oder eine Landschaft können für Menschen, die damit Schlüsselerlebnisse verbinden, zu realen Kategorien werden. Diese partikularen Erfahrungen erhalten dann einen symbolischen Sinn, je nach dem Bild, das jemand mit ihnen verknüpft. Zu diesem Sinn muß das Verstehen vordringen.

Die Orientierung der hermeneutischen Kategorienlehre an den Grundbegriffen des gegenständlichen Erkennens kennzeichnet das Verfahren, das auch Ernst Cassirer in seiner «Philosophie der symbolischen Formen» angewendet wissen wollte: «Die Kategorien, die das System der mathematisch-physikalischen Erkenntnis fundieren, sind demgemäß die gleichen, wie diejenigen, auf denen unser ‹natürlicher Weltbegriff› beruht» (III, 15). Und selbst die späte Lebensweltphänomenologie Edmund Husserls hat sich bei ihrer Suche nach dem «universalen vor-logischen Apriori» an diese Direktive gehalten und ist zu Recht davon ausgegangen, daß das «Kategoriale der Lebenswelt» die ‹gleichen› Strukturen aufweist wie die Welt der «objektiven Wissenschaften» (Hua VI, 142). Als Beispiele für diese Strukturgleichheit werden von Husserl Raum, Zeit und Kausalität angeführt.

Die Einsicht, daß sowohl Erkennen als auch Verstehen, sowohl die Natur- als auch die Geisteswissenschaften Raum, Zeit, Substanz und Kausalität als identische Grundbegriffe verwenden, scheint der These Diltheys zu widersprechen, daß die realen Kategorien in den Geistes- und Naturwissenschaften verschieden sind (GS VII, 197). Dieser scheinbare Widerspruch löst sich auf, wenn man die Verschiedenheit nicht in dem Sinne versteht, daß für das Verstehen andere Grundbegriffe in Frage kommen als für das Erkennen. Die kategoriale Differenz ist vielmehr in der Modalität zu suchen, in der dieselben Inhalte vom Bewußtsein realisiert werden. Beide Arten von Kategorien stellen zwei verschiedene Perspektiven auf identische Inhalte dar, je nachdem, ob man sie auf die gegenständliche oder auf die zuständliche Seite des Bewußtseins bezieht. Entsprechend variiert die sprachliche Form, in der die Begriffe expliziert werden. Die Naturwissenschaften formulieren Begriffe als allgemeine Sätze, als Gesetze. Wie verhält es sich damit in den Geisteswissenschaften? Der hermeneutischen Kategorienlehre fällt die Aufgabe zu, die Praxis des Verstehens auf die Ausdrucksformen zu lenken, in denen die Erlebnisdimension der gegenständlichen Grundbegriffe, ihre situationale Bedeutung zutage tritt.

2. Die Ausweitung der Antinomienlehre

Das Motiv, das Dilthey dazu bewogen hat, die realen Kategorien nicht unbesehen als reine Denkformen hinzunehmen, hat er prägnant angegeben: «Die Unergründlichkeit ihres Gehaltes durch das Denken» (GS XIX, 361). Die Unergründlichkeit teilen die realen Kategorien mit dem Erleben und Leben, dem sie entspringen. Das wirkt sich im Vollzug der natürlichen Welterfahrung keineswegs störend aus. Im Gegenteil, die Unergründlichkeit liefert die Voraussetzung dafür, daß die Kategorien als unmittelbare Realität erlebt werden: «Sie sind Zusammenhang des Lebens. Dieser ist für das Innewerden sicher und bewußt» (ebd.). Erst wenn der Erkenntnistheoretiker versucht, die selbstverständliche Gegebenheit der Erlebnisinhalte in eine logisch einwandfreie Form zu bringen, aus der Bekanntheit begriffliche Erkenntnis zu machen, treten die Schwierigkeiten mit den Kategorien hervor.

Die Unergründlichkeit der realen Kategorien, die sich aus ihrem Lebensursprung ergibt, äußert sich logisch in Form von Widersprüchen, die an den objektiven Begriffen auftauchen. Ein prominentes Beispiel für diesen Sachverhalt geben Augustins Reflexionen über den Zeitbegriff im elften Buch der «Confessiones»: «Was ist also ‹Zeit›? Wenn mich niemand danach fragt, weiß ich es; will ich einem Fragenden es erklären, weiß ich es nicht» (629). Dilthey deutet die Widersprüche zwischen Begriff und Erleben als Ausdruck der Grenzen des menschlichen Erkennens und arbeitet den «inneren Widerspruch» (GS XIX, 381) heraus, der allen Lebensbegriffen anhaftet. Das Denken könne das Erleben, dem es entspringt und das es artikuliert, nicht restlos aufhellen, ohne die Erlebniswirklichkeit zu zerstören: «So enthält die Denkarbeit, die Erkenntnisarbeit, die wissenschaftliche Energie in sich einen Widerspruch, sonach etwas Tragisches» (GS XIX, 356). Tragisch heißt die Komplementarität des Wissens vom Leben deshalb, weil das begriffliche Denken kein vermeidbares Zufallsprodukt des Lebens ist, sondern zu seiner Erhaltung und Entfaltung selber gehört.

Die logische Widersprüchlichkeit der Grundbegriffe erklärt, warum Dilthey Metaphysik für ein hoffnungsloses Unternehmen hält. Als Vernunftwissenschaft, die sich die restlose Erklärung der Welt aus Begriffen zum Prinzip gemacht hat, verfehlt sie nach seiner Überzeugung die Wirklichkeit des Erlebens. Unter dem Titel «Antinomien» hat Dilthey in seiner «Einleitung in die Geisteswissenschaften» die Schwierigkeiten registriert, in die sich die Metaphysik bei ihrem Versuch der totalen Logisierung der Welt unausweichlich verstrickt. An sie sei hier nur in Stichworten erinnert: Antinomien in der Theologie und Metaphysik des Mittelalters (GS I, 278), Antinomie zwischen Allmacht und Freiheit (GS I, 279), Antinomien in der Gottesvorstellung (GS I, 286), insbesondere die Antinomie zwischen göttlichem Intellekt und Willen (GS I, 318), Antinomie zwischen Ewigkeit und Zeit (GS I, 324) und Unauflösbarkeit dieser Antinomien in der neuzeitlichen Metaphysik (GS I, 327).

Historisch tritt die Bedeutung des Antinomienproblems im Vergleich mit Kants Antinomienlehre voll ins Licht. Hier liegt ein wichtiger Anknüpfungspunkt, der die Modernität der hermeneutischen Kategorienlehre hervortreten läßt, vorausgesetzt, daß man die transzendentale Dialektik als das fortschrittlichste Element der Vernunftkritik Kants anerkennt. Weit davon entfernt, ein Ladenhüter der Transzendentalphilosophie zu sein, gehört sie zu den zukunftsweisenden Elementen des kantischen Denkens. Denn sie gibt einen Vorgeschmack darauf, welche Sprengkräfte selbst in der ‹reinen› Vernunft stecken, die dann in der Dialektik Hegels zum Ausbruch gekommen sind. In der zweiten Hälfte des 19. Jahrhunderts, bei den Neukantianern, mit denen Dilthey es philosophisch zu tun hatte, ist allerdings von dem dialektischen Impetus der Vernunftkritik nicht mehr viel zu spüren. Um so bemerkenswerter ist es, daß Dilthey in seiner hermeneutischen Kategorienlehre den Sprengsatz der Antinomienlehre aufnimmt und gegenüber Kant sogar noch verschärft.

Wie bekannt, ergibt sich nach Kant die «Antinomie der reinen Vernunft», wenn diese versucht, die Bedingungsreihen der Erfahrung zum Abschluß zu bringen. Das führt zu widerstreitenden Sätzen über die Totalität der Welt, die beide gleich schlüssig sind. Für Kant ist das ein höchst beunruhigender Befund, da er auf einen «Zustand» der Vernunft hinweist, auf eine Grundverfassung, für die der dialektische Schein natürlich ist.[2] Dilthey knüpft an diese Grundverfassung der Vernunft an. Er spricht von Antinomien im Plural und setzt sie schon im Verhältnis von Erlebnis und Begriff an. Erleben wird somit zum Titel für ein logisches Problem, nämlich für die Logik der inkonsistenten, in sich widersprüchlichen Zustände, die sich nicht in gegenständliche Begriffe fassen lassen. Die Einsicht, daß die begriffliche Konstruktion der Wirklichkeit ihre Grenze an der Zuständlichkeit des Bewußtseins findet, versieht Dilthey mit der Bemerkung «Verhältnis der Antinomien Kants zu diesem Tatbestand» (GS XVIII, 199).

Diesen Gedanken entfaltet Dilthey in seiner Strukturlehre des Bewußtseins, wo die Inkongruenz von Erlebnis und Begriff zu der Überzeugung führt, «daß nicht bloß die Konzeption transzendenter Begriffe zu Antinomien führt, diese vielmehr aus der Arbeit des menschlichen Denkens an den Erfahrungen entspringen, die sich letztlich nicht ganz in Begriffe auflösen lassen, daß es also immanente Antinomien im Felde der Erkenntnis der in der Erfahrung gegebenen Wirklichkeit selbst gibt: das ist das Prinzip, welches die heutige Philosophie in Weiterführung Kants in den Erfahrungsgebieten selber aufzuzeigen hat» (GS V, 175 f). Nicht erst ganz oben, in den Höhen der reinen Vernunft, sondern schon ganz unten, in den Tiefen der lebensweltlichen Erfahrung sieht Dilthey das Widersprüchliche der menschlichen Existenz, das es erforderlich macht, die Vernunftkritik in Hermeneutik zu transformieren. Denn die Widersprüche des zuständlichen Bewußtseins können nicht aufgelöst, sondern nur expliziert werden.

Für die hermeneutische Umdeutung der kantischen Antinomienlehre knüpft Dilthey an den Philosophen an, der in Königsberg die Nachfolge Kants angetreten hatte: Johann Friedrich Herbart (1776–1841). Wiederholt verweist Dilthey auf die «Widersprüche», die nach Herbart auftreten, wenn man die im Erleben gegebene Einheit des Selbstbewußtseins begrifflich zu fassen versucht: «Die Selbigkeit, welche das

Gleichzeitige und Sukzessive der einzelnen Lebensvorgänge zusammenhält, offenbart, vor den Gerichtshof des Verstandes gebracht, die Widersprüche, welche schon Herbart herausgehoben hat» (GS V, 170). Das ist der Punkt: Die Weiterführung Kants darf nicht in fruchtlosen Versuchen steckenbleiben, die Einheit der transzendentalen Apperzeption zu retten, sondern muß die Elemente der Differenz im Erfahrungsbegriff fruchtbar machen. Dieser für die Entwicklung der hermeneutischen Logik zentrale Punkt ist allerdings von den Interpreten nicht beachtet worden, die Diltheys Grundlegung der Geisteswissenschaften an Kants transzendentaler Begründung der reinen Verstandesbegriffe zu messen pflegen, um dann in der Regel ein psychologistisches Defizit zu verbuchen. Demgegenüber soll hier verdeutlicht werden, wie sehr der Ansatz beim Erleben über den Objektivismus hinausführt und eine neue Dimension der Bedeutungsbildung, die Dimension der symbolischen Bedeutungen, eröffnet. Erst dadurch werden die realen Kategorien zu Instrumenten, mit denen sich das Verstehen Zugang zu den in Begriffen nicht artikulierbaren Zuständen der natürlichen Welterfahrung verschaffen kann.

3. Die Antinomik der realen Kategorien

An den Grundbegriffen der Erfahrung weist Dilthey verschiedene immanente Antinomien auf. Sie betreffen Raum und Zeit wie Substanz und Kausalität bzw. deren Erlebniskorrelate Identität («Selbigkeit») und Verhalten («Wirken und Leiden»). Wie in der «Einleitung in die Geisteswissenschaften» ausgeführt wird, handelt es sich bei Raum und Zeit um Antinomien, die «zwischen dem mit endlichen Größen rechnenden Intellekt und der Anschauung» entstehen: «Das Abgeschlossene des Anschauungsbildes wird durch die Unbegrenztheit des über dasselbe hinausschreitenden Willens der Erkenntnis überall wieder aufgehoben» (GS I, 396). Bei Substanz und Kausalität geht es um «Widersprüche zwischen dem rechnenden Denken und der inneren Erfahrung» (ebd.). Die hier genannten Antinomien sollen im einzelnen unter Zusammenstellung der verstreuten Äußerungen Diltheys kurz erläutert werden.

Zunächst die Antinomie der *Zeit*. Der Versuch, die erlebte Zeit begrifflich zu analysieren, stellt das Denken vor die «Unfaßbarkeit der

Tatsache, welche eigentlich die Zeit ausmacht» (GS XIX, 215). Dilthey verweist dazu auf Augustin und Heraklit, an anderer Stelle auch auf Hegel, der aus der Unauflösbarkeit der «Tatsache des Flusses im Leben» den falschen Schluß gezogen habe, eine dialektische Logik entwickeln zu können, die den Satz vom Widerspruch überwindet (GS VII, 157). Dagegen kommt es nach Dilthey darauf an, den Widerspruch ernst zu nehmen, ihn in der Analyse auf die Spitze zu treiben, um ihn hermeneutisch zum Instrument des Verstehens zu machen. Die erlebte Zeit ist immer Gegenwart; diese aber läßt sich nicht fixieren, ohne daß der Fluß der Zeit zerstört wird: «Was der Jüngling von Sais entschleiert, ist Gestalt und nicht Leben» (GS VII, 195). Die Komplementarität von Fluß und Gestalt, von Werden und Stehen erzeugt die «Antinomien, die das Denken an dem Erleben der Zeit findet» (GS VII, 194). Kants Lehre von der «bloßen Idealität der Zeit» könne hier nicht weiterhelfen. Sie laufe darauf hinaus, die Zeit des tätigen Lebens auf ein «schattenhaftes Reich der Zeitlosigkeit» zurückzuführen (ebd.). Dagegen sperrt sich nach Dilthey die Heterogenität der Zeitmodi: «Die Realität des Zeitverlaufs ergibt sich aus dem von Kant übersehenen Zug derselben, daß Gegenwart sich als erfüllte Zeit trennt von Vergangenheit und Zukunft und im Fortrücken begriffen ist» (GS VIII, 186). Nur eine realistische Konzeption der Zeit kann diesem Befund gerecht werden.

Zu den Antinomien des *Raums* finden sich nur in den zu Diltheys Lebzeiten unveröffentlicht gebliebenen psychologisch-erkenntnistheoretischen Fragmenten einige Andeutungen. Es geht hier um das Problem, wie das Erlebnis der Orte, Richtungen und Lagen den einzelnen Organempfindungen zugeordnet werden kann. Die von Hermann Lotze (1817–1881) entwickelte Theorie der optischen «Lokalzeichen» (GS XIX, 194), mit deren Hilfe die örtliche Differenzierung von Empfindungen des Tast- und des Gesichtssinns erklärt werden soll, wollte eine Antwort auf diese Schwierigkeit geben. Aber sie indiziert ein richtiges Problem, nämlich wie sich die durch die einzelnen Sinne gegebenen heterogenen Lageerfahrungen mit der Einheit des erlebten Raumkontinuums vermitteln lassen. Auch hier zerstört die Analyse die unmittelbaren Gegebenheiten der Erfahrung: Die Heterogenität des erlebten Raums wird durch den Begriff des mathematisch berechenbaren homogenen Raums nicht erfaßt. Der Raum muß daher als reale Kategorie aufgefaßt werden.

Über die Antinomien der *Substanz* und der Kausalität hat sich Dilthey weitläufig ausgelassen. Der Substanzbegriff als «wissenschaftliche Bearbeitung der Dingvorstellung» wirft das Problem auf, wie sich die in der Erfahrung gegebene Einheit des Dings von der Verschiedenheit seiner Eigenschaften abgrenzen läßt. Es geht also um das Problem der Inhärenz, um die Relation der Identität angesichts der unendlichen Vielfalt der Eigenschaften (GS I, 398). Der Substanzbegriff hat nach Dilthey nur den Wert einer Hilfskonstruktion, eines äußeren Rechenzeichens (GS I, 399).

Unter dem Titel «Kategorie der Selbigkeit» entfaltet die Abhandlung «Leben und Erkennen» das hier vorliegende Problem in aller Ausführlichkeit. Selbigkeit als erlebtes Korrelat von logischer Identität bezeichnet die Erfahrung der Einheit, «für die es eben keine Beschreibung und keine Formel als die Berufung auf das Selbstbewußtsein gibt» (GS XIX, 363). In der Rückführung des Substanzbegriffs auf das Selbstgefühl tauchen zwei Schwierigkeiten auf. Zum einen die Frage, wie sich die «Innerlichkeit» der erlebten Einheit auf äußere Objekte übertragen läßt, zum anderen die Frage der Inhärenz: «Wie eine Substanz es anfangen mag, als Einheit ein Mannigfaches in sich zusammenzuhalten, ohne dabei ihre Einheit an dieses zu verlieren, kann kein Verstand von Verständigen erfassen. Und wie diese Einheit als Konstanz oder Identität mit sich selbst es anfange, die Veränderungen zu besitzen und ihre Einheit mitten in ihnen zu behaupten, ist ebenso unerfindlich» (GS XIX, 363 f). Aus diesem Grund erscheint Dilthey die empiristische und auch die aprioristische Konzeption des Substanzbegriffs unhaltbar (GS XIX, 366 ff): «So kann ein Welterkennen durch den Ding- oder Substanzbegriff nicht herbeigeführt werden. Ein Beispiel, wie das Antlitz der Welt erstarrt im Spiegel des Substanzbegriffes, liefert uns Spinozas System» (GS XIX, 368). Gemeint ist hier der absolute Determinismus der Wirklichkeit, der sich aus Spinozas Gleichsetzung von Geist und Natur ergibt.

Nach demselben Schema sind die inneren Antinomien beschaffen, die am Begriff der *Kausalität* hervortreten. Ausgangspunkt für die Kategorie der Kausalität bildet die innere Erfahrung von Wirken und Leiden. Es ist das Innewerden einer Kraft, die sich erst im Widerstand, im Verhältnis zum Äußeren und Fremden selbst fühlt: «Auch hier kann wieder keinem Zweifel unterliegen, daß die Lebendigkeit des Wirkens und Leidens, welche in der Lebenseinheit uns entgegenquillt, ebenso von uns dem Widerständlichen primär zugeschrieben wird» (GS XIX, 369). Die erlebte Notwendigkeit des Zusammenhangs von Ursache und Wirkung kontrastiert mit dem Begriff, an dem unerklärlich bleibt, wie die Ursache «es macht», die Wirkung hervorzubringen: «Die Zergliederung der in dieser Kategorie enthaltenen lebendigen Erfahrung durch den Verstand führt auf Widersprüche und Dunkelheiten» (GS XIX, 372). Insbesondere zwei dieser «Widersprüche und Dunkelheiten» werden diskutiert: zum einen die Frage, wie qualitativ Verschiedenes in die Einheit eines Wirkungszusammenhangs eingehen kann, zum anderen das Problem des Zeitverhältnisses von Ursache und Wirkung, die aufeinanderfolgen und doch gleichzeitig sind (GS XIX, 374). So bleibt auch der Begriff der Kausalität, der von der Erfahrung des «inneren Bandes» dem Denken aufgezwungen wird, ein «bloßes Hilfsmittel für die Beherrschung der äußeren Erfahrungen» (GS I, 399).

Die Erlebniskorrelate von Substanz und Kausalität schließen aus, sie als reine Verstandesbegriffe zu interpretieren. Der Substanz- und der Kausalitätsbegriff bewahren einen «dunklen Kern einer nicht in sinnliche oder Verstandeselemente auflösbaren Tatsächlichkeit» (GS I, 400). Die Unauflösbarkeit ergibt sich für Dilthey einfach daraus, daß in den Verstandesbegriffen qualitativ Verschiedenes miteinander verbunden werden soll. Dabei unterscheidet er zwischen zwei Arten der Verschiedenheit. Die erste Art betrifft Ungleichartigkeit und Unvergleichbarkeit von Sinnesqualitäten wie Farbe und Ton, die von unterschiedlich gebauten Sinnesorganen geliefert werden: «Eine Farbe kann mit einem Tone oder mit dem Eindruck von Dichtigkeit nicht in einen direkten inneren Zusammenhang gebracht werden. Daher muß das Studium der Außenwelt das innere Verhältnis des in der Natur Gegebenen unaufgelöst lassen und sich mit der Aufstellung eines auf Raum, Zeit und Bewegung gegründeten Zusammenhangs begnügen, welcher die Erfahrungen zu einem System verbindet» (GS I, 393). Die systematische Verbindung ist auf den rechnenden Verstand angewiesen, der mit der Kontinuität des Erlebens nicht kongruiert: «Hiervon ist das Verhältnis der stetigen Raum-, Zeit- und Bewegungs-Größen zur Zahl der Beweis» (GS V, 196).

Die zweite Art der Differenz betrifft die Verschiedenheit der inneren Beziehungen zwischen den Vorstellungen, die sich aus der Heterogenität der Verhaltensweisen des Bewußtseins ergeben. Die drei Funktionen des Bewußtseins: Erkennen, Fühlen und Wollen, deren Zusammenhang die Struktureinheit des zuständlichen Bewußtseins ausmacht, lassen sich nicht auf die Synthesis zurückführen, wie sie den gegenständlichen Grundbegriffen zugrunde liegt. Diese Inkongruenz der Zusammenhangsform des zuständlichen und des gegenständlichen Bewußtseins macht die Antinomien bei den Kategorien unvermeidlich: «Davon sind die Begriffe der Einheit, Selbigkeit, Substanz, Kausalität Beweise» (GS V, 196).

Der antinomische Charakter der Verstandesbegriffe liegt nach Dilthey letztlich darin begründet, «daß unser Weltbewußtsein so gut wie unser Selbstbewußtsein aus der Lebendigkeit unseres Selbst entsprungen ist» (GS V, 196). Die «Lebendigkeit unseres Selbst» aber, so fügt Dilthey hinzu, «ist mehr als Ratio». Dieses Mehr sind die Bilder, die zwischen den verschiedenen Verhaltensweisen vermitteln, aus denen das zuständliche Bewußtsein sich aufbaut. Auf die Schicht der Bilder muß die hermeneutische Kategorienlehre zurückgreifen, wenn sie Zugang zur Wirklichkeit des Erlebens gewinnen will. Mit einem Wort: Auch die realen Kategorien müssen als symbolische Formen expliziert werden.

4. Geistes- und naturwissenschaftliche Begriffsbildung

Die Symbolik der realen Kategorien, ihre Herkunft aus den Bildern des zuständlichen Bewußtseins läßt das Problem des Verstehens noch ungelöst. Die Frage lautet, in welcher sprachlichen Form der Geisteswissenschaftler die realen Kategorien des Verstehens bilden kann. Worin unterscheidet sich das Verstehen von der Begriffsbildung, wie sie in den Naturwissenschaften üblich ist?

Die Form der Begriffsbildung hat Dilthey in den Natur- und in den Geisteswissenschaften untersucht. Für die Naturwissenschaften folgt er der positivistischen Wissenschaftstheorie seiner Zeit. Ihr zufolge transformieren die Wissenschaften die unmittelbaren Gegebenheiten des Erlebens in eindeutig definierte Begriffe, welche die Berechnung der objektiven Welt ermöglichen. Ihre Eindeutigkeit erhalten die naturwissenschaftlichen Begriffe durch, wie Dilthey sich ausdrückt, «beständige Minderung» (GS I, 400) der ursprünglichen Erlebnisgehalte als «Anpassung» (ebd.) an die Erfordernisse der praktischen Beherrschung der Dinge. Daraus folgt für die naturwissenschaftliche Erkenntnis die Beschränkung auf die Herstellung bloß phänomenaler Zusammenhänge nach dem Prinzip der mathematischen Reihenbildung: «Daher wird echte Naturwissenschaft diese Begriffe als bloße Zeichen für ein x, welches ihre Rechnung bedarf, behandeln» (GS I, 401). Alle echten naturwissenschaftlichen Begriffe haben den Status von «Zeichen», von «erdachten Begriffen», welche die im Erleben gegebene Wirklichkeit ihrer Gegenstände hinter sich lassen.

Das Realitätsdefizit der naturwissenschaftlichen Begriffe gegenüber der Erlebniswirklichkeit hält Dilthey für unaufhebbar. Es resultiere aus der Relativität der äußeren Wahrnehmung, wie sie durch die verschiedenen Sinne vermittelt wird. Dilthey spricht vom «Gesetz der Relativität» (GS I, 386). Dieses Gesetz erfordere die Herstellung eines vom Subjekt unabhängigen Zusammenhangs zwischen den Eindrücken: «Aus dem beweglichen veränderlichen Ich versetzt sie (die naturwissenschaftliche Erkenntnis) den Mittelpunkt für das System von Bestimmungen, dem die Eindrücke eingeordnet werden, in dieses System selber» (GS I, 392). Naturwissenschaftliches Erkennen heißt demnach Projektion des Erlebens in ein sich selbst tragendes Beziehungssystem: «Denn das Erkennen vermag nicht an die Stelle von Erlebnis eine von ihm unabhängige Realität zu setzen» (GS I, 369). Der Wahrheitswert des naturwissenschaftlichen Erkennens liegt unabhängig von der individuellen Erfahrung in der inneren Einstimmigkeit, die eben das ist, was in den Naturwissenschaften objektive Realität genannt wird. Gemessen an der Realität des Erlebens sind die naturwissenschaftlichen Kategorien «Pseudobegriffe», wie sie später Benedetto Croce (1866 bis 1952) vom intuitionistischen Standpunkt aus kritisch genannt hat.[3] Das veranlaßt Dilthey allerdings nicht, an ihrer Legitimität zu zweifeln. Er hält die Übersetzung der Erfahrung in abstrakte Zeichen wissenschaftstheoretisch für ebenso unvermeidlich wie erfolgreich. Diese Einsicht bewahrt ihn davor, romantischen Träumereien einer intuitionistischen Umbildung der naturwissenschaftlichen Begrifflichkeit nachzuhängen.

Die Darstellung der realen Kategorien in den Geisteswissenschaften stellt die logische und erkenntniskritische Analyse vor ungleich größere Probleme. Der von Dilthey hervorgehobene Unterschied zwischen natur- und geisteswissenschaftlicher Begriffsbildung liegt darin, daß der Abstraktions- und Substitutionsprozeß der naturwissenschaftlichen Kategorien an der Absolutheit der Erlebnisrealität seine Grenze findet:

«Unser Hoffen und Trachten, unser Wünschen und Wollen, diese innere Welt ist als solche die Sache selber» (GS I, 394). Dementsprechend bleiben die realen Kategorien in den Geisteswissenschaften auf das zuständliche Bewußtsein bezogen, sie haben die Heterogenität der Erfahrungsinhalte zu berücksichtigen, die sich nicht in einen berechenbaren Zusammenhang transformieren läßt: «Die Urteile, welche wir aussagen, sind nur gültig unter der Bedingung, daß die Denkakte die innere Wahrnehmung nicht abändern, daß dies Zerlegen und Verknüpfen, Urteilen und Schließen die Tatsachen unter den neuen Bedingungen des Bewußtseins als dieselben erhält» (GS I, 394). Diese Unmittelbarkeitsforderung für die Lebenskategorien bezeichnet Dilthey auch als «reine Stellung des Erkennens zur Wahrnehmung» (GS I, 395). Hier bleibt natürlich die Frage offen, wie die Unmittelbarkeit im Prozeß der Begriffsbildung zu realisieren ist, ohne in einen unhaltbaren erkenntnistheoretischen Abbildrealismus einzumünden.

Für die realen Kategorien Substanz und Kausalität hebt die «Einleitung» den Kontrast zu den Naturwissenschaften ausdrücklich hervor: «Ganz anders stehen zu diesen Begriffen die Geisteswissenschaften. Sie behalten von den Begriffen Substanz und Kausalität nur das rechtmäßigerweise, was im Selbstbewußtsein und der inneren Erfahrung gegeben war, und sie geben alles auf, was in ihnen aus der Anpassung an die Außenwelt stammte. Sie dürfen daher von diesen Begriffen keinen direkten Gebrauch zur Bezeichnung ihrer Gegenstände machen» (GS I, 401). Auch die geisteswissenschaftliche Begriffsbildung beruht demnach auf einem Prozeß der Umformung, der freilich nun in eine andere Richtung verläuft als der der naturwissenschaftlichen Erkenntnis.

Wohin die neue Richtung führt, läßt sich bei Dilthey nur erahnen. Einen vagen Anhaltspunkt liefert die Kritik, die er an den Konstanten übt, die «in Begriffen wie Recht, Religion, Kunst» ausgedrückt werden (GS I, 383). Aufgabe der geisteswissenschaftlichen Begriffsbildung sei es, «das graue Gespinnst abstrakter, substantialer Wesenheiten» (ebd.) zu zerreißen, um zur Erlebniswirklichkeit vorzudringen. Die zu den «unvermeidlichen Täuschungen des natürlichen Denkens» (ebd.) zählenden Hypostasierungen führt Dilthey darauf zurück, daß die «allgemeinen prädikativen Bestimmungen» von den Erlebnissubjekten, an denen sie auftreten, abgelöst werden. Wie aus dem «Plan der Fortsetzung zum Aufbau der geschichtlichen Welt in den Geisteswissenschaften» hervorgeht, scheint Dilthey für die geisteswissenschaftliche Begriffsbildung Formen der Prädikation im Auge zu haben, welche die Dynamik des Erlebens unmittelbar wiederzugeben in der Lage sind. Die Form der geisteswissenschaftlichen Begriffe soll ihrem Inhalt entsprechen, der keine festen Vorstellungselemente umfaßt, sondern Prozesse, wie sie im Erlebnisstrom gegeben sind: «Zeitverlauf, Wirken, Energie, Geschehen» (GS VII, 157). Infolgedessen werden die geisteswissenschaftlichen Begriffe als «fixierte Repräsentationen eines Fortschreitenden» (ebd.) definiert. In diesem Zusammenhang verweist Dilthey auf den von ihm sonst negativ beurteilten Idealisten Johann Gottlieb Fichte (1762–1814), dessen «Energiebegriffe», die aus der «angestrengten Versenkung des Ich in sich» entspringen, das Problem der geisteswissenschaftlichen Begriffsbildung lösen sollen (ebd.).[4] Dilthey hält sich also für die hermeneutischen Kategorien an Begriffe, die dynamische Prozesse beinhalten, aber damit ist keine formale Differenz zu den naturwissenschaftlichen Begriffen formuliert. Der in der «Einleitung in die Geisteswissenschaften» formulierte Satz: «Die Begriffe, die hier aus prädikativen Bestimmungen gebildet werden, sind anderer Beschaffenheit als die der Naturwissenschaften» (GS I, 383), wird durch den Rückgriff auf Fichte nicht plausibler.

Die definitive Antwort auf die Frage, worin die andere Beschaffenheit der geisteswissenschaftlichen Begriffe denn nun bestehe, sucht man in Diltheys Schriften vergebens. Schließlich kommt er auf den schon früh von ihm favorisierten Begriff des Typus zurück. Den Unterschied zwischen naturwissenschaftlicher und geisteswissenschaftlicher Begriffsbildung bestimmt er dahin gehend, daß erstere durch Generalisation zu Gesetzen gelangt, letztere durch Vergleiche Typen bildet: «Der Begriff spricht einen Typus aus» (GS VII, 188). Dieses Fazit ist freilich mit all den Schwierigkeiten belastet, die sich aus der morphologischen Herkunft des Typusbegriffs ergeben. Sie läßt sich nur schwer mit dem von Dilthey anvisierten Dynamismus der hermeneutischen Kategorien in Einklang bringen.

Das hat manche Interpreten auf den verzweifelten Ausweg gebracht, den geisteswissenschaftlichen Begriffen den Status echter Begriffe überhaupt abzusprechen und sie mit den Worten gleichzusetzen, denen eine lediglich assoziative Bedeutungsfunktion zukommt. In diesem Sinne hat Georg Misch für das geisteswissenschaftliche Verstehen vom «Verbleiben in der Sphäre der Worte» gesprochen (Lebensphilosophie und Phänomenologie, 96). Dieser Ausweg ist nicht nur sachlich unbefriedigend, er würde auch dem erklärten Ziel Diltheys zuwiderlaufen, «nicht in die Intuition zu flüchten und den Begriffen zu entsagen» (GS VII, 280). Er möchte den geisteswissenschaftlichen Begriffen eine ihrem Inhalt angemessene eigene logische Form zuerkennen (GS VII, 156). Diese Form läßt sich nur bestimmen, wenn man sich an komplexere sprachliche Äußerungen hält, die über der Ebene der Begriffe liegen. Um hier weiterzukommen, ist es angezeigt, sich in der Umgebung Diltheys umzusehen.

5. Das Problem der «individualisierenden Begriffsbildung»

Der Versuch Diltheys, die Form der realen Kategorien in den Geisteswissenschaften zu klären, findet seine Entsprechung bei dem Neukantianer Heinrich Rickert. Dieser hatte 1900 die Frage nach den Grenzen der naturwissenschaftlichen Begriffsbildung gestellt; Dilthey hielt diese Fragestellung jedoch für verfehlt. Trotz der Polemik zwischen Dilthey und Rickert liegen ihre Positionen nicht so weit auseinander, wie es den Anschein hat. Einerseits übersetzt Rickert «Wertbeziehung» ohne weiteres durch «Bedeutsamkeit», einen Zentralbegriff der Verstehenslehre Diltheys (Naturwissenschaft und Kulturwissenschaft, 98). Andererseits verknüpft Dilthey das Verstehen mit dem Problem der Individuation: Die hermeneutische Methode ist ein Prozeß, der «auf die Hineinverlegung des eigenen Selbst in ein Äußeres und damit verbundene Umformung dieses Selbst in dem Vorgang des Verstehens gegründet ist» (GS V, 262). Beide Ansätze kreisen demnach um die Frage der «individualisierenden Begriffsbildung».[5] Dieses Kernstück, das durch die Fixierung auf den hermeneutischen Zirkel in seiner Bedeutung lange verdeckt worden ist, muß wieder freigelegt werden.

In seinem Buch «Kulturwissenschaft und Naturwissenschaft» hat Rickert «zwei Wege der Begriffsbildung» in prägnanter Form einander gegenübergestellt. Hier ist er unter Wahrung des transzendentalen Standpunkts am weitesten in Richtung auf eine Theorie der individualisierenden Begriffsbildung vorgestoßen. Ausgangspunkt bildet die Unmittelbarkeit des Erlebens, die Rickert als «heterogenes Kontinuum» beschreibt (33; 135). Im heterogenen Kontinuum des Erlebens sieht er nun das Wirkliche, an dem sich die «Ohnmacht des Begriffs» erweist. Es gibt für Rickert kein Verfahren, das heterogene Kontinuum des Erlebens direkt zu reproduzieren. Erkennen steht demnach vor der Aufgabe, das unmittelbar Gegebene so zu transformieren, daß es in Begriffe aufgenommen werden kann. Zwei Wege stehen der Transformation offen: «Wir formen das in jeder Wirklichkeit steckende heterogene Kontinuum zu einem homogenen Kontinuum oder zu einem heterogenen Diskretum um» (34).

Den ersten Weg beschreitet die Mathematik, den zweiten die Physik. Aber auf beiden Wegen geht das verloren, was dem geisteswissenschaftlichen Verstehen das Wichtigste ist, nämlich die Wirklichkeit, die das Erleben ausmacht: «Denn auch wenn wir die Grenzen noch so nah aneinander legen, so fließt doch immer die Wirklichkeit selbst mit ihrer kontinuierlichen und daher unerschöpflichen Andersartigkeit zwischen ihnen unbegriffen hindurch. Wir können also mit den Begriffen nur Brücken über den Strom der Realität schlagen, mögen die einzelnen Brückenbogen auch noch so klein sein» (35). Das gelte auch für die mathematische Physik, die durch das homogene Kontinuum einer mathematischen Linie die Wirklichkeit voll in ihre Begriffe aufzunehmen scheint (36). Bei genauerem Hinsehen erweist sich die scheinbare Wirklichkeitsnähe allerdings als Täuschung, «denn Wirklichkeiten sind nie homogen, und alles, was sich mathematisch ‹individualisieren› läßt, ist für sich allein, wie alles rein Quantitative, irreal. Jedenfalls, die mathematisch bestimmbare quantitative Individualität ist nicht die Individualität der Wirklichkeit und ebensowenig die Individualität, die in einen historischen Begriff eingeht» (135). Schärfer könnte die unüberbrückbare Differenz von Erlebniswirklichkeit und begrifflicher Erkenntnis nicht herausgestellt werden.

Wenn nach Rickert auch jedes Erkennen die unmittelbare Erlebniswirklichkeit umformt, so gibt es doch Unterschiede in der Art ihrer Umformung. Die definierten Begriffe der Naturwissenschaften beruhen auf Abstraktion von den besonderen Fällen. In den Geisteswissenschaften kommt dagegen eine Umformung der Erlebniswirklichkeit in Betracht, welche die Individualität des Erlebten bewahrt. Wenn der geisteswissenschaftliche Begriff der individuellen Erlebniswirklichkeit näher kommen soll als der naturwissenschaftliche, gleichwohl aber nicht mit dieser zusammenfallen kann, da sie unerschöpflich ist (Diltheys «Unergründlichkeit» des Erlebens), so sind zwei Begriffe von Individualität zu unterscheiden: bloße Andersartigkeit, die jedem Gegenstand in der raum-zeitlichen Wirklichkeit zukommt, und Unersetzbarkeit, Einzigartigkeit, wie sie im menschlichen Bereich angenommen werden. Rickert hat diese für die hermeneutische Bedeutungstheorie fundamentale Unterscheidung klar ausgesprochen: «Die eine Individualität fällt mit der Wirklichkeit selbst zusammen und geht in keine Wissenschaft ein. Die andere ist eine bestimmte Auffassung der Wirklichkeit und kann daher in Begriffe aufgenommen werden» (90). Doch damit ist nur das Problem bezeichnet, dessen Lösung nach wie vor aussteht, die Frage nämlich, welche Zusammenhangsform die Individualität der Wirklichkeitsauffassung zu präsentieren vermag.

Im generalisierenden Verfahren der Naturwissenschaften ist das Prinzip der Begriffsbildung klar erkennbar. Da hier der Begriff, wie Rickert richtig gesehen hat, mit dem Gesetz zusammenfällt (41), erfolgt die Zusammenfügung nach dem Prinzip der Reihenbildung. Rickert nennt das «generalisieren» (77). Für die Geistes-, speziell für die Geschichtswissenschaften aber kann Rickert keine der Reihenbildung entsprechende selbständige Zusammenhangsform angeben. Er begnügt sich damit, den Unterschied zur naturwissenschaftlichen Begriffsbildung in das Auswahlprinzip zu verlegen, das es dem Historiker ermöglicht, zwischen den wesentlichen und unwesentlichen Bestandteilen seiner Materialien zu unterscheiden. Als derartiges Prinzip fungiert der Begriff der Kultur (89), die «Bedeutung für die Kulturentwicklung» (90), die als «theoretische Wertbeziehung» im Unterschied zur «Wertung» spezifiziert wird (95). Dieser Gedankengang führt dann zu dem bekannten Postulat einer Kulturphilosophie als «System gültiger Werte» (156)[6].

Unabhängig von der notorischen Schwierigkeit, ein derartiges System aufzustellen, liegt die Grenze des Rickertschen Gedankengangs darin, daß sein Unterscheidungskriterium rein methodologischer Natur ist, so daß die Differenz der Zusammenhangsformen nicht in den Blick rückt. Rickert scheint der Meinung zu sein, daß die geisteswissenschaftliche Begriffsbildung den oben genannten zweiten Weg der Transformation des Gegebenen zu beschreiten hat, den Weg des «heterogenen Diskretums» nämlich, den auch die empirischen Naturwissenschaften einschlagen: «Auch die Geschichte muß, um Begriffe bilden und Erkenntnis geben zu können, in dem kontinuierlichen Fluß des wirklichen Geschehens Grenzen ziehen und seine unübersehbare Heterogeneität in ein übersehbares Diskretum verwandeln. Wie dabei trotzdem die Individualität gewahrt bleibt, wissen wir noch nicht» (78).

Man wird es von Rickert auch nie erfahren, da er nicht erkannt hat, daß seine Bestimmung der Erlebnisindividualität als «heterogenes Kontinuum» schon die spezifische Zusammenhangsform enthält, die die Selbständigkeit der geisteswissenschaftlichen Begriffsbildung begründet: die symbolische Repräsentation. Freilich führt diese Bestimmung des «heterogenen Kontinuums» nur dann weiter, wenn ihre Umsetzung in eine sprachliche Darstellungsform erfolgt. Das ist der entscheidende letzte Schritt, der über Dilthey und Rickert hinaus noch zu tun ist.

6. Die narrative Bedeutungsbildung: Begriffe in Geschichten

Der Formbegriff, der das Problem der geisteswissenschaftlichen Begriffsbildung löst, ist die *erzählte Geschichte*. Denn Geschichten sind komplexe mimetische Ausdrücke für konkrete Ideen, die sich nicht in einfache Begriffe fassen lassen. Das gilt zum Beispiel für die Idee der Liebe, für die es keine befriedigende Definition gibt und zu der man nur Zugang über Geschichten gewinnt. Diese stellen ein objektives, in der raum-zeitlichen Wirklichkeit sich abspielendes Geschehen so dar, daß ein Sinn entsteht, der auch für ein vorreflexives Bewußtsein innerlich nachvollziehbar ist. Die mimetische Form der Darstellung bewahrt die Situationsgebundenheit und Perspektivität des Erlebens, durch die eine Bedeutung in ihrer Individualität geprägt wird.[7] Die Geschichte erweist sich somit als die von Dilthey und Rickert vergeblich gesuchte symbolische Form der individualisierenden Begriffsbildung.

Die These, daß Geschichten die Formen sind, in denen sich geisteswissenschaftliche Begriffe bilden, erfordert Präzisierungen des Strukturbegriffs der Erzählung. Zunächst ist festzustellen, daß die erzählte Geschichte mehr enthält als eine bloße Reproduktion von Geschehen; sie gibt immer schon dessen Interpretation, indem sie die Ereignisse in einer bestimmten Perspektive anordnet. Dilthey hat diesen Sachverhalt im Rahmen seiner Erörterung der geisteswissenschaftlichen Methode schon klar formuliert: «Es gibt keine Erzählung eines noch so einfachen Tatbestandes, welche ihn nicht zugleich verständlich zu machen suchte, indem sie ihn allgemeinen Vorstellungen oder Begriffen von psychischen Leistungen unterordnet» (GS V, 341). Nach welchem Schema sich diese narrative Unterordnung vollzieht, sagt Dilthey allerdings nicht.

Aufschluß darüber gibt der sprachanalytische Geschichtsphilosoph Arthur C. Danto, der in seiner «Analytischen Philosophie der Geschichte» die Erzählung als «narratives Schema» beschrieben hat.[8] Es bezeichnet die Verbindung eines Anfangs- mit einem davon verschiedenen Endzustand durch ein einbrechendes Ereignis, das sich nicht aus dem Anfangszustand herleiten läßt. Man kann das narrative Schema auch als Überschneidung zweier heterogener Kausalreihen auffassen. Das gilt für menschliche Handlungszusammenhänge wie für reine Naturvorgänge, zum Beispiel: Der Stein ist zunächst kalt, dann bescheint ihn die Sonne, schließlich ist er warm. In diesem Sinne ist die Erzählung eine Form der Erklärung von kontingenten Ereignissen. Diese Auffassung genügt aber offenbar nicht, um die bedeutungsbildende Funktion der Erzählung adäquat zu erfassen.

Karlheinz Stierle hat daher vorgeschlagen, Anfang und Ende einer Geschichte nicht nur als reale, sondern auch als ideelle Opposition aufzufassen, die durch den Sinn der Geschichte «aufgehoben» wird.[9] Die «narrativen Oppositionen» stiften einen Sinnzusammenhang, der über die bloß erklärende Funktion hinausgeht. Geschichten transformieren Intentionen narrativ in Oppositionen, die für den Sinn der Erzählung konstitutiv sind. Das macht die Erzählung zur bevorzugten Form der «realen Repräsentation», die nach Dilthey immer Gegensätzliches enthält. Der Gegensatz muß qualifizierbar sein als Verhältnis von Verwicklung und Lösung, von Frage und Antwort. Geschichten im eigentlichen Sinne gibt es daher nicht von Naturvorgängen, sondern immer nur von Ereigniszusammenhängen, an denen menschliches Wollen und Tun beteiligt ist. Die narrative Darstellung fällt somit unter die okkasionelle Bedeutungsbildung, die durch den Begriff nicht erfaßt wird. Die Bedeutung, die sich im Lauf der Erzählung herausbildet, läßt sich häufig in einer Formel zusammenfassen, nämlich in der Überschrift einer Geschichte wie «Glück im Unglück».

Es bleibt allerdings die Frage, ob die Interpretation des narrativen Schemas als «narrative Opposition» ausreicht, um die Bedeutungsbildung der erzählten Geschichte zu erfassen. Das narrative Schema betrifft nur die Oberflächenstruktur der Erzählung. Die Bedeutung der Geschichte aber transzendiert das Geschehen und verweist auf eine zuständliche Tiefenschicht, die bildhaften Charakter besitzt. Damit soll nicht etwa gesagt sein, daß Geschichten Bildbeschreibungen sind. Aber der Sinn einer Geschichte richtet sich nach dem Bild, das der Erzähler oder Zuhörer mit der Geschichte in seinem Erleben verbindet. Bilder bauen sich im narrativen Prozeß selbst auf, sie heben die zeitliche Abfolge des Geschehens auf und lassen seine situationale Bedeutung hervortreten. Geschichtenerzählen heißt demzufolge: Geschehen zu Bildern verdichten, es in eine symbolische Form bringen, die sich von der Abstraktion der Allgemeinbegriffe grundsätzlich unterscheidet.

Diese Überlegungen führen auf Zusammenhänge, zu denen die analytische Logik der Erzählung keinen Zugang hat. Um hier klarer zu sehen, muß man sich statt an die Logik an die Poetik halten, die ohnehin seit jeher der Logik den Weg gewiesen hat, da sie es mit den evozierenden und mimetischen Ausdrucksformen zu tun hat, die der Begriffsbildung vorausgehen und sie vorbereiten. Für den Zusammenhang von Bild und Geschichte findet sich Zutreffendes bei dem Erzähler Cesare Pavese (1908–1950), dessen Aufsatz «Das Handwerk des Dichters» zu den wichtigsten modernen Dokumenten der narrativen Logik zählt.[10] Die Erzählung hat für Pavese ihre Bedeutung dann realisiert, wenn sie in ein Bild umschlägt: «Das neue Bild war auf unerklärliche Weise die Erzählung selbst» (180). Der Zusammenfall von Erzählung und Bild, der sich im Prozeß des Erzählens ereignet, bedeutet natürlich nicht reale Identität, sondern Strukturaffinität. Sie betrifft die Dimension des Zuständlichen, der situationalen Bedeutungen, die sich im Raum des Imaginären aufbauen. Hier entstehen Relationen zwischen Dingen und Ereignissen, die in der Wirklichkeit nicht zusammengehören: Korrespondenzen. Pavese expliziert das an seiner Erzählung «Paesaggio»: «Daß der Einsiedler die Farbe verbrannten Farns annahm, bedeutete keineswegs eine Parallelisierung des Einsiedlers und des Farns (...). Es bedeutete vielmehr, daß ich eine *phantastische Beziehung* zwischen Einsiedler und Farn, zwischen Einsiedler und Landschaft entdeckt hatte, (...) die *den Gegenstand der Erzählung* ausmachte. Ich erzählte von dieser Beziehung als einem bedeutungsvollen Ganzen, von meiner Vorstellungskraft Geschaffenem und voller phantastischer Möglichkeiten der Weiterentwicklung; und in der Abgegrenztheit und zugleich Unbegrenztheit dieses Gebildes lag für mich die *Wirklichkeit* der Dichtung» (ebd.). Das ist eine überzeugende Beschreibung der Entstehung einer symbolischen Form, die verdeutlichen kann, was «Logik der Phantasie» heißt.

In seinem Tagebuch «Das Handwerk des Lebens» hat Pavese die Semantik der «Bild-Erzählung» wiederaufgenommen: «Daß ich danach strebe, an Stelle der objektiven Entwicklung der Handlung das berechnete Phantasie-Gesetz des Bildes zu setzen, ist wahr, denn danach strebe ich wirklich; aber bis wohin diese Berechnung reicht, was ein Phantasie-Gesetz wert ist, und wo das Bild endet und wo die Logik beginnt – das sind hübsche kleine Probleme!» (14). Probleme, so möchte man ergänzen, um deren Lösung sich Ludwig Wittgenstein (1889–1951) im «Tractatus» bemüht hat, wo er den Bildcharakter von Sätzen herauszuarbeiten versucht. Das macht bei einzelnen Sätzen freilich Schwierigkeiten, denn ein Satz läßt sich logisch weder als Bild interpretieren, noch konstruiert er eine mögliche Welt. Die Schwierigkeiten, die in Wittgensteins Bild-Theorie des Satzes auftreten, verschwinden aber schlagartig, wenn man vom Satz zur komplexen Form der Erzählung übergeht. Dann wird mühelos verständlich, was es heißt, daß die logische Form der Wirklichkeit durch die Sprache nicht ausgesagt werden kann, sondern sich in ihr spiegelt (Tractatus 4.121).

Durch die Poetik hat Pavese die Problematik der Darstellbarkeit der logischen Form einen Schritt weitergebracht als Wittgenstein, indem er das Bild mit dem Gedanken gleichsetzt, ohne es im Begriff aufgehen zu lassen: «Wenn die Bild-Erzählung empirisch entstanden ist aus der Situation eines Ich, das seine Taten in der Form von Gedanken (=Bildern) erzählt, so sind die objektiven Gedichte, in der dritten Person, ein gewöhnliches Transponieren in die dritte Person der jahrhundertealten introspektiven Technik» (62). In dieser Beschreibung gelingt Pavese der Übergang vom Subjektivismus der inneren Erfahrung zum Symbolismus einer die Wirklichkeit erschließenden Perspektive. Die Bild-Erzählung erweist sich somit als das einzige Medium, in dem Subjektivität als die einer dritten Person objektiviert werden kann. Das ist eine Objektivierung des Subjektiven, die noch nicht die Objektivität von reinen Bedeutungen erreicht. Die Erzählung liefert demnach keine fertigen Begriffe, sondern «Gedanken in Bewegung» (60). Das ist nach Paveses scharfsinniger Analyse nur möglich durch einen «Kompromiß zwischen der Lage der Person und der Phantasie-Logik des Stoffes, der sie aufbaut. Ich erzähle nicht nur ihr Wesen und erzähle nicht nur mein Phantasieren. Es ist immer doppelsinnig, wenn sie denken oder ich sie denke. Mich interessieren zugleich ihre Erfahrungen und meine Phantasie-Logik. Aber seien wir klar: meine Logik ist ein Mittel, eine Art des Seins ihrer Erfahrungen» (60f). Der hier herausgehobene Mittel-Charakter der Logik läßt das perspektivische Moment der Bild-Erzählung hervortreten, das den Objektivismus der Begriffe endgültig hinter sich läßt.

Die Erzählung des Denkens begreift Pavese als eigene, von der formalen Logik nicht erfaßte Form der Bedeutungsbildung, die der elementaren magischen Handlung, der Beschwörung nahekommt: «*Wo einem Bilde etwas widerfährt*, und zwar *jetzt* widerfährt, soweit das Bild *jetzt* vom Gedanken erarbeitet wird und zu sehen ist, wie es sich bewegt und seine Wurzeln in die Wirklichkeit hinuntersenkt» (58). Die Ähnlichkeit von Beschwören und Erzählen beruht auf der gedanklichen Arbeit am Bild, das dadurch von der unverbindlichen Fiktion zum symbolischen Ausdruck wird. Demgegenüber sinken die von der formalen Logik bevorzugten Bedeutungsformen, Begriff und Urteil, wegen ihrer Statik zu bloßen Hilfskonstruktionen ab: «Wort oder Satz, die wiederholt werden, sind für dieses Bild nichts anderes als das Gerippe, von oben bis unten gebaut wie ein Balkengerüst, der Zapfen, vermittels dessen sich die Phantasie um sich selber dreht und sich hält – gerade wie ein Schlingerkreisel immer nur im Augenblick existiert, in der Tätigkeit, und dann, wenn die Bewegung wegfällt, ein beliebiges Stück Eisen wird» (ebd.).

Paveses dichtungstheoretische Reflexionen scheinen von den Problemen der hermeneutischen Kategorien weit abzuführen. Aber der Eindruck täuscht: Die Bilder in Geschichten haben kategoriale Funktion, die Individualisierung und Generalisierung miteinander verbindet. Gerade die höchste Zuspitzung der Individualisierung bewirkt, daß die Geschichte für eine Idee steht, deren Inhalt nicht im allgemeinen Begriff aufgeht. Das macht die Geschichte zur symbolischen Form. Ihre kategoriale Funktion beruht darauf, daß die Erzählung von der Interferenz zweier Ebenen lebt: der äußeren des Geschehens und der inneren des Bildes. Dilthey hat diese Interferenz unter dem Stichwort «typisches Sehen» behandelt, dessen Bedeutung für ihn darin besteht, «im Tatsächlichen die Regel des Geschehens zu geben» (GS V, 279). Dazu ist nicht das naturwissenschaftliche Gesetz, sondern die erzählte Geschichte in der Lage, die eine Lebensform «in typischen Bezügen repräsentiert» (GS V, 281).

In dieser Hinsicht ist das narrative Schema zu ergänzen. Es beinhaltet mehr als eine bloße Form der Erklärung dessen, was sich begrifflich nicht erklären läßt und systematisch kontingent bleibt. Zwar ist es richtig, daß eine Geschichte auch die Frage: «Wie konnte das geschehen?» beantwortet, und insofern kann man jede Erzählung als eine historische Erklärung lesen.[11] Aber diese Lesart von Geschichten bleibt auf der rein naturalen Ebene. Ihre kategoriale Funktion betrifft vielmehr die Frage nach der Bedeutung eines Geschehens, die nur erfaßt wird, wenn dieses sich auf ein Bild beziehen läßt. Die Geschichte verweist auf ein Bild, in dem sich ihr Sinn kristallisiert. Das schließt nicht aus, daß verschiedene Zuhörer oder Leser in derselben Geschichte verschiedene Bilder wiedererkennen. Darin liegt die Mehrdeutigkeit der Geschichten, die das Erzählen zu einem unverzichtbaren Instrument des Verstehens macht, wo es darum geht, zur Bedeutung von Lebenszusammenhängen vorzustoßen.

7. Der Zugang zu den realen Kategorien über die Geschichten

Die Strukturanalyse der Erzählung bietet die Möglichkeit, die Funktion der realen Kategorien im Prozeß des Verstehens hervortreten zu lassen. Das soll zunächst an der Kategorie der *Zeit* verdeutlicht werden. Geschichten spielen nicht in einer vom Erleben unabhängigen physikalischen Zeit, sondern diese wird durch die Erzählung allererst erschaffen. Die Literaturwissenschaft trägt diesem Sachverhalt dadurch Rechnung, daß sie zwischen «Erzählzeit» und «erzählter Zeit» unterscheidet.[12] Jede Geschichte konstituiert ihre eigene Zeit. Auf der Pluralität der Zeiten in Geschichten beruht die Ungleichzeitigkeit des Gleichzeitigen, mit der es die Hermeneutik zu tun hat.[13]

Die erzählte Zeit besitzt Strukturaffinität zur erlebten Zeit. Aber Geschichten bilden die Zeit des Erlebens nicht unmittelbar ab, sondern rekonstruieren sie als Funktion des Verhaltens. Die pragmatische Dimension der Zeit in Geschichten hat Dilthey immer wieder als wesentliches Merkmal des hermeneutischen Zeitbegriffs herausgearbeitet. Gegenüber dem naturwissenschaftlichen Begriff der berechenbaren Zeit enthält erzählte Zeit «einen aus dem Verhalten stammenden Zusatz» (GS VII, 239). Der pragmatische «Zusatz», der in Wahrheit den Kern der realen Kategorien bildet, läßt sich an den Lebensformen verdeutlichen, die in Geschichten erzählt werden. Geschichten aus dem bäuerlichen Leben, das an den periodischen Wechsel der Jahreszeiten gebunden ist, erzeugen eine zyklische Zeitvorstellung, Geschichten aus dem handwerklichen Leben dagegen, das dauernde Artefakte herstellt, lassen die Zeit als linear erscheinen. Beide Zeitformen sind durchaus real, insofern sie bestimmte Lebenszusammenhänge prägen, in denen sich Modalitäten des Verhaltens spiegeln.

Die Zeit als reale Kategorie des historischen Verstehens ist von einem Philosophen analysiert worden, der in dem hier diskutierten Zusammenhang nicht fehlen darf. Gemeint ist Georg Simmel, der in seinem Aufsatz «Das Problem der historischen Zeit» (1916) eine von der Hermeneutik noch nicht hinreichend gewürdigte Theorie der «Verzeitlichung» entwickelt. Sie beruht auf bewußtseinstheoretischen Voraussetzungen, die durchaus der Strukturlehre Diltheys entsprechen. Ihnen zufolge kann historische Wirklichkeit nur aus den Relationen der Inhalte «geformt» werden. Die Formung darf nicht nach rein abstrakten Begriffen erfolgen, wenn die Realität der historischen Zeit gewahrt bleiben soll. Sie ergibt sich aus dem narrativen Zusammenhang, der ein «phantasiemäßiges Verschieben» von Inhalten ausschließt: «Man kann sagen, historisch sei ein Ereignis, wenn es aus sachlichen, gegen ihre Zeitstelle völlig gleichgültigen Gründen eindeutig an einer Zeitstelle fixiert ist» (48). Die Verzeitlichung, die der Historiker in der erzählenden Darstellung vornimmt, läßt sich als Bildung von Zeitgestalten, von Zeit-Bildern auffassen. In diesem Sinne ist das geschichtliche Datum kein Punkt auf der Linie der physikalischen Zeit, sondern immer schon eine symbolische Form, die das subjektive mit dem objektiven Moment der Zeit verbindet.

Die hermeneutische Einsicht Simmels gipfelt in der Analyse der Antinomik des Begriffs der historischen Zeit (52). Sie besteht darin, daß die Erlebniskontinuität der Dauer ihre Darstellung nur narrativ «in der wirklichkeitsfremden Form der Diskontinuität der ‹Ereignisse›» finden kann (54). Anderseits läßt sich das Ereignis als kleinste narrative Einheit nicht in das Erlebniskontinuum auflösen, ohne den Sinn zu verlieren, der aus der Konstruktion einer Geschichte resultiert: «An keinem Punkt vielleicht kann man in den Spalt zwischen dem Geschehen und der ‹Geschichte› bis zu solcher Tiefe hinabblicken» (52). Der Blick in die Tiefe der Zeit läßt erkennen, daß sowohl der Intuitionismus des inneren Zeitbewußtseins als auch der Konstruktivismus der physikalischen Zeit mit der Antinomik des Zeitbegriffs nicht fertig werden (57). Der Ausweg liegt in der symbolischen Form der erzählten Zeit, die erst aus dem Zusammenhang der Ereignisse selbst entsteht.

Entsprechend verhält es sich mit der realen Kategorie des *Raums*. Mit den Geschichten ändern sich die Räume: In den Geschichten der Nomaden zum Beispiel bildet sich der offene Raum, in den Geschichten von seßhaften Menschen wird der Raum zur geschlossenen Hülle. Beide Raumformen finden sich in den primitiven Kosmologien. Der erzählte Raum ist demnach kein abstraktes Koordinatensystem, kein geometrischer Raum, der sich berechnen läßt, sondern ein existentieller Raum, der sich allererst in und durch die Verhaltensweisen der Menschen entfaltet. Das macht die Symbolik des erzählten Raums aus, der sich darin vom homogenen Raumbegriff der exakten Naturwissenschaften unterscheidet. Moderne Erzähltechniken versuchen, die Modalitäten des erlebten Raums in den Bauformen der Geschichten mimetisch darzustellen, wie die Semiotik des Raums von Jurij M. Lotman vor Augen führt.[14]

Es gibt gegenwärtig gute Gründe, den erzählten Raum als hermeneutische Kategorie zu rehabilitieren. Denn geschichtliche Wirklichkeit ist heute mehr denn je durch Räume geprägt. Als reale Kategorie ist Raum Kulturraum, geistiger Raum, in dem sich Verhalten zu Wissen konzentriert. Als solcher besitzt der Raum eine pragmatische Dimension der Welterschließung. Das hatte schon die Existenzphilosophie erkannt, in der die symbolische Funktion, die der Raum im menschlichen Dasein ausübt, im Zentrum steht: «Heimat», «Grenze», «Haus» und «Wohnung» lauten ihre realen Kategorien.[15] Die Rehabilitierung des konkreten Raums muß freilich das enge Gehäuse der existenzphilosophisch inspirierten Geborgenheitsphilosophie aufsprengen. Ansatzpunkte dazu liefern sowohl Max Schelers Begriff des «Weltraumes», der in der Gegenwart auch zu einer technischen Realität für den Menschen geworden ist, als auch der Begriff des «Lebensraumes» von Kurt Lewin, der unabhängig von politischen Ideologien durch die ökologische Situation eine unerwartete Aktualität erlangt hat.[16]

Zum Verstehen der Wirklichkeit gehört ferner die reale Kategorie der *Substanz*. Wie Dilthey herausgestellt hat, ist das Erlebnisäquivalent des Substanzbegriffs die personale Identität, die er «Selbigkeit» nennt. Der Zugang zur Selbigkeit erfolgt wieder durch die erzählte Geschichte, die ein Referenzsubjekt erfordert, das sich im Lauf der Geschichte aufbaut. Das hat Dilthey dazu geführt, die Aufmerksamkeit der Hermeneutik auf die Biographie zu lenken. Als symbolische Form nimmt die Biographie eine herausragende Stellung in der Historiographie ein. Dilthey bezeichnet sie als die «am meisten philosophische Form der Historie» (GS V, 225). Seine Begründung dafür lautet: «Die Biographie stellt so die fundamentale geschichtliche Tatsache rein, ganz, in ihrer Wirklichkeit dar» (GS I, 34). Daß Dilthey damit nicht dem Naturalismus das Wort reden will, ergibt sich aus dem Vorhergehenden von selbst. Die «fundamentale geschichtliche Tatsache», um die es in der Biographie geht, bildet die Ichidentität, die sich allererst in der Darstellung des Lebens als eigene Form der Idealität konstituiert. Die Idealität des Ich ist nicht die eines überzeitlichen transzendentalen Subjekts, sondern die eines symbolischen Ich, das nachträglich als Sinn der Lebensgeschichte hervortritt: «Der Wille eines Menschen, in seinem Verlauf und seinem Schicksal, wird hier in seiner Würde als Selbstzweck erfaßt, und der Biograph soll den Menschen sub specie aeternitatis erblicken, wie er selbst sich in Momenten fühlt, in welchen zwischen ihm und der Gottheit alles Hülle, Gewand und Mittel ist und er sich dem Sternenhimmel so nahe fühlt, als irgendeinem Teil der Erde» (GS I, 33). Diese Strukturbestimmung der biographischen Darstellung klingt sehr idealistisch und scheint dem dokumentarischen und analytischen Stil der modernen Biographik nicht gerecht zu werden. Aber man sollte nicht vergessen, daß jede noch so wirklichkeitsorientierte Biographik immer schon eine Wendung zur Idee darstellt und am Aufbau eines symbolischen Ich arbeitet.

Als letzte reale Kategorie ist die *Kausalität* zu nennen. Ihr konkretes Äquivalent ist Wirken und Leiden, das die Menschen in ihrem Verhalten am eigenen Leib verspüren. Geschichten erfassen Wirken und Leiden am Lebenszusammenhang, der als Schicksal oder Zufall, mit denen die Menschen leben müssen, dargestellt wird. Die reale Kategorie der Kausalität erweist sich somit wieder als symbolische Form, an der sich das menschliche Weltverständnis herausbildet. Das entspricht formal der Doppelseitigkeit der Geschichte als Geschehen und als Wissen davon. Insofern vermittelt die erzählende Darstellung zwischen subjektiver und objektiver Perspektive, eine Zwischenlage, die für alle hermeneutischen Kategorien konstitutiv ist.

Die Hermeneutik der realen Kategorien hat gezeigt, daß Verstehen von Zeit, Raum, Substanz und Kausalität ohne die Form der erzählten

Geschichten nicht auskommt. Der Verstehende muß aus den Texten die Geschichten rekonstruieren, um an die symbolischen Formen von Raum, Zeit usw. heranzukommen. Die realen Kategorien entsprechen somit in gewisser Weise der inneren Form der Erzählung, die nicht mit der Referenz des Begriffs zusammenfällt. Am Begriff läßt sich die Vorstellung von der Sache trennen, in Geschichten dagegen sind beide Momente im Modus des «Verstricktseins», wie sich der Phänomenologe Wilhelm Schapp ausgedrückt hat, miteinander verschmolzen.[17] In seinem Buch «In Geschichten verstrickt» (1953) führt Schapp vor Augen, daß die Geschichten das Medium sind, in dem Wirklichkeit erfahren wird. Damit geht Schapp, der unter der Ägide Husserls als Wahrnehmungsphänomenologe begonnen hat, zum pragmatischen Standpunkt über, modifiziert ihn aber insofern, als Geschichten das Handeln und das Bewußtsein der Menschen umfassen. Alles, was für das Bewußtsein Sinn und Bedeutung hat, erhält es im Medium der Geschichten, in denen sich der Mensch immer schon vorfindet und in denen sich Leben und Bewußtsein zu einer unhintergehbaren Wissensform verbinden. In diesem Sinne spricht Schapp vom «Primat der Geschichten vor der Außenwelt» (4), und daraus folgt, daß die realen Kategorien nicht als Begriffe, sondern als Bilder in Geschichten expliziert werden müssen.

Aber nicht nur die äußere, sondern auch die innere Wirklichkeit spiegelt sich nach Schapp in Geschichten: «Fließende Übergänge, so, wenn wir etwa den Wachzustand oder die Geschichte im Wachzustand vergleichen mit dem leichten Teerausch, Kaffeerausch, Weinrausch bis zur sinnlosen Betrunkenheit oder die *Träumereien* (...). All diese Übergänge können wir uns nur in Geschichten und über Geschichten klarmachen», heißt es in Schapps «Philosophie der Geschichten» (1981, 7). Der Zugang zu den Zuständlichkeiten des Bewußtseins führt über die Bilder in Geschichten, die sich somit gegenüber dem Erleben als das Primäre erweisen. Dadurch ist der Subjektivismus des Erlebnisstandpunkts, der bei Dilthey noch gelegentlich durchscheint, endgültig überwunden.

Damit sich «Bewußtsein in Geschichten» (Hermann Lübbe) bilden kann, müssen diese allerdings einen bestimmten Aggregatzustand annehmen. Die meisten Geschichten, in die der Mensch verstrickt ist, die alltäglichen Geschichten, laufen störungsfrei ab und gehen spurlos vorüber. Aber es gibt auch Geschichten, die einen bleibenden Eindruck hinterlassen und somit den Erfahrungshorizont der Menschen prägen.

In diesen Geschichten, den Geschichten der Dichter, wird aus der einfachen Erzählung der Ereignisse ein Zustand, eine sinnhafte Gestalt, mit einem Wort – ein Bild. Mit der Verwandlung der Geschichte ins Bild vollzieht sich eine Bedeutungsverschiebung, eine Bedeutungsverdichtung, die das Subjektive des Erlebens und das Zufällige des Geschehens abstreift, ohne schon die Ebene der begrifflichen Allgemeinheit und Notwendigkeit zu erreichen. Die Bilder in Geschichten eröffnen damit den Zugang zu den situationalen Bedeutungen, auf die sich das Verstehen richtet. Die Bilder in Geschichten sind keine Abbilder der Wirklichkeit, sondern Darstellungen des Unsichtbaren, das durch Verhaltensweisen und Lebensformen allererst Gestalt gewinnt.

Für die konkrete Erfahrung ist das eine geläufige Erscheinung: In Geschichten enthüllen Ereignisse ihren symbolischen Charakter, die unser Inneres anrühren. Das gilt auch für die scheinbar unverrückbaren ‹objektiven› Gegebenheiten, an denen es eigentlich keine Überraschungen geben dürfte: Raum, Zeit, Identität usw. In Geschichten verstehen wir plötzlich, wie Zeit für den Menschen konkret wird und was Zeit für uns bedeuten kann. Analoges gilt für den Raum, dessen Realität uns an Geschichten aufgeht. Und für die personale Identität trifft das allemal zu: Geschichten sagen uns, wer wir sind, da sie uns an die Grenzen unseres Selbst führen. Das sind Erfahrungen, die unmittelbar die Lehre von den Formen des Verstehens betreffen. Diese lassen sich nicht aus dem reinen Denken deduzieren, sondern das Unausdenkbare, das die Fassungskraft der abstrakten Begriffe sprengt, wird in den Geschichten zum Bild, dem sich niemand entziehen kann.

Für die hermeneutische Praxis ergeben sich daraus weitreichende Konsequenzen. Zunächst die, daß das historische Verstehen auf die Erzählung als elementare Form der Bedeutungsbildung nicht verzichten kann.[18] Aber auch das Verstehen von theoretischen Texten kommt ohne Geschichten nicht aus, wenn es Zugang zu den Grundbegriffen gewinnen will. Die «Interpretation der Begriffe» (GS VII, 309), in der nach Dilthey das Verstehen seine höchste Vollkommenheit erreicht, soll die wissenschaftliche Begriffsbildung aus der Perspektive des Lebenszusammenhangs erhellen. Was in einem wissenschaftlichen Argumentationszusammenhang Raum, Zeit usw. bedeuten, sagt dem Interpreten die Begriffsgeschichte. Dabei heißt Begriffsgeschichte zweierlei: zum einen die Entwicklung der Bedeutung von Begriffen, die sich durch vergleichende Studien feststellen läßt, etwa die Geschichte des Raumbegriffs in der Physik. Zum anderen umfaßt Begriffsgeschichte auch und primär Rekonstruktion eines Verhaltens- und Lebenszusammenhangs, dem ein Begriff seine Bedeutung verdankt, etwa die Entstehung des Raumbegriffs aus der Praxis der Feldvermessung. Diesen Typus von ‹Begriffsgeschichten› hat Wilhelm Schapp entwickelt, der in seinem Buch «Wissen in Geschichten» (1976) für die naturwissenschaftlichen Kategorien die dazugehörigen Lebenszusammenhänge erzählt, aus denen die Begriffe als Lebenskategorien verständlich werden. Begriffsgeschichten dieser Art, d.h. Entstehungsgeschichten ihrer bildhaften Struktur nach zu analysieren und zu systematisieren, gehört zu den noch anstehenden Aufgaben der hermeneutischen Kategorienlehre.

1 Im gedruckten Text steht «Straße», der Sinnzusammenhang aber erfordert die Lesart «Sprache». Ein Manuskriptvergleich hat diese Lesart bestätigt.
2 Vgl. H. Heimsoeth, Transzendentale Dialektik. Ein Kommentar zu Kants Kritik der reinen Vernunft, Bd. 3, Berlin 1969, 199.
3 Benedetto Croce, Logik als Wissenschaft vom reinen Begriff, übers. von F. Noeggerath, Tübingen 1930, 14–26.
4 Zum Rückgriff Diltheys auf Fichte s. A. Haardt, Vom Selbstbewußtsein zum Leben, in: Dilthey-Jahrbuch Bd. 6, 1989, 292–302.
5 Eine Darstellung der Auseinandersetzung zwischen Dilthey und Rickert gibt S. Otto, Rekonstruktion der Geschichte. Zur Kritik der historischen Vernunft, Erster Teil, München 1982, 73–78, Kap. 2: Dilthey und Rickert: Ganzer Mensch und geltungslogische Subjektivität. Vgl. die prägnante Darstellung von G. Cacciatore, Scienze dello spirito e mondo storico nel confronto Dilthey-Rickert, in: Rickert tra Storicismo e Ontologia, a cura di M. Signore, Milano 1989, 223–249.
6 Vgl. L. Kuttig, Konstitution und Gegebenheit bei H. Rickert, Essen 1987, 77–117.
7 Die situationale Bedeutung der Geschichte entspricht natürlich nicht nur der Einmaligkeit ihres Inhalts, sondern auch und vor allem dem Anlaß und Stil des Erzählens. Zur Pragmatik der Erzählung und zur narrativen Bedeutungsbildung siehe die grundlegende Darstellung von W. Wehle, Novellenerzählen. Französische Renaissancenovellistik als Diskurs, München 1984.
8 A. C. Danto, Analytische Philosophie der Geschichte, Frankfurt a. M. 1974, 371–406.
9 K. Stierle, Geschichte als Exemplum – Exemplum als Geschichte. Zur Pragmatik und Poetik narrativer Texte, in: Text als Handlung, München 1975, 14–48.
10 Zu Pavese vgl. P. Welsen, Die Metamorphosen des Mythos bei Cesare Pavese, in: Germanisch-romanische Monatsschrift, Bd. 39, 1989, 338–349.

11 So H. Lübbe in seinem bekannten Aufsatz: Was heißt: «Das kann man nur historisch erklären?», in: Geschichte – Ereignis und Erzählung, hg. von R. Koselleck und W.-D. Stempel, München 1973 (Poetik und Hermeneutik V), 542–554.
12 Zum Thema «erzählte Zeit» siehe das grundlegende erste Kapitel von H.R. Jauß, Zeit und Erinnerung in Marcel Prousts «A la recherche du temps perdu». Ein Beitrag zur Theorie des Romans, Frankfurt a. M. 1986, 17–60: Die Überwindung der epischen Distanz.
13 Die «Ungleichzeitigkeit des Gleichzeitigen» in der Geschichte thematisiert Siegfried Kracauer, Schriften 4, Geschichte – Vor den letzten Dingen, Frankfurt a. M. 1971, 133–154, Kap. VI: Ahasver oder das Rätsel der Zeit.
14 J. M. Lotman, Die Struktur literarischer Texte, München ²1981, 311 f.
15 Hier sei an das seinerzeit vielgelesene Buch von H. E. Holthusen, Der unbehauste Mensch, München 1951 erinnert. Zum Thema gelebter Raum vgl. O. F. Bollnow, Mensch und Raum, Stuttgart 1963.
16 K. Lewin, Grundzüge der topologischen Psychologie, übertr. und hg. von R. Fall u. a., Stuttgart 1969.
17 Zur Einordnung von Wilhelm Schapp in die phänomenologische Bewegung vgl. H. Lübbe, «Sprachspiele» und «Geschichten». Neopositivismus und Phänomenologie im Spätstadium, in: H. Lübbe, Bewußtsein in Geschichten. Studien zur Phänomenologie der Subjektivität. Mach – Husserl – Schapp – Wittgenstein, Freiburg 1972, 81–114, und F. Fellmann, Phänomenologie als ästhetische Theorie, Freiburg/München 1989.
18 Vgl. F. Fellmann, Die Unvergänglichkeit der narrativen Geschichte, Einleitung zu: Benedetto Croce, Die Geschichte auf den allgemeinen Begriff der Kunst gebracht, Hamburg 1984.

Kapitel V: Ideale Kategorien

1. Stile als Horizonte der Welterschließung

Mit der Theorie der narrativen Bedeutungsbildung ist der Stufenbau der hermeneutischen Kategorienlehre noch nicht vollendet. Die erzählten Geschichten als symbolische Formen legen die bildhaften Raster der materialen Grundbegriffe frei, aus denen das Bewußtsein die Welt aufbaut. Aber wie steht es mit dem Begriff der Welt in ihrer Totalität? Der Weltbegriff verweist auf eine Sphäre des Wissens, die über den erzählbaren Sinnzusammenhängen liegt. Die hermeneutische Logik muß, wenn sie die höchste Ebene des Verstehens erreichen will, ein übergreifendes Prinzip formulieren, das die formalen und realen Kategorien zusammenhält. Mit einem Wort: Das Verstehen braucht ideale Kategorien. Das sind solche, denen keine bestimmten Ausdrücke entsprechen: symbolische Formen in Reinkultur.

Dieser hermeneutische Grundsatz hat seine Entsprechung in der Methodologie der naturwissenschaftlichen Begriffsbildung, die mit der Formulierung von Gesetzen nicht abgeschlossen ist. Dort bleibt die Frage, wie die Gesetze in einem konsistenten System zusammengefaßt werden können. Bei Kant liefern «Vernunftideen» (Seele, Welt, Gott) die Gesichtspunkte, nach denen das wissenschaftliche Erkennen zur systematischen Einheit gebracht wird (KrV B 702).[1] Als «regulative Prinzipien» ermöglichen sie zwar keine neuen Erkenntnisse im eigentlichen Sinne, stellen aber eine identische Sichtweise dar, die sich in allen wissenschaftlichen Methodologien nachweisen läßt. Insofern sind Ideen unverzichtbare Bestandteile der Logik der Forschung.

Auch dem geisteswissenschaftlichen Verstehen liegen regulative Prinzipien zugrunde, durch die verschiedene Aussagen als einer Person oder Epoche zugehörig identifiziert werden können. Diese Einheitsprinzipien finden ihren Ausdruck im *Stil*. Denn Stil bezeichnet eine Einheitlichkeit in der Verschiedenheit von Äußerungen sprachlicher und nichtsprachlicher Natur. Stile erhalten damit den Charakter von umfassenden Erfahrungshorizonten. Insofern können Stile als symbolische Formen von Totalität fungieren, die sich als hermeneutische Analoga der Systeme des Wissens interpretieren lassen. Man kann sie im Prozeß des Verstehens als ideale oder regulative Kategorien verwenden.

Der Weg zur Verdeutlichung dieser These führt wieder zu Dilthey. Sein ideologisch belasteter Lieblingsbegriff «Weltanschauung» gewinnt hier hermeneutische Bedeutung. Sie tritt zutage, wenn man den Gehalt dessen, was Dilthey unter Weltanschauung versteht, in die entsprechende symbolische Form übersetzt. Die Aufforderung dazu ist im Prinzip schon 1920 ergangen, als Hermann Nohl (1879–1960) «Stil und Weltanschauung» zusammenbrachte und Stil als «Form der Weltanschauung» (22) bezeichnete.[2] Die Strukturaffinität von Stil und Weltanschauung ergibt sich aus der berühmten Formulierung von Gustave Flaubert, der Stil sei «eine absolute Weise, die Dinge zu sehen». Das ist eine paradoxe Definition, da Sichtweisen wesenhaft relativ sind. Daß eine Sichtweise absolut genannt wird, spielt auf die Tatsache an, daß sie für das Subjekt selbst nicht in Erscheinung tritt. Daraus resultiert die Unhintergehbarkeit des Stils, die in der traditionellen Zuordnung des Stils zum Gefühl (‹Stilgefühl›) zum Ausdruck kommt. Alle Versuche, ihn aus Begriffen zu erklären, scheitern und führen immer nur auf eine tieferliegende Schicht des Symbolischen. Als Lebensform bildet der Stil den archimedischen Punkt des Bewußtseins, den die Metaphysik immer am falschen Ort gesucht hat, nämlich außerhalb der Welt in den metaphysischen Ideen. In Wahrheit liegt er innerhalb der Welt der Vorstellungen, in der Tiefe des zuständlichen Bewußtseins, die kein Begriff erhellt. In diese Tiefe reichen nur die Bilder, die das Verhalten der Menschen steuern.

Die Auffassung des Stils als absolute Sichtweise muß historisch als symbolische Transformation eines metaphysisch Absoluten gelesen werden, wie es der Romantik im unendlichen Kunstwerk vorschwebte. Walter Benjamin hat diesen Zusammenhang aufgedeckt. Er bestimmt das romantische Kunstwerk als «Reflexionsmedium».[3] Die Reflexion, die sich in sich selbst bewegt, findet im Kunstwerk einen geistigen Raum, der durch Begriffe nicht ausgefüllt wird. Daher die ungeheure logische Energie, die das 19. Jahrhundert in seinen Schöpfungen auf den Stil verwandt hat. Der Stil vereint Gefühl und Gedanke auf einer eigenen Bedeutungsebene. In diesem Sinne hat schon Jean Paul (1763–1825) in seiner für die Hermeneutik bedeutsamen «Vorschule der Ästhetik» den Stil treffend den «zweiten biegsamen Leib des Geistes» (258) genannt. Dabei denkt er nicht nur an die Ausdrucks-, sondern auch und vor allem an die Darstellungssphäre: «Sinnlichkeit durch Gestalt und Bewegung ist das Leben des Stils» (261). Im Hinblick auf die hermeneutische Kategorienlehre ließe sich ergänzen: Das «Leben des Stils» und das «Leben der Bilder» gehören zusammen, da beide Weisen des darstellenden Verhaltens repräsentieren.

Diesen Zusammenhang hat in der Gegenwart Nelson Goodman aufgenommen, in dessen «Weisen der Welterzeugung» sich die Definition findet: «Stil hat ausschließlich mit den Symbolfunktionen eines Werkes als solchem zu tun» (51). Damit wird Stil als Mittel begriffen, unsere Wahrnehmung von Kunstwerken und den Welten, die sie darstellen, zu verschärfen. Das Maß für die heuristische Funktion des Stils liefert nach Goodman der Widerstand, den er den Bedürfnissen und Gewohnheiten des verstehenden Subjekts entgegensetzt: «Je weniger uns ein Stil zugänglich ist und je mehr wir uns ihm anverwandeln müssen, desto größere Einsicht gewinnen wir, und um so besser werden wir imstande sein, Entdeckungen zu machen» (57). Hier macht sich der hermeneutische Charakter des Stils, der über die ornamentale Funktion hinausgeht, deutlich bemerkbar. Nur in Form der Stilanalyse ist es möglich, die ungegenständliche Bedeutung von spezifischen Darstellungen, in denen sich Subjektivität manifestiert, zu verstehen. Das bestätigt den Stil in seiner symbolischen Funktion, die in den Sprachen der Kunst hervortritt.

2. Der Streit um das Wesen der Philosophie

Der hermeneutische Stilbegriff führt in einen Problemkreis, der mit der Weltanschauungslehre eng verknüpft ist: zur Frage nach dem Begriff von Philosophie. Das ist kein zufälliger Zusammenhang, sondern er ergibt sich in systematischer Hinsicht daraus, daß Philosophie es mit der Erkenntnis der Totalität der Welt zu tun hat. Der die Philosophie von Anfang an durchdringende Ganzheitsanspruch blieb historisch auch dann noch erhalten, als in der zweiten Hälfte des 19. Jahrhunderts die Metaphysik durch die exakten Wissenschaften verdrängt wurde. Die wissenschaftlich ausgerichtete Philosophie hat seitdem zwischen zwei Anforderungen zu vermitteln: zwischen dem Rationalitätsstandard der Wissenschaften auf der einen Seite und dem Totalitätsanspruch der Metaphysik auf der anderen. Ernst Troeltsch (1865 bis 1923) spricht 1910 von der «Doppelaufgabe» der Philosophie: Klärung des Denkens und Vereinheitlichung des Wissens zur «Weltanschauung» (II, 837).

Um zu explizieren, wie diese Doppelaufgabe gelöst worden ist, eignet sich hervorragend die Diskussion um den Philosophiebegriff, wie sie zu Beginn dieses Jahrhunderts zwischen Dilthey und Husserl geführt worden ist und die ihren publizistischen Höhepunkt in Husserls «Logos»-Aufsatz «Philosophie als strenge Wissenschaft» (1911) gefunden hat. In diesem Aufsatz wendet sich Husserl in scharfer Form gegen das Weltanschauungskonzept, das er als Relativismus brandmarkt. Wie häufig bei derartigen Kontroversen, ist auf lange Sicht keine der Parteien Sieger geblieben. Vielmehr hat sich eine neue Auffassung der Philosophie herausgebildet, die über beide Ausgangspositionen hinausführt. Das Resultat besteht in einem Philosophiebegriff, in dem der Stilistik die zentrale kognitive Funktion zukommt. Das äußert sich in einer Verschiebung der Form des philosophischen Denkens von der Begründungsrationalität der Systeme zur Darstellungsrationalität der Interpretationen. Angesichts dieser Denkformenverschiebung, die das gegenwärtige Profil der Philosophie bestimmt, erweist sich der Rückgang auf Dilthey und Husserl als aktueller denn je.

Eine Bestätigung für die Wendung der Philosophie zum Stil bieten die Schriften von Wittgenstein, der durch seinen Stil neue Dimensionen des Denkens erschlossen hat. Wittgenstein hat den Charakter seines Philosophierens als ‹Stilübung› durchaus reflektiert: «In gewissem Sinne mache ich Propaganda *für* einen Denkstil und *gegen* einen anderen», heißt es in seinen «Vorlesungen und Gespräche über Ästhetik, Psychologie und Religion» (Nr. 37).[4] Die Verbindung von der Gedankenklärung zur Stilübung läßt sich über Nietzsches berühmten Satz herstellen: «Den Stil verbessern – das heißt, den Gedanken verbessern – und gar Nichts weiter!»[5] Philosophie als ‹Stilübung› schließt demnach Argumentation nicht aus, nur tritt an die Stelle der Wahrheit die Ausbildung eines ästhetischen Argumentationstyps, der sein eigener Beweis ist.

In seinem Plädoyer für die «Philosophie als strenge Wissenschaft» nimmt Husserl präzise den pragmatischen Ansatz auf, den Dilthey in seiner Weltanschauungslehre vertritt: «Es ist sicher, daß wir nicht warten können. Wir müssen Stellung nehmen, wir müssen uns mühen, die Disharmonien in unserer Stellungnahme zur Wirklichkeit – zur Lebenswirklichkeit, die für uns Bedeutung hat, in der *wir* Bedeutung haben sollen – auszugleichen in einer vernünftigen, wenn auch unwissenschaftlichen ‹Welt- und Lebensanschauung›. Und wenn uns der Weltanschauungsphilosoph darin hilfreich ist, sollten wir es ihm nicht danken?» (66). Dieser Passus enthält die wichtigsten Momente der Weltanschauungslehre, nämlich den wesenhaften Wirklichkeitsbezug, die Anerkennung des disharmonischen oder besser antinomischen Charakters der Zustände des Lebens und schließlich das Bemühen um Ausgleich. Aber damit konnte Husserl recht wenig anfangen, da sein Begriff von Philosophie im Grunde keinen Raum für derartige Reflexionen läßt. Statt sich auf diese Momente ernsthaft einzulassen, behandelt Husserl sie mit wohlwollender Herablassung. Er sieht in ihnen nichts mehr als «Erhebung und Herzerquickung», sentimentale Aufschwünge also, die an der wahren Aufgabe des Philosophierens vorbeigehen. Diese könne nur von der Philosophie als ‹theoretischer Wissenschaft› erfüllt werden, die gegenüber dem «praktischen Weltanschauungsstreben» (67) endgültige Einsichten liefert.

Philosophie als «strenge Wissenschaft» soll nach Husserl den Relativismus endgültig hinter sich lassen: «Ihre Entscheidung trägt den Stempel Ewigkeit» (67). Man muß sich aber fragen, wie die wissenschaftliche Philosophie dieser Aufgabe gerecht werden kann. Gehört es doch gerade zu Husserls kritischem Ausgangspunkt, daß der wissenschaftliche Fortschritt die Entwicklung der Kultur eher gefährdet als gefördert habe: «Die Not stammt hier von der Wissenschaft» (66). Wenn Husserl gleichwohl die Idee der strengen Wissenschaft für die Philosophie in Anspruch nimmt, so kann er nicht die positiven Wissenschaften im Sinn haben. In der Tat fordert er von der Philosophie eine gegenüber den positiven Wissenschaften «prinzipiell anders tendierte» (65) Wissenschaftlichkeit. Den Unterschied sieht er darin, daß es sich bei der Philosophie um eine Wissenschaftlichkeit handelt, die alles Hypothetische abstreift. Die Exaktheit der Methode allein genüge nicht, gefordert sei vielmehr eine höhere Form der Evidenz, ein «generell schauendes Verständnis, das keine *sinnvolle* Frage mehr offen läßt»

(41). Von dieser Position her kann es nicht verwundern, daß Husserl trotz Descartes, Kant und anderer wissenschaftlicher Philosophen im «Logos»-Aufsatz ernsthaft die Meinung vertritt, bisher sei noch kein Stück einer streng wissenschaftlichen Philosophie hervorgebracht worden (68).

Husserls intuitionistisches Rationalitätskonzept bildet den Hintergrund, vor dem Diltheys Weltanschauungs-Philosophiebegriff in seiner Besonderheit und Tragweite hervortritt. Dabei verhält es sich keineswegs so, daß Diltheys Weltanschauungsabhandlung die Wissenschaftlichkeit der Philosophie in Frage stellen würde. Der Weltanschauungsbegriff bleibt vielmehr in eine Idee von Philosophie eingebettet, die durchaus Anspruch auf Wissenschaftlichkeit erhebt und nach Diltheys eigener Formulierung höchste «logische Energie» voraussetzt. Es geht also nicht um die Alternative wissenschaftliche oder unwissenschaftliche Philosophie, sondern um die Interpretation der Idee wissenschaftlicher Rationalität. Dilthey vertritt den Standpunkt der Erfahrung, dem zufolge das Weltverstehen mit den Antinomien zu rechnen hat, die Husserl in seinem Referat der Position Diltheys verharmlosend als «Disharmonien» bezeichnet. Wenn aber Antinomien konstitutiv für den Weltbegriff sind, kann sich Philosophie nur hermeneutisch als Methode der Sinnklärung behaupten. Dagegen erscheint Husserls Anspruch auf «direkte Intuition» (Philosophie als strenge Wissenschaft, 71), auf der die «ideale Möglichkeit eines philosophischen Systems» beruhen soll, in Diltheys Augen als Selbsttäuschung des philosophischen Bewußtseins: «Letzte Generalisation: aus der positiv gearteten Welt und dem sie bedingenden Gedankenlauf kann nirgends reine Idealität entspringen. Hier liegt der eigentümliche Salto mortale der bisherigen Philosophie» (GS XVIII, 199).

Um diesen Salto mortale zu vermeiden, hat Dilthey seinen hermeneutischen Begriff von Philosophie in einer selbständigen Schrift, der Abhandlung «Das Wesen der Philosophie», formuliert, die 1907 im Band «Systematische Philosophie» des Sammelwerks «Die Kultur der Gegenwart» erschienen ist. Der Wesensbegriff der Philosophie bezieht sich auf ihre «Funktion im Individuum und in der Gesellschaft» (GS V, 345). Gemeint ist allerdings nicht die äußerliche Funktion der Philosophie. Es geht vielmehr um die symbolische Funktion, die darin besteht, dem Bewußtsein Zugang zu sich selbst zu verschaffen, und die somit der reflexiven Struktur des Bewußtseins selbst entspricht. In diesem Sinne ist Diltheys Satz zu verstehen: «Philosophie ist in der Struktur des Menschen angelegt» (GS V, 375). Und nicht nur angelegt, sondern aus der Struktur «mit innerer Notwendigkeit hervorgegangen». Der funktionale Ansatz fragt somit nicht danach, was Philosophie ist, sondern was es bedeutet, wenn jemand philosophiert.

Zwei Momente kennzeichnen die symbolische Funktion der Philosophie: Das erste läßt sich unter dem Stichwort «Stabilisierung» zusammenfassen. Dilthey spricht von «der innersten Richtung auf die Festigung und Gestaltung der Persönlichkeit» (GS V, 346). Diese Funktion ergibt sich folgerichtig aus der Strukturlehre des Bewußtseins. Wenn Bewußtsein aus einem heterogenen Kontinuum von Verhaltensweisen besteht, bedarf es ihrer ständigen Vermittlung, ihrer Integration. Insofern handelt es sich bei der Strukturlehre um einen ‹inneren› Pragmatismus, der sich an der Idee der Selbstkonstitution des Bewußtseins orientiert. Die von der philosophischen Reflexion geforderte Leistung liegt demnach in der «bloßen Form» des philosophischen Verhaltens: «Das Gleiten und Schwanken der seelischen Vorgänge, das Zufällige und Partikulare im Gehalt der Lebensmomente, das Unsichere und Wechselnde in der Auffassung, Wertung und Zwecksetzung, diese innere Unseligkeit des so irrig von Rousseau oder Nietzsche gepriesenen naiven Bewußtseins wird überwunden» (GS V, 379).

Die Stabilisierung – und damit sind wir beim zweiten Moment der Funktion – wird erreicht durch eine Bewegung des Wissens, die Dilthey «Steigerung der Bewußtheit» nennt (GS V, 374): eine den philosophischen Geist auszeichnende «intellektuelle Beschaffenheit, die alles Tun zum Bewußtsein erheben will und nichts im Dunkel bloßen Verhaltens zurücklassen, das um sich selber nicht weiß» (GS V, 346). Philosophie ist demnach kein Inhalt, sondern ein Zustand, eine Verhaltensweise. Hierin liegt der kritische, ‹emanzipatorische› Impuls des hermeneutischen Philosophiebegriffs, der nicht Systeme konstruiert, sondern sich an die Bilder des Verhaltens hält. Wo nichts zu ändern ist wie in Grenzsituationen, in denen der Mensch auf der Suche nach dem Sinn sich immer wieder vorfindet, hilft nur die ‹Rettung ins Bild›. So wie man von jemandem, dessen Unternehmungen mißglückt sind, sagt, er habe Schiffbruch erlitten.[6] Daseinsbilder bewahren den Geist vor Verzweiflung, sie helfen ihm, mit dem Unabänderlichen zu leben.

3. Philosophie und Weltanschauung

Der Rückgang auf die Verhaltensbilder könnte den Eindruck erwecken, als bleibe Philosophie als Denk- und Lebensform im Bereich des Subjektiven, allenfalls im Bereich der Intersubjektivität. Nichts wäre falscher als das. Der Weltbezug, das Weltverhältnis gehören wesentlich zum philosophischen Gedanken, da das Selbstverständnis des Menschen sich nur im Rahmen des Weltverständnisses bilden kann. Dilthey wird nicht müde, auf diesem Sachverhalt zu insistieren. An mehreren Stellen der Wesens-Abhandlung wird der Weltbezug der Philosophie hervorgehoben: «fester Punkt für die Philosophie (ist) das Verhältnis des Subjekts zur Welt» (GS V, 405; 378; 415). Das Weltverhältnis ist es, das den inhaltlichen Grundzug aller philosophischen Systeme ausmacht (GS V, 346).

Der Weltbezug der Philosophie darf freilich nicht im ontologischen Sinne gelesen werden. Die Formel «Stellung des Menschen zur Welt» (GS V, 415) indiziert vielmehr ein symbolisch-pragmatisches Weltverhältnis, das mit der klassischen Kosmologie nichts zu tun hat. Denn es ist nicht mehr die im Kosmos vorgegebene Ordnung des Seins, in die sich der Mensch einübt, sondern ein vom Menschen selbst hervorgebrachter Weltbegriff. Das Sein verschwindet damit ganz hinter den Relationen: Nicht Philosophie und Welt, sondern Philosophiebegriff und Weltbegriff gehören zusammen (GS V, 414). Die Metaebene gilt es zu beachten, den Primat der Beziehungen im Auge zu behalten, wenn verständlich werden soll, was mit Weltanschauung gemeint ist: «Interpretationen der Wirklichkeit» (GS V, 379).

Bei der Definition der Weltanschauungen als «Interpretationskonstrukte» (um noch einmal den Begriff von Hans Lenk aufzunehmen) hebt Dilthey die Analogie zur pragmatischen Bedeutungsrelation ausdrücklich hervor: «Wie ein Satz einen Sinn oder eine Bedeutung hat und zum Ausdruck bringt, so möchten diese Interpretationen Sinn und Bedeutung der Welt aussprechen!» (ebd.). Damit ist von vornherein die Distanz gegenüber allen intuitionistischen Konzeptionen markiert, welche die Totalität als Gegenstand direkter Wesenserfassung betrachten. «Sinn und Bedeutung» lassen sich nur perspektivisch festlegen, sie gelten nur in bestimmter Hinsicht. Die «Interpretation der Wirklichkeit» liefert ein Orientierungsschema für das Verhalten des Menschen in der Welt, eine einheitliche Überzeugung, die ohne präsentative

Symbolismen, ohne Bilder nicht auskommt. Dabei ist zwischen «Umweltbild» und «Weltbild» zu unterscheiden, wie Max Scheler herausgestellt hat (GW VIII, 294). Umweltbilder gibt es für Tiere und Menschen gleichermaßen, Weltbilder dagegen nur für den Menschen, der sich in seinem Verhalten vom Reiz-Reaktionsschema distanzieren kann.

Die Weltanschauungen treten nicht selbständig auf, sondern manifestieren sich in den bekannten Wissensformen Philosophie, Religion und Kunst. Innerhalb der Philosophie betrachtet Dilthey die Metaphysik als die spezifisch philosophische Realisationsform der Weltanschauungen. Die Metaphysik gilt ihm als «das Unternehmen, die Weltanschauung zur Allgemeingültigkeit zu erheben» (GS V, 399). Mit dem Anspruch auf Allgemeingültigkeit stellt sich die Metaphysik an die Seite der wissenschaftlichen Rationalität, zugleich aber tritt der Unterschied zu den Einzelwissenschaften hervor. Dieser liegt darin, daß die Metaphysik eine Universalität beansprucht, die über die der wissenschaftlichen Sätze hinausgeht (GS V, 345; 365). Der integrale Geltungsanspruch der metaphysischen Sätze ist es, der die Philosophie auf die Seite von Kunst und Religion stellt.

Dem Verhältnis dieser Wissensformen hat Diltheys Wesens-Abhandlung ausführliche Analysen gewidmet. Jede Wissensform wird als eigene «Art zu sehen» (GS V, 385) interpretiert, als selbständige «Grundform des Sehens und Feststellens» (GS V, 390). Anstelle der unerreichbaren Totalität des Gegenstandes tritt die Einheitlichkeit einer Sichtweise. In diesem Sinne bemerkt Dilthey, die Weltanschauungen sperren sich gegen «Vergegenständlichung» (GS V, 400). Das besagt: Weltanschauungen realisieren den problematisch bleibenden Weltbegriff immer nur in bildlicher Form. Das macht Philosophie sowie Kunst und Religion zu symbolischen Funktionen.

Die Bestimmung der Philosophie als symbolische Form erfolgt bei Dilthey zunächst im Verhältnis zur religiösen Weltanschauung. Hinsichtlich des Totalitätsanspruchs gibt es Übereinstimmung: «Die Struktur beider ist in den großen Zügen dieselbe» (GS V, 389). Historisch äußert sich die Strukturgleichheit darin, daß die religiöse Weltanschauung die philosophischen Systeme vorbereitet hat, so daß es bruchlose Übergänge zwischen beiden Formen des Denkens gibt (GS V, 386ff). Daher kommt nach Dilthey den theologischen Autoren ein wichtiger Platz in der Geschichte der Philosophie zu (GS V, 392). Die Übereinstimmung läßt die Differenz zwischen religiöser und philosophischer Denkform aber um so deutlicher hervortreten. Sie betrifft den Aggregatzustand des Wissens, der sich aus der unterschiedlichen Art des Weltbezugs ergibt. Das religiöse Erleben transzendiert die Welt in Richtung auf das Unsichtbare. Diese Abwendung von den Phänomenen prägt den Duktus des religiösen Denkens, sie bringt Enge, Geschlossenheit, mit einem Wort: Dogmatismus. Dagegen zeichnet sich die philosophische Haltung durch Offenheit gegenüber der Fülle der Welt aus. Das gibt ihrem Blick Gelassenheit. Die philosophische Denkform ist demnach wesenhaft antidogmatisch, d. h. skeptisch.

Durch ihre konstitutionelle Offenheit rückt die Philosophie in die Nähe zur dritten Konkretisation der Weltanschauung, zur Kunst als «Organ des Lebensverständnisses» (GS V, 394). Daraus ergibt sich für Dilthey ein differenziertes Verhältnis von Kunst und Philosophie: Mit der Philosophie teilt die Kunst die Offenheit, die Fähigkeit, die Fülle der Erfahrungen aufzunehmen. Das macht den gemeinsamen Unterschied zur Religion aus (GS V, 390). Die Differenz liegt in der Unbegrifflichkeit der Kunst, die durch ihre Bildhaftigkeit dem diskursiven Denken des Philosophen ‹heterogen› ist (GS V, 396). Das hat zur Folge, daß die Kunst keine eindeutig abzugrenzenden Weltanschauungstypen aufweist (GS V, 397).

Der differenzierte Vergleich der Philosophie mit Religion und Kunst hat die gemeinsame symbolische Funktion sichtbar gemacht, die auf die Weltanschauung als den Kern aller drei Wissensformen verweist. Gleichwohl nimmt die philosophische Weltanschauung gegenüber Kunst und Religion eine Sonderstellung ein, die sich historisch aus dem Aufkommen der exakten Wissenschaften ergibt. Während Dichtung und Religion in ihrem Bestand durch die Ausbreitung der Wissenschaften kaum berührt, jedenfalls nicht ernsthaft bedroht werden, läßt sich die Philosophie in Form der Metaphysik nach dem Sieg der exakten Wissenschaften nicht bruchlos weiterführen. Dilthey, der den Zusammenbruch der Metaphysik im zweiten Buch seiner «Einleitung» historisch dargestellt hat, gibt in der Wesens-Abhandlung den systematischen Grund dafür an, daß das metaphysische «Unternehmen», die Weltanschauung zur Allgemeingültigkeit zu erheben, zum Scheitern verurteilt ist. Der Grund liegt darin, daß in den metaphysischen Systemen zwei einander ausschließende Denkrichtungen gewaltsam zusammengebracht werden: die «idealistische» Richtung, die Ganzheitstendenz, und die «positivistische» Richtung, die Tendenz zu allgemeingültiger Begründung durch Begriffe, wie sie in den Wissenschaften ausgeprägt ist (GS V, 345 f). Beide Tendenzen kollidieren in der Metaphysik und führen damit notwendig zu ihrer inneren Auflösung (GS V, 365).

Damit gerät die Philosophie nach dem Ende der Metaphysik in eine prekäre Situation. Wenn der weltanschauliche, d. h. bildhafte Kern der Philosophie nicht mehr in der Systemform der Metaphysik bewahrt werden kann, so erhebt sich die Frage, in welcher Gestalt Philosophie überhaupt noch möglich ist. Dilthey war sich der Schwierigkeit der philosophischen Lage durchaus bewußt. Er hat den Gestaltwandel der Philosophie, der sich schon zu seiner Zeit abzeichnete, mit Aufmerksamkeit registriert. Die wissenschaftstheoretischen Reduktionsformen der Philosophie, wie sie von den Neukantianern ausgebildet wurden, hat er verworfen, da sie der symbolischen Funktion der Philosophie nicht gerecht werden (GS V, 408). Ihm ist daran gelegen, das «einheitliche Wesen der Philosophie» zu bewahren (GS V, 415). Das ist nur dann möglich, wenn die Philosophie ihren Systemcharakter aufgibt: «So ist für die heutige Lage der Philosophie charakteristisch, daß die stärksten Wirkungen derselben nicht von den Systemen ausgehen, sondern eben von diesem freien philosophischen Denken, das die Wissenschaften und die ganze Literatur durchdringt» (GS V, 412). Damit lenkt Dilthey den Blick auf die unsystematischen Formen des Philosophierens, die sich im Anschluß an Friedrich Nietzsche ausgebildet haben und die heute im Anschluß an Ludwig Wittgenstein noch oder wieder aktuell sind. Der Wandel betrifft den Argumentationsstil, der immer mehr vom deduktiven zum bildhaften Denken übergeht.

4. Die Darstellung der Lebenserfahrung im Weltbild

Um die symbolische Form der Philosophie genauer zu bestimmen, ist es ratsam, den von Dilthey in der Wesens-Abhandlung eingeschlagenen Weg der strukturalen Funktionsanalyse weiterzuverfolgen. Den Leitfaden für die weitere Klärung kann der Satz aus der Wesens-Abhandlung abgeben, der die Weltanschauung als «innere Beziehung der Lebenserfahrung zum Weltbilde» definiert (GS V, 380). Diese Relation unterscheidet sich von der einfachen Korrelation zwischen Subjekt und Objekt durch ihre Indirektheit. Denn es handelt sich um eine Beziehung zwischen zwei Wissensformen, die selbst schon relationalen Charakter besitzen. In welcher Weise dadurch der Status der Weltanschauung geprägt wird, darüber gibt der Aufsatz von 1911 Aufschluß, «Die Typen der Weltanschauung und ihre Ausbildung in den metaphysischen Systemen», der eine neue Etappe auf dem Weg der Transformation der Philosophie darstellt. In diesem Aufsatz wird die symbolische Funktion der Weltanschauung nach zwei Seiten hin untersucht.

Die eine Seite der Weltanschauung bildet die «Lebenserfahrung». Diese allerdings in einem spezifischen Sinne, nämlich als Resultat von «Besinnung», die über das Pragmatische hinausweist. So verstanden betrifft Lebenserfahrung immer schon den Prozeß der Sinnbildung, der das Selbstverständnis des Menschen ausmacht. Hier liegt der Unterschied der Lebenserfahrung gegenüber anderen Wissensformen, insbesondere gegenüber der theoretischen, wissenschaftlichen Erkenntnis. Zwar bezieht sich die Lebenserfahrung auch auf ein Allgemeines, doch ist dieses Allgemeine, wie Dilthey zutreffend bemerkt, «durchaus verschieden von wissenschaftlicher Allgemeinheit» (GS VIII, 80). Es handelt sich um eine subjektive Allgemeinheit, die nicht durch Induktion zustande gekommen ist, sondern sich in einem Schlüsselerlebnis des einzelnen bildet. In diesem Sinne ist die Lebenserfahrung nicht übertragbar, jeder muß sie selber machen. Daher erweist sich die Lebenserfahrung als weitgehend resistent gegenüber theoretischen Gründen. Das deutet darauf hin, daß sie in emotionalen Schichten des Bewußtseins verankert ist. Auch diese Eigentümlichkeit hat Dilthey notiert: «unzerstörbar und durch kein Denken veränderlich» (ebd.). Hierin unterscheidet sie sich von der Vorläufigkeit wissenschaftlicher Hypothesen, die nur so lange gelten, bis sie falsifiziert werden.

Der Form der Lebenserfahrung entspricht ihr Gehalt. Wie immer das Leben im einzelnen verlaufen sein mag, das Fazit der Lebenserfahrung bleibt skeptisch. Diltheys Analyse hat diesen inhaltlichen Zug der Lebenserfahrung deutlich herausgearbeitet: In der «Besinnung über das Leben» schwindet die Sicherheit der pragmatischen Einstellung, und die «Macht des Zufalls», die «Korruptibilität von allem», die «Gegenwart des Todes» tritt hervor (GS VIII, 79). Diese resignative Ansicht des Lebens ist keine Frage des Temperaments. Sie ergibt sich notwendig aus der Unhintergehbarkeit der Lebensphasen: «Der Mittelpunkt aller Unverständlichkeiten sind Zeugung, Geburt, Entwicklung und Tod» (GS VIII, 80). Natürlich schließen die «Unverständlichkeiten» ihre wissenschaftliche Erklärung nicht aus. Aber darum geht es in der Lebenserfahrung nicht. Die Unverständlichkeiten stellen sich auf der Sinnebene ein, dort, wo das endliche Bewußtsein nach der Bedeutung dieser elementaren Vorgänge seines Lebens fragt.

Die andere Seite der Weltanschauung betrifft das «Weltbild». Es bildet das Korrelat der Lebenserfahrung, und insofern das Leben in der Besinnung seine Vertrautheit verliert, wird sie «zu etwas anderem, Fremdartigem und Furchtbarem» (GS VIII, 81). Die stärkste Erfahrung dieser Art ist die Todeserfahrung. An ihr expliziert Dilthey das «Bildungsgesetz der Weltanschauungen». Denn die Todeserfahrung ist derart, daß sie nicht einfach hingenommen wird, es ist eine Erfahrung, die nach Ergänzung, nach Verarbeitung ruft. Die Verarbeitung der in sich unverständlichen Erfahrung können nur Bilder leisten, die der Mensch selbst entwirft, um mit der Sinnlosigkeit des Geschehens fertig zu werden: «So liegt in der Tatsache des Todes ein Zwang zu Phantasievorstellungen, die diese Tatsache verständlich machen sollen» (GS VIII, 81). Damit ist das Schema vorgezeichnet, nach dem «Weltbilder» entstehen. Im Rahmen einer Analyse der Phantasietätigkeit in der Kunst hat Dilthey den ungegenständlichen Charakter des Weltbildes im Sinne der Relationenlogik klar und deutlich formuliert: «Alles, was der Mensch an der Welt zu erblicken vermag, ist immer der Bezug seiner Lebendigkeit zu ihren Eigenschaften. Was er als diese Welt anschaut, träumt oder denkt, ist immer diese Relation, nichts Anderes» (GS VIII, 27). Wie Dilthey ausdrücklich hervorhebt, hält sich das Weltbild zwischen objektiver Gegebenheit und freier Produktivität (GS VII, 27).

Der symbolischen Funktion entspricht präzise Diltheys Gegenstandsbestimmung der Weltanschauung. Nicht die Welt, sondern die «Welt- und Lebensrätsel» sind ihr Inhalt (GS V, 379). Der in Verbindung mit Welt und Leben bei Dilthey häufig gebrauchte Begriff «Rätsel» ist der prägnante Ausdruck für die unaufhebbare Fremdheit der Welt, für das Inkommensurable. Im Unterschied zum Problem kann es für das Rätsel keine theoretische Lösung geben. Wenn Dilthey die Weltanschauungen als «Versuche der Auflösung der Lebensrätsel» (GS VIII, 82) definiert, so handelt es sich eben nur um «Versuche», deren Gelingen grundsätzlich ausgeschlossen ist. Hier liegt die Analogie der Weltanschauungslehre zur Antinomienlehre. In beiden Fällen besteht die Leistung der symbolisierenden Tätigkeit nicht darin, das Widersprüchliche zu erklären, sondern seine Unauflösbarkeit durch «Bilder des Soseins» (Arnold Gehlen, Der Mensch, 304) verständlich und somit für das menschliche Bewußtsein erträglich zu machen.

Die Rätselhaftigkeit des Lebens hat Dilthey in das eindringliche Bild vom «Doppelantlitz» gebracht: «eben das Antlitz dieses Lebens selber, mit den Augen, die, bald verlangend in die Welt blickend, bald still kontemplativ oder träumerisch über sie hinaus, mit dem Mund, der bald lacht, bald zuckt und leidet: diese Sphinx mit dem animalischen Leib und dem Menschenantlitz» (GS VIII, 140). Das physiognomische Bild symbolisiert die Heterogenität der Verhaltensweisen und die ihr entsprechende Inkommensurabilität der Wissensformen. Der nur gleichnishaft erfaßbaren Bedeutsamkeit der Welt steht ihre begriffliche Erkenntnis gegenüber, wie sie in den Wissenschaften erfolgreich praktiziert wird (GS VIII, 143). Beide Wissensformen bleiben einander fremd, Weltbild und Weltbegriff kommen nie voll zur Deckung. Hier liegt Diltheys lebensphilosophische Einsicht in die Komplementarität von Leben und Erkennen: Entweder der Mensch lebt in der Gewißheit der pragmatischen Einstellung, dann bleibt ihm die Sinndimension des Lebens verschlossen; oder er besinnt sich auf das Leben, dann verliert er die natürliche Sicherheit des praktischen Weltbezugs.

Die Einsicht in die grundsätzliche Antinomik von Leben und Erkennen und die daraus resultierende Fremdheit der Welt würden in ihrer Bedeutung unterschätzt, wenn man darin nur einen psychologischen Tatbestand im Sinne der Gefühlsambivalenz von Weltgeborgenheit und Weltangst sehen würde. Das wäre eine Reduktion der symbolischen Dimension auf psychologische Zufälligkeiten, auf Veranlagungen oder Zeitstimmungen. Das «Doppelantlitz» des Lebens liegt dagegen jenseits dieser psychologischen Zufälligkeiten in der Struktur des zuständlichen Bewußtseins, das in seinem Weltbezug auf Vermittlung durch symbolische Formen angewiesen ist. Damit sind der philosophischen Hermeneutik gegenüber dem Rationalismus neue Parameter vorgegeben: Philosophische Einsicht läßt sich nicht in Form von überzeitlichen «Wesensanschauungen» realisieren, sondern kann nur in einem unendlichen Prozeß der Auslegung der Lebenserfahrung erfolgen: «Wohin wir blicken, arbeitet unser Bewußtsein, mit dem Leben fertig zu werden (...). Nie werden wir mit dem fertig, was wir Zufall nennen» (GS VII, 74).

Blickt man von hier aus auf den phänomenologischen Philosophiebegriff zurück, so wird deutlich, warum Husserl, der an der Intentionalität als dem Hauptstück der Phänomenologie stets festgehalten hat, der Weltanschauungslehre Diltheys nichts abgewinnen konnte. Die Einheit des intentionalen Bewußtseins als ein ideales Immer-wieder-Können hat für die Erscheinungsformen der Antinomik und der Komplementarität des Lebens und der Welt keinen systematischen Ort. Als strenge Wissenschaft kennt Philosophie nur ‹reine› Bedeutungen, alles Situative wird ausgeschieden. Hier liegt der tiefste Punkt der Differenz zwischen Phänomenologie und Hermeneutik, die Husserl trotz erheblicher Akkommodation an Dilthey auch im Alter nicht zu überbrücken vermochte. Wenn in seinen Schriften zunehmend von «Bewußtseinsleben» oder gar «transzendentalem Leben» die Rede ist, so hat das doch nichts mit Diltheys Bewußtseinsbegriff zu tun. Verglichen mit Husserls «Bewußtseinsleben» ist Diltheys «Lebenserfahrung» ungleich vielschichtiger und dramatischer: Sie zeigt die Tag- und Nachtansichten des Lebens, die nicht zu einer einheitlichen Bedeutung verschmelzen, sondern in einander widerstreitenden Weltanschauungen hervortreten.[7] Die philosophische Hermeneutik hat diesem Widerstreit Rechnung zu tragen, wenn sie zum Bedeutungsreichtum der menschlichen Weltperspektiven vordringen will.

5. Eine Genealogie der Metaphysik

Die Entdeckung der grundsätzlichen Symbolik des menschlichen Weltbezugs tritt in ihrer hermeneutischen Tragweite erst ganz hervor, wenn man den Mechanismus der Weltanschauungsbildung bewußtseinstheoretisch genau rekonstruiert. Richtungweisend auf diesem Gebiet ist Diltheys Schüler Bernhard Groethuysen, der spätere Verfasser der «Entstehung der bürgerlichen Welt- und Lebensanschauung in Frankreich» (1927/1931). In einem Aufsatz «Das Leben und die Weltanschauung», der 1911 zusammen mit Diltheys Abhandlung im Weltanschauungs-Sammelband erschienen ist, entwickelt Groethuysen eine genetische Logik der Weltanschauungen. Groethuysens Analysen stellen eine an Nietzsche erinnernde psychologische Vertiefung der Metaphysikkritik Diltheys dar, die zu dem Ergebnis führt, daß der Metaphysiker, der dem normalen Bewußtsein Uneigentlichkeit und Täuschung vorwirft, selbst ein Getäuschter ist. Der Metaphysiker, so heißt es bei Groethuysen, «behauptet nicht: ich schaue eine Welt, die nur mir vorliegt, sondern allen ist sie gegeben, nur sie schauen sie nicht» (67). Das klingt wie ein Echo des Satzes, den Husserl zur gleichen Zeit im «Logos»-Aufsatz schreibt: «Es bedarf nicht der Forderung, mit eigenen Augen zu sehen, vielmehr: das Gesehene nicht unter dem Zwange der Vorurteile wegzudeuten» (71). Hier liegt nach Groethuysen die für den Intuitionismus kennzeichnende Selbsttäuschung, die immer dort Vorurteile vermutet, wo die Evidenz direkter Erfassungen des Allgemeinen geleugnet wird. Das ist ein direkter Angriff auf den phänomenologischen Philosophiebegriff, mit dem Groethuysen nicht nur durch die Lektüre der «Logischen Untersuchungen» vertraut war, sondern auch durch die Teilnahme an den Gesprächen, die Husserl 1905 mit Dilthey in Berlin geführt hatte.[8]

Die Kritik, die Groethuysen an der metaphysischen Absolutsetzung der Weltanschauung übt, bedeutet freilich nicht, daß er letzterer jede positive Funktion abspricht. Er nennt die Weltanschauung «eines der großen Prinzipien der Formung des menschlichen Lebens» (77). Aber ein solches Prinzip kann die Weltanschauung nur dann sein, wenn sie nicht ontologisiert wird, sondern gemäß ihrer symbolischen Struktur als regulative Idee fungiert, die den Hiatus zwischen Leben und Welt überbrückt. Groethuysen geht von der Form der Gewißheit des pragmatischen Lebensvollzugs aus, die er die «Sicherheit der Lebensattitüde» nennt (60). Wie Dilthey sieht er die Lebenssicherheit in der «Selbstbesinnung» durchbrochen: «Die Gewißheit, in der wir leben, hält nicht stand, wenn wir über das Leben selbst nachsinnen». Und wie bei Dilthey ist auch hier das Resultat eine doppelte Entfremdung: «Ich lebe in einer Welt, die mir unbekannt ist, und ich selbst bin in ihr ein Fremder» (61).

Das mit der Selbstbesinnung verbundene Entfremdungserlebnis hat fundamentale philosophische Bedeutung, da es zur Entstehung einer neuen Frage führt, die im normalen Lebensvollzug nicht auftaucht. Groethuysen nennt sie die «metaphysische Frage», die Frage nach dem Sein der Dinge selbst (61). Sie erschüttert nicht nur die Selbstverständlichkeit der Dinge, sondern auch die des Subjekts: «Und ich selbst, wer bin ich?» (60). Die Seinsfrage wird somit als Lebensfrage expliziert, deren Beantwortung immer nur pragmatisch durch den Vollzug des Lebens selbst erfolgen kann.

Der Lebensvollzug gibt Antworten in Form von grundsätzlichen

Möglichkeiten des Verhaltens: «Nach den Grenzen des Lebens selbst bestimmt sich das Wesen der Welt» (69). Je nachdem, ob der Mensch der Welt als Handelnder oder als Betrachtender begegnet, erfährt er die Welt als «Schicksal» oder als «Bild» (ebd.). Sowohl der praktischen als auch der theoretischen Einstellung erscheint die Welt als das, was von innen durch das Verhalten begrenzt wird: «Die Welt ist uns einmal das Unübersehbare und zum anderen das Übermächtige, ein mathematisch Erhabenes und ein dynamisch Erhabenes» (70).[9] Die theoretische Grenzerfahrung deutet die Unübersehbarkeit der Welt als zeitloses Sein, das dem Wandel der Lebenswelt enthoben ist und auf die Belange des Menschen keine Rücksicht nimmt: «Der Sternenhimmel ist das Sinnbild dieser Weltanschauung» (71). In dieser symbolischen Transformation der Grenzerfahrung nimmt die theoretische Haltung Gestalt an, die «Sehnsucht, ganz Anschauung zu werden», und das Bemühen des Metaphysikers, «sich durch die reine Anschauung zu befreien von den Beschränkungen des Lebens» (72).

Nach demselben Transformationsschema konstruiert Groethuysen die Entstehung der Weltanschauungstypen, die aus den praktischen Verhaltensweisen resultieren. Die Praxis des Menschen ist gekennzeichnet durch den «Spannungszustand zwischen Mensch und Welt» (72). In diesem Spannungszustand wird die Welt einmal als Förderung des Handelns erfahren, ein andermal als Hemmung. Entsprechend schwankt die Einstellung des Menschen zwischen dem Gefühl der Hingabe und dem Willen zur Auflehnung. Das führt in einen Zustand permanenter Gefühlsambivalenz von Hingabe und Selbstbehauptung. Die Weltanschauungen transformieren diese Gefühlsambivalenz in Seinsarten. Daraus resultieren zwei Typen der praxisorientierten Weltanschauung, die der Unterscheidung zwischen mathematisch Erhabenem und dynamisch Erhabenem entsprechen. Der eine Typus deutet die Welt als sinnhaften Prozeß des «Gesamtlebens», von dem sich die individuelle Existenz getragen fühlt: «Das Persönlichste nur noch zu erleben als Teil eines Gesamtlebens, jeden einzelnen Lebensmoment nur noch als Teil des ewigen Lebens, ist die metaphysische Sehnsucht, die in dieser Weltauffassung zum Ausdruck gelangt» (73). Der andere deutet das Wesen der Welt als Tathandlung, die in der Autonomie des Subjekts selbst begründet ist: «Das ganz Wirklichkeit werden zu lassen, was in uns ist, Tat ohne Erleiden zu sein, auf daß die kosmische Macht in uns zum reinen Ausdruck gelange, ist die metaphysische Sehnsucht, die dieser Weltanschauung zugrunde liegt» (73). Das entspricht den von Dilthey herausgearbeiteten Weltanschauungstypen des Naturalismus und des Idealismus. Mit Dilthey stimmt Groethuysen darin überein, daß die Weltanschaungen als symbolische Formen der Weltorientierung unentbehrlich sind und sich erst dann gegen den Menschen kehren, wenn er sie illegitimerweise in Systeme metaphysischer Wesenserkenntnis transformiert.

Die Analyse der Entstehung der Weltanschauungstypen aus den Lebensformen besitzt bei Groethuysen noch ausgesprochen psychologischen Charakter. Seine bedeutendste Fortsetzung hat der psychologische Ansatz in der «Psychologie der Weltanschauungen» (1919) von Karl Jaspers (1883–1969) gefunden. «Die antinomische Struktur», die Jaspers im Rahmen seiner Lehre von den «Grenzsituationen» entwikkelt, bildet die Voraussetzung für den symbolischen Prozeß der Weltanschauungen. Sie entstehen als «Reaktionen auf die antinomische Situation» (240). Diese existenzphilosophische Weiterführung der Weltanschauungslehre läßt erkennen, daß Weltanschauungen keine «emeritierten Antinomien» sind, wie sie Odo Marquard abschätzig genannt hat, sondern permanente Versuche, mit inkonsistenten Zuständen durch Entwicklung symbolischer Formen fertig zu werden.[10] Hier erstreckt sich ein weites Feld von situationalen Bedeutungen, die für das Verständnis der Stellung des Menschen in der Welt konstitutiv sind.

6. Stil und Stilgeschichte

Die philosophische Hermeneutik kann bei der psychologischen Analyse der Weltanschauungen und ihrer existenzphilosophischen Ausdeutung nicht stehenbleiben. Die in der Praxis des Verstehens weiterführende Frage lautet, in welchen Formen sich die begrifflich nicht fixierbare Bedeutung von Weltanschauungen auf der Ausdrucksebene artikuliert. Das führt zurück zur Konvergenz von Weltanschauung und Stil, wie sie schon von Hermann Nohl formuliert worden ist. Weltanschauung und Stil konvergieren darin, daß beide symbolische Formen der Totalität sind, die ihr Fundament in den Verhaltensweisen des zuständlichen Bewußtseins haben.[11] Dieser Zusammenhang entspricht dem bekannten Diktum des französischen Naturforschers Buffon (1707–1788), der Stil sei der Mensch selbst.

Die Gleichsetzung von Stil und Mensch kann jedoch zu Mißverständnissen führen, wenn nicht klar ist, daß Stil über die psychologische Dimension hinausweist. Die in der neueren Geschichte des Stilbegriffs entscheidende Klärung hat Heinrich Wölfflins Aufsatz «Das Problem des Stils in der bildenden Kunst» (1911) gebracht. Wölfflin (1864–1945) nimmt eine «doppelte Wurzel» des Stils an: einerseits den Ausdruck, zum anderen die Darstellung. Nur bei gebührender Berücksichtigung des letzteren wird nach Wölfflin die semantische Selbständigkeit des Stilbegriffs verständlich, die diesen zum unentbehrlichen Instrument der kunstgeschichtlichen Hermeneutik macht. Im Stil stößt man nach Wölfflin auf eine «untere Schicht von Formbegriffen, die mit ‹Temperament›, ‹Gesinnung› u. dgl. direkt nichts zu tun haben, sondern sich nur auf einen bestimmten Darstellungsmodus beziehen» (573). Deutlicher kann die antipsychologistische Auffassung des Stilbegriffs nicht formuliert werden.[12]

Damit ist die Richtung angezeigt, in der sich der Stilbegriff hermeneutisch operationalisieren läßt. Das geht noch ein gutes Stück mit Diltheys Hilfe. Denn er hat in seinen ästhetischen Schriften einen pragmatischen Stilbegriff in Grundzügen dargestellt. Auf diesen Ansatz geht Wölfflins stilgeschichtliche Methode in der Kunstwissenschaft zurück. Daher ist nicht nur um der historischen Gerechtigkeit willen ein Rückblick auf Diltheys Stilbegriff angebracht. Auch sachlich verspricht er Gewinn, da die symbolische Funktion, die der Stil mit der Weltanschauung gemeinsam hat, noch deutlicher hervortritt.

Im Rahmen seiner Poetik bestimmt Dilthey Stil als Prinzip der künstlerischen Transformation des Erlebens. In diesem Konzept spielt der Begriff der Gewöhnung eine vermittelnde Rolle, Gewöhnung strukturpsychologisch verstanden als «Erlebnisrichtung» (GS VI, 312). Daraus ergibt sich eine funktionale Erklärung des Stils: «Es gibt ferner eine Eingewöhnung in bestimmte Beziehungen zwischen Vorgängen. Wie Bilder die Leichtigkeit der Reproduktion gewinnen, so entstehen auch Gewöhnungen an gewisse Beziehungen, an den Fortgang von einem Element zum anderen. Der Stil eines Künstlers ist eine solche in seinem Wesen gegründete Gewöhnung» (GS VI, 176). Neurologisch gesprochen fungiert der Stil gleichsam als Bahn, auf der die Empfindungen stabilisiert werden können. Damit ist ein Prozeß der Idealisierung durch Einübung beschrieben, in dem sich die Transformation des Verhaltens in Bedeutung vollzieht. Das macht den Stil zu der Sinnebene, auf der sich «die festen symbolischen Verhältnisse sinnlich äußerer Form zu seelischem Gehalt» ausbilden (GS VI, 275).

Die symbolische Funktion, die darin besteht, einen integralen Zusammenhang von Verhalten und Sinn herzustellen, ordnet den Stil der pragmatischen Dimension in den Zeichenprozessen zu. Stil gilt Dilthey als «Art und Weise der einheitlichen Handlung, gleichsam eine innere Linienführung» (GS VI, 271). Die Sinnbildung des Stils läßt sich daher nicht hinreichend in Kategorien des subjektiven Empfindens beschreiben: «Dem Seelenleben des Auffassenden wird vielmehr eine bestimmte Form von Handlung mitgeteilt» (ebd.). Hiermit reflektiert Dilthey den wirkungsästhetischen Aspekt seines pragmatischen Ansatzes. Die symbolische Funktion des Stils ermöglicht Kommunikation auch in den Fällen, wo die Begriffe versagen. Dieser Aspekt führt zu einem weiteren Moment des Stilbegriffs, das für seine wissenssoziologische und wissenschaftstheoretische Verortung von Bedeutung ist. Man kann dieses Moment die Dogmatik des Stilbegriffs nennen. Wenn Stil als «konstante Auffassungs- und Darstellungsweise» (GS VI, 284) im Verhalten des Künstlers begründet ist, so schließt das den freien Konsens aus. Die ‹Wahrheit› des Stils liegt in der Wirksamkeit einer Sichtweise, deren Prinzip Dilthey so formuliert: «die Menschen zwingen, mit seinen Augen zu sehen» (ebd.). Der Stil wirft also die «Machtfrage» auf (GS VI, 274). Die ist nicht zu verwechseln mit der Wahrheitsfrage. Stile lassen sich folglich im Unterschied zu Theorien weder begründen noch nach festen Kriterien überprüfen. Ihre Wahrheit ist eine Funktion der Fähigkeit, kontrolliertes Sehen zu erzeugen und damit eine bestimmte Sichtweise einzuüben.

Die pragmatische Theorie des Stils ist nicht nur der Sache angemessen, sie enthält auch den Hinweis auf den Autor, der Diltheys Ansatz wissenschaftstheoretisch im Rahmen einer kulturanthropologischen Handlungstheorie ausgebaut hat: Erich Rothacker. Kulturbildendes Handeln entspringt dem symbolisch-pragmatischen Ansatz gemäß der Auseinandersetzung des Menschen mit der Welt. Handeln ist somit nicht «autonom», sondern an die Bedingungen der konkreten Lage gebunden, als deren sinnvolle «Antwort» die Handlung auftritt. Die Regel der Handlung bildet der «Lebensstil» als die habituell gewordene Art und Weise, mit Situationen fertig zu werden. In dieser Bedeutung fungiert der Stilbegriff als Mittel, die idealistische Idee der theoretischen Weltkonstitution zu überwinden. Im Stil liegt die vermittelnde

Ebene zwischen den konkreten Lebenssituationen und den objektiven Bedeutungen: «Denn die reinen Geistestaten nehmen genauso am Gesamtstil der Lebensantwort teil, wie die sog. Anpassungsprozesse, die bloß der Lebenserhaltung in rohem Sinne dienen» (Geschichtsphilosophie, 54). Die symbolische Funktion des Stils impliziert die Darstellung von subjektiven Ansprüchen, so daß Stil immer auch Ausdruck von Selbstverständnis ist.

Später hat Rothacker die im Rahmen der Kulturanthropologie entwickelte symbolische Funktion des Stils auf die Wissenschaftstheorie übertragen. Im Gegenzug zu axiomatischen Ansätzen der Wissenschaftstheorie hebt Rothacker die Notwendigkeit hervor, in die Begründung von Theorien die Formen der theorieimmanenten Praxis hineinzunehmen. Denn nur so lassen sich die Verfahren der Hypothesenbildung und Hypothesenüberprüfung in ihrem Sachbezug rechtfertigen: «Kurz, jeder konkrete Stil bzw. alle stilexplizierende Dogmatik ist perspektivisch, und d. h. ‹anschaulich›, und d. h. unmittelbar auf ihre Sache bezogen. Dieser Stil mag wohl seine Eigenart aus seinem Standpunkt ziehen, seine Kraft zieht er aus der direkt anvisierten Sache selbst» (Die dogmatische Denkform, 1954, 35). In diesem Sinne bezeichnet Rothacker Dogmatik als die «einzige Quelle unseres inhaltlichen geistigen Wissens» (25). Das entspricht seiner Konzeption eines «realistischen Aspektivismus», dem zufolge zwischen den Stilen des Verhaltens und den dadurch erst in die Welt gesetzten Sachen eine Wechselbeziehung besteht. Es gibt keinen Zugang zu den Sachen ohne eine geregelte Form des Umgangs mit ihnen; diese Umgangsform ist aber nicht willkürlich und den Sachen äußerlich, sondern entspricht den in ihnen liegenden Möglichkeiten.

Den Stil als Ausdruck situationaler Bedeutungen hat Rothacker auch im Rahmen der Geisteswissenschaften diskutiert. Dabei mußte er freilich mit dem Vorwurf rechnen, die Philosophie in den Bannkreis des typologischen Denkens und seiner ideologischen Indienstnahmen zurückzuführen. So hat Gadamer vom Standpunkt des Idealismus Bedenken gegen Rothacker angemeldet.[13] Die hier zweifellos vorhandenen Gefahren sind auch schon früher zutage getreten. Das gilt insbesondere für Heinrich Wölfflins spätere rassentheoretische Indienstnahme des Stilbegriffs, aber auch für Oskar Walzels literaturwissenschaftliche Versuche, die Weltanschauungstypen Diltheys in Stilbegriffe zu transformieren. Der «geile Drang aufs Große Ganze», wie Walter Benjamin sarkastisch bemerkt, hat diese Versuche zum Scheitern verurteilt.[14] Doch gerade der Fall Walzel lehrt, daß die Schwäche des stilgeschichtlichen Ansatzes nicht Dilthey anzulasten ist, sondern auf Prinzipien einer organizistischen «Gestaltästhetik» zurückgeht, welche neuplatonische und frühromantische Elemente verschmilzt. Dadurch wurde es möglich, den weltanschauungstypologischen Stilbegriff für den ‹Zeitgeist› zu vereinnahmen. Das war zweifellos ein Holzweg, der jedoch nicht notwendig dazu zwingt, die kategoriale Verwendung des Stilbegriffs in der Hermeneutik aufzugeben. Das Darstellungspotential, das im Stilbegriff als selbständiger symbolischer Form liegt, tritt hervor, wenn man die Transformation ins Auge faßt, die der Stilbegriff im französischen Neostrukturalismus erfahren hat. Die Transformationsformel lautet: *Stil plus Struktur ergibt Diskurs.*

7. Stilgeschichte als Diskursanalyse

Die Transformationsformel erlaubt es, Dilthey in Verbindung mit einem Autor zu bringen, der von der geisteswissenschaftlichen Hermeneutik durch einen Abgrund getrennt zu sein scheint: Michel Foucault. In seiner «Archäologie des Wissens», einer Art Methodentraktat der strukturalen Interpretation, hat Foucault ein neues Paradigma des Verstehens begründet:[15] Die Opposition zur traditionellen Hermeneutik betrifft aber in erster Linie den durch Hans-Georg Gadamer repräsentierten ontologischen Typus, der das Verstehen in der ursprünglichen Seinsverbundenheit des Subjekts fundiert sein läßt. Hält man sich dagegen an Dilthey, so tritt die Kontinuität zwischen Hermeneutik und Strukturalismus zutage, was nicht weiter verwunderlich ist, wenn man bedenkt, daß auch für Dilthey der Strukturbegriff den Leitfaden seiner Theorie des Verstehens bildet.

Zwei Prinzipien leiten Foucaults strukturale Analytik, die auf den ersten Blick mit Diltheys Ansatz unverträglich zu sein scheinen. Zum einen die Weigerung Foucaults, von der Oberfläche der Aussagensysteme auf ein Inneres zurückzugehen; zum anderen seine Leitvorstellung vom objektiven Geist als «Streuung» oder «Dispersion» (Archäologie des Wissens, 58; 69 und passim). Dem stehen in Diltheys Hermeneutik die Korrelation von Innen und Außen und die Zentrierung dessen gegenüber, was er «Wirkungszusammenhang» (das objektive Korrelat zum Strukturzusammenhang des Bewußtseins) nennt. Das Innere, auf das nach Dilthey das Verstehen die Äußerungen zu beziehen hat (GS VII, 179), ist aber keineswegs als produktiver Ursprung gedacht, verweist also nicht auf ein ‹urstiftendes› Subjekt. Wie die Strukturlehre des zuständlichen Bewußtseins ergeben hat, handelt es sich vielmehr um einen Zusammenhang von Verhaltensweisen, der das Schema bildet, nach dem alle geistigen Zusammenhänge gedacht werden müssen. Der Begriff des Erlebens, an dem sich das Verstehen zu orientieren hat, ist demnach nicht psychologisch, sondern rein operational und steht für die Strukturaffinität zwischen subjektivem und objektivem Geist, die eine Subjektzentrierung grundsätzlich ausschließt. Das entspricht genau Foucaults Leitbegriff der Dezentrierung des Subjekts. Sie läßt den Archäologen zu Schichten des Geistes vordringen, die von der traditionellen Ideengeschichte nicht berührt werden.

Nicht anders verhält es sich mit Diltheys Bestimmung des Wirkungszusammenhangs als «in sich selbst zentriert» (GS VII, 154). Zentrierung ist ein Vorgang der Verteilung, genauer der Ausrichtung, der sich an einer räumlichen Vorstellung des Geistes orientiert. Das wird in der Regel durch die gängige Umdeutung des «Wirkungszusammenhangs» im Sinne von Gadamers «wirkungsgeschichtlichem Bewußtsein» verdeckt. Streuung und Zentrierung liegen somit auf derselben Ebene der Selbstorganisation, die ihre eigene, von der Synthesis des transzendentalen Subjekts abweichende Logik besitzt.[16] Zentrierung schafft auch immer nur relative Einheiten, vorübergehende Konstellationen, die eine lineare Kontinuität in der geistigen Entwicklung ausschließen. Daraus resultiert die von Dilthey hervorgehobene Mehrdimensionalität und Offenheit des Verstehensprozesses: «Verhältnis der Operationen im Verstehen durch die Beziehung des Äußeren auf ein Inneres, des Ganzen auf Teile usw. Ein Bestimmt-Unbestimmtes, ein Versuchen des Bestimmens, ein Niezuendekommen, ein Wechsel zwischen Teil und Ganzem» (GS VII, 227).

Hält man sich an diese Erweiterung der geisteswissenschaftlichen Hermeneutik, so läßt sich die Stilanalyse gefahrlos als Instrument der Interpretation einsetzen. Das gelingt freilich nur, wenn man sich strikt an die Formen der Darstellung hält und die Praktiken berücksichtigt, in denen sie entstehen. Definiert man Stil also symbolisch-pragmatisch, so heißt das für die Auslegungspraxis theoretischer und besonders philosophischer Texte nicht einfach, die Kriterien der literarischen Stilistik zu übernehmen. Die Hermeneutik des Stils hat es vielmehr mit den Regeln zu tun, nach denen sich Ausdruckssysteme bilden. Nur in diesem erweiterten Sinne läßt sich die Idee einer «Erkenntnisstilistik» in hermeneutische Praxis umsetzen.[17] Formale Stilkennzeichen wie parataktischer und hypotaktischer Satzbau, Metaphernreichtum, Substantivismus usw. entfalten ihre hermeneutische Bedeutung immer nur im Verhältnis zu Praktiken der Wissensorganisation, die in den großen Werken in der Regel nicht mehr deutlich erkennbar sind.

Die Realisierung derartiger Praktiken hat Michel Foucault als «Diskurse» beschrieben. Ein Diskurs oder eine «diskursive Formation» bezeichnet demnach die Gesamtheit von Darstellungsformen, in denen sich der objektive Geist manifestiert. Dieser Diskursbegriff ist der von Sigmund Freud praktizierten Erweiterung des Textbegriffs über die Schriftlichkeit hinaus vergleichbar. Der Diskurs bewahrt von der Sprache das Element der Diskursivität, wendet es aber pragmatisch auf die formale und materiale Organisation von sprachlichen und nichtsprachlichen Äußerungen an (z. B. Diagramme, Register, Protokolle). In diesem Sinne übernimmt der Diskurs die normative, bedeutungsbildende Funktion des Stilbegriffs, die ihm in der Stilgeschichte von Heinrich Wölfflin zuerkannt worden ist. Foucault selbst hat in der «Archäologie des Wissens» die Nähe von Stil und Diskurs herausgestellt: «Es schien mir zum Beispiel, als sei die medizinische Wissenschaft seit dem 19. Jahrhundert weniger durch ihre Gegenstände und Begriffe als durch einen bestimmten *Stil*, einen bestimmten konstanten Charakter der Äußerung charakterisiert» (51). Das berechtigt zu der These, daß der Stilbegriff sein strukturalistisches Äquivalent im Diskursbegriff gefunden hat. Die Verschiebung gegenüber dem idealistischen Stilbegriff zeigt sich deutlich an der Berücksichtigung der Äußerlichkeit, der Sichtbarkeit und der Materialität der Aussagen, denen in der Diskursanalyse konstitutive Funktion zuerkannt wird.

Um an die diskursiven Formationen heranzukommen, hat Foucault das «Archiv» als hermeneutischen Begriff geprägt. Der darin zum Ausdruck kommende «Positivismus» läßt sich auf Dilthey zurückverfolgen, der programmatisch die Einrichtung von «Archiven der Literatur» für die Geschichte der Philosophie gefordert hat (GS IV, 555–575). «Archiv» ist hier nicht nur die Bezeichnung für eine konkrete Institution, sondern markiert eine gegenüber den Ideen und Systemen selbständige Schicht des konkreten Geistes, die in der «Archäologie des

Wissens» von Foucault freigelegt worden ist. Wie Foucault verbindet Dilthey mit «Archiv» die hermeneutische Absicht, «hinter kompilierenden Werken gleichsam die erloschene Schrift der Originale zu lesen, an langsam entstandenen Büchern die Nähte, Lücken und Widersprüche zu beobachten, sowie die Schichten ihres Aufbaus zu unterscheiden» – ein Satz Diltheys, den auch Foucault geschrieben haben könnte (GS IV, 557).

Die hermeneutische Funktion von Stilen im Sinne von diskursiven Formationen läßt sich an der Geschichte der Metaphysik verdeutlichen, die Dilthey im zweiten Buch seiner «Einleitung in die Geisteswissenschaften» geschrieben hat. Sie gehört zu den großen, aber weitgehend verkannten Zeugnissen der Geistesgeschichtsschreibung im ausgehenden 19. Jahrhundert. In ihr wird die traditionelle Doxographie durch eine Methode abgelöst, die den symbolisch-pragmatischen Untergrund der Systementwicklungen berücksichtigt: Systeme werden als Ausdruck übergreifender geistiger «Einstellungen» behandelt. Dadurch gewinnt die Entwicklung der Philosophie Anschluß an die sozialen Wirklichkeiten, ohne dem Dualismus von materialem ‹Unterbau› und geistigem ‹Überbau› verpflichtet zu sein. Die Phänomene des objektiven Geistes weisen verschiedene Aggregatzustände auf und sind dadurch vielschichtiger, als es die Idee der reinen Problemgeschichte wahrhaben will. Zwar setzt Dilthey den Stilbegriff nicht explizit als methodisches Prinzip ein; er hält sich statt dessen an die Weltanschauungslehre. Aber seine Analysen geben Anlaß, die hermeneutische Funktion der Stile als ideale Kategorien des Verstehens zu explizieren.

Die metaphysikgeschichtlichen Untersuchungen Diltheys unterscheiden sich von der traditionellen Doxographie dadurch, daß sie das Hauptgewicht von der Systematik der Inhalte auf die Formen der Aussage verlegen. Daher hat Diltheys philosophiegeschichtliche Methode in der Regel den Eindruck der Unbestimmtheit und Verschwommenheit erzeugt. Angesichts der rein system- und problemgeschichtlichen Konstruktionen, wie sie durch die Neukantianer zum Ideal der Wissenschaftsgeschichte erhoben worden sind, mußte Diltheys intensive Berücksichtigung der formalen Elemente geradezu als Zeichen der Verstrickung in den historistischen Positivismus gelten.[18] Die Revision seiner geistesgeschichtlichen Methode unter dem strukturalistischen Aspekt einer Archäologie des Wissens läßt jedoch erkennen, daß gerade das, was Diltheys Geistesgeschichtsschreibung vom neukantianischen

Standpunkt der Ursprungsgeschichte als obsolet erscheinen ließ, ihre Aktualität ausmacht: die Berücksichtigung der Brüche und Zwischenräume des Geistes, die durch ein Spiel von Relationen miteinander verbunden sind. Sicherlich: Dilthey verfolgt noch das Ziel eines einheitlichen Zusammenhangs der Geistesgeschichte; aber das einigende Band liegt nicht mehr in der Kontinuität der Probleme, sondern im «Wirkungszusammenhang», der ohne «Urstifter» auskommt: «Der blinde Faust in der letzten täuschenden Arbeit seines Lebens ist das Symbol aller Helden der Geschichte» (GS I, 127).

Der Unterschied zur Abstraktion der reinen System- oder Problemgeschichte liegt darin, daß Dilthey gemäß seiner Strukturlehre des Bewußtseins neben den kognitiven Elementen auch Gefühls- und Willensfaktoren zum bildhaften Aufbau der Wissensformen rechnet. Das führt zu einer Neubewertung der geistesgeschichtlichen Materialien, die den Substantialismus des gegenständlichen Denkens auflöst. An die Stelle von intentionalen Begriffen treten Stilgemeinsamkeiten, die nichtsubstantielle Einheiten bezeichnen. Als umfassendste Stileinheiten gelten Dilthey «Zeitalter», in denen sich heterogene Tendenzen zur dynamischen Einheit eines «Wirkungszusammenhangs» verbinden: «Überall ringen Gegensätze miteinander» (GS VII, 335). Als Musterbeispiel dieser Art von Geistesgeschichtsschreibung nennt Dilthey bezeichnenderweise Jacob Burckhardts «Kultur der Renaissance» (GS I, 256). Das ist ein Indiz für die Modernität seines Ansatzes; denn Burckhardts Art, die Epoche der Renaissance zu erfassen, geht nicht vom Gründungsakt eines Subjekts aus, sondern läßt die verschiedenen Praktiken und Diskurse in Bildern vor dem geistigen Auge des Lesers entstehen.

Mit den Bildern entsteht ein vom System verschiedener «geistiger Zusammenhang» der Geschichte, dessen Wirksamkeit «hinter den Einzeltatsachen» Dilthey herausarbeitet (GS V, 339). Am Beispiel «Schleiermacher verstehen» hat Dilthey das Verfahren illustriert, die systematischen Inhalte eines Werks gegen den Strich zu lesen, um an die Tiefenschicht seines geistigen Zusammenhangs heranzukommen: «So gehe ich von Werk zu Werk, ich kann das Zentrum zwar nicht erkennen, auf welches alle diese peripherischen Äußerungen hinweisen, aber ich kann es verstehen» (GS I, 383). Das Zentrum des zu erkennenden Subjekts bleibt ausgespart. Verstehen heißt: das Schöpferische als den blinden Fleck umkreisen. Dieses Verfahren, das Dilthey in seiner Geschichte der Metaphysik im zweiten Buch der «Einleitung» anwendet, führt zu einem eigentümlichen Resultat: Subjekt der Geschichte ist nicht mehr die Metaphysik, sondern der Prozeß ihrer «Auflösung», die «Geisteswissenschaften» (GS I, 126). Die Geisteswissenschaften erscheinen somit als die Selbstauflösung der Metaphysik in Permanenz, als ihre «Dispersion», wie Foucault diesen Prozeß genannt hätte.

Diese Konzeption der Geisteswissenschaften beruht auf der Voraussetzung, daß das Prinzip der Denkbarkeit der Welt, das die metaphysischen Systeme leitet, nicht ohne symbolische Formen auskommt: «Denkbarkeit ist hier nur ein abstrakter Ausdruck für Vorstellbarkeit, diese aber enthält nichts anderes, als daß das Denken, wenn es den festen Boden der Wirklichkeit und der Analysis verläßt, trotzdem von Residuen des in ihr Enthaltenen geleitet wird» (GS I, 404). Die Residuen liegen in den Weltbildern, die in den Gedanken wirksam bleiben: «Bilder des eigenen Selbst, Bilder des psychischen Lebens sind es, welche den Metaphysiker geleitet haben, als er über Denkbarkeit entschied und deren insgeheim wirkende Gewalt ihm die Welt umwandelte in eine ungeheure phantastische Spiegelung seines eigenen Selbst» (GS I, 405). Die Geschichte der Metaphysik, die immer nur die Geschichte ihrer Selbstauflösung sein kann, hat sich an diese Bilder des Unvordenklichen zu halten. Was Mensch, Welt, Wahrheit usw. in einem metaphysischen System bedeuten, läßt sich nicht axiomatisch ein für allemal bestimmen, sondern kann nur Schritt für Schritt aus den Bildern erschlossen werden: «So müssen auch wir uns sagen, daß wir nicht wissen, was hinter den Wänden sich befindet, die uns heute umgeben. Das Seelenleben selber verändert sich in der Geschichte der Menschheit, nicht nur diese oder jene Vorstellung» (GS I, 406). Damit ist jede teleologische Konstruktion der Geistesgeschichte, so wie sie noch Hegel vorschwebte, prinzipiell ausgeschlossen.

Das Verfahren des geisteswissenschaftlichen Verstehens läßt sich demnach folgendermaßen charakterisieren: Es bedarf einer eigenen Form der hermeneutischen Epoché, der methodischen Ausschaltung systematischer Inhalte, um den bildhaften Untergrund der Systeme in den Blick zu bekommen. Dementsprechend verschiebt sich die Aufmerksamkeit von den systematischen Theorieelementen auf die «formalen Eigenschaften der Philosophen» (GS V, 346). Das ist der Punkt, an dem die Stile als regulative Prinzipien, als ideale Kategorien für das Verstehen von Welt fungieren. Denn Stile als «diskursive Formationen» erschließen geistige Horizonte, in denen sich Weltbegriffe allererst bilden können. Das setzt freilich voraus, daß der Stilbegriff so weit gefaßt wird, daß er die Formen des Verhaltens, die «diskursiven Praktiken» umfaßt, die Michel Foucault den traditionellen Wissens- und Wissenschaftsformen entgegenstellt.

Wenn Foucault der Archäologie zur Aufgabe macht, neue Felder des Wissens zu erschließen, so lassen sich diese Felder durchaus als Stile des Wissens interpretieren. Damit wird die traditionelle Stilgeschichte in Diskursanalyse transformiert, die sich nicht wie die reine Geistesgeschichte an Systemen und Problemen orientiert, sondern sich auf die «Modalitäten der Äußerung» konzentriert (Archäologie des Wissens, 80). In den Modalitäten der Äußerung (Foucault nennt sie auch Aussagen, *énoncés*, im Unterschied zum Satz) ist der Geist immer schon sich selbst voraus, sie reichen weiter als der Umfang der Begriffe, die ihren Wirklichkeitsgehalt dem verdanken, was die Modalitäten der Äußerung sichtbar gemacht haben. Das eröffnet der philosophischen Hermeneutik Perspektiven, die weit über den traditionellen ideengeschichtlichen Horizont hinaus in die noch weitgehend unerschlossenen Gefilde der Logik des Unvordenklichen blicken lassen.

1 Zu Kants regulativen Ideen vgl. R. Zocher, Zu Kants transzendentaler Deduktion der Idee der reinen Vernunft, in: Zeitschrift für philosophische Forschung 12, 1958, 43–58.
2 Vgl. den Exkurs: Stil und Strukturanalyse (H. Nohl, E. Staiger und H. Sedlmayr), in: F. Rodi, Morphologie und Hermeneutik, Stuttgart 1969, 123–129.
3 Walter Benjamin, Der Begriff der Kunstkritik in der deutschen Romantik, hg. von H. Schweppenhäuser, Frankfurt a. M. 1973, 32 ff.
4 Diese Dimension der Philosophie Wittgensteins sowie ihre Einordnung in die ästhetische Moderne behandelt L. Wiesing, Stil statt Wahrheit: Kurt Schwitters und Ludwig Wittgenstein über ästhetische Lebensformen, München 1991.
5 H.-M. Gauer, Nietzsches Auffassung vom Stil, in: Stil. Geschichten und Funktionen eines kulturwissenschaftlichen Diskurselements, hg. von H. U. Gumbrecht u. a., Frankfurt a. M. 1986, 200–214.
6 Dolf Sternberger, Hohe See und Schiffbruch, in: Gerechtigkeit für das neunzehnte Jahrhundert, Frankfurt a. M. 1975, 151–164.
7 Dazu F. Fellmann, Lebenswelt und Lebenserfahrung, in: Archiv f. Gesch. d. Philosophie, Bd. 69, 1987, 78–91. Tiefere Übereinstimmung zwischen Dilthey und Husserl sieht R.A. Makkreel, Lebenswelt und Lebenszusammenhang. Das

Verhältnis von vorwissenschaftlichem und wissenschaftlichem Bewußtsein bei Husserl und Dilthey, in: Dilthey und die Philosophie der Gegenwart, hg. von E. W. Orth, Freiburg/München 1985, 381–413.

8 Nach K. Schuhmann, Husserl-Chronik, Den Haag 1977, 87: «Husserl reist nach Berlin zu Wilhelm Dilthey und Bernhard Groethuysen».

9 Bemerkenswert ist in diesem Zusammenhang der Begriff des Erhabenen, der auf Kants Theorie der ästhetischen Erfahrung verweist und der in der postmodernen Diskussion der Darstellbarkeit des Unbegrifflichen eine Aktualisierung erfahren hat, die von der Tradition der Weltanschauungslehre aus gesehen nicht mehr so überraschend kommt. Siehe Ch. Pries (Hg.), Das Erhabene. Zwischen Grenzerfahrung und Größenwahn, Weinheim 1989.

10 O. Marquard, Weltanschauungstypologie. Bemerkungen zu einer anthropologischen Denkform des neunzehnten und zwanzigsten Jahrhunderts, in: Schwierigkeiten mit der Geschichtsphilosophie, Frankfurt a. M. 1973, 120.

11 Schon Nietzsche hat die Fundierung des Stils im Zuständlichen gesehen: «Es muß noch eine tempo-Verschiedenheit in beiden Zuständen (dem dionysischen und dem apollinischen) geben. Die extreme Ruhe gewisser Rauschempfindungen (strenger: die Verlangsamung des Zeit- und Raumgefühls) spiegelt sich gern in der Vision der ruhigsten Gebärden und Seelen-Arten. Der klassische Stil stellt wesentlich diese Ruhe, Vereinfachung, Abkürzung, Concentration dar» (SW Bd. 13, 240).

12 Unter dem Eindruck der Kritik, die Erwin Panofsky am Stil-Aufsatz Wölfflins geübt hat, ist dieser später von seiner klaren antipsychologistischen Position zunehmend abgerückt, was zu den bekannten vitalistischen Verzerrungen der Stilgeschichte geführt hat. Vgl. E. Panofsky, Das Problem des Stils in der bildenden Kunst, in: Aufsätze zu Grundfragen der Kunstwissenschaft, Berlin 1980, 19–27.

13 H.-G. Gadamer, Wahrheit und Methode, Tübingen 1960, 469.

14 R. Rosenberg, «Wechselseitige Erhellung der Künste»? Zu Oskar Walzels stiltypologischem Ansatz der Literaturwissenschaft, in: Stil, hg. von H. U. Gumbrecht u. a., a. a. O., 269–280.

15 Zu Foucaults Diskursbegriff im Rahmen seiner Archäologie des Wissens vgl. M. Frank, Was ist Neostrukturalismus?, Frankfurt a. M. 1983, 135ff.

16 Daß es sich hier um ein neues Paradigma des Denkens handelt, das nicht auf die Geisteswissenschaften beschränkt bleibt, beweisen die neuen Konzepte einer Logik der Selbstorganisation, die im Rahmen der Chaosforschung entwickelt worden sind. Foucaults Archäologie des Wissens und Prigogines Dialog mit der Natur sind zwei Bücher, die für eine identische Denkform stehen.

17 Vgl. H. F. Spinner, Vereinzeln, verbinden, begründen, widerlegen. Zur philosophischen Stellung von Begründungs- und Kritikoptionen im Rahmen einer Systematik der Erkenntnisstile und Typologie der Rationalitätsformen, in: Philosophie und Begründung, hg. vom Forum für Philosophie Bad Homburg, Frankfurt a. M. 1987, 13–66.

18 K. Mager, Philosophie als Funktion. Studien zu Diltheys Schrift «Das Wesen der Philosophie», Würzburg/Amsterdam 1982.

Konklusion

1. Philosophische Hermeneutik als Protologik

Überblickt man den Gang der Untersuchung, so ergibt sich folgendes Bild: Am Anfang steht die Frage nach dem Wesen des Verstehens, deren Beantwortung über die Stellung der Hermeneutik in den Geisteswissenschaften und im System des menschlichen Wissens überhaupt entscheidet. Während Erkennen sich direkt auf Gegenstände richtet, erschließt Verstehen die Perspektiven, in der Gegenstände erscheinen. In diesem Sinne wird Verstehen von Dilthey an Erleben und Ausdruck gebunden. Das muß nicht notwendig zur Psychologisierung des Verstehens führen. Sowohl die elementaren Formen des Verstehens, wie das Verstehen der Lebensäußerungen eines anderen, als auch die höheren Formen des Verstehens, wie das Verstehen von geistigen Werken, richten sich auf objektive Gehalte. Nur liegt diese Objektivität nicht in den Gegenständen, sondern in symbolischen Formen, die gegenständliche Objektivität allererst ermöglichen. Insofern ist Verstehen ein Sehen, ein Bewußtmachen, welches das Unsichtbare, das Unbewußte Gestalt werden läßt.

Gemäß der Verbindung des Verstehens mit Erleben und Ausdruck umfaßt der Gang der Untersuchung zwei Teile. Der erste, das Erleben betreffende Teil enthält eine *Strukturlehre* des zuständlichen Bewußtseins. Ihre Aufgabe besteht darin, die von der intentionalen Synthesis unterschiedene zuständliche Einheitsform herauszuarbeiten, in der das Verhalten zu Bewußtsein kommt. Diese von Dilthey als «Strukturzusammenhang» bezeichnete Einheitsform wird als Bildzusammenhang beschrieben. Die Strukturlehre erweist sich somit als diejenige Beschreibung der Subjektivität, die gerade noch möglich ist, bevor sich das Subjekt in Impressionen auflöst.

Die Strukturlehre bliebe unvollständig, wenn sie nicht durch eine Logik der bildhaften Ausdrücke ergänzt würde. Das erfolgt im zweiten, die Ausdrucksdimension betreffenden Teil. Er enthält eine hermeneutische *Kategorienlehre*, in der die symbolischen Funktionen des zuständlichen Bewußtseins von den elementaren logischen Operationen bis hinauf zur Ideenbildung expliziert werden. Auf sprachlicher Ebene treten die symbolischen Funktionen in nichtbegrifflichen Formen des Ausdrucks hervor: in Metapher, Geschichte und Stil. Diesen Ausdrucksformen gegenüber verliert die transzendentale Ableitung eines Kategoriensystems an Bedeutung. Damit wiederholt sich in der hermeneutischen Kategorienlehre dieselbe Denkbewegung, die schon in der Strukturlehre vorliegt: Der erkenntnistheoretische Standpunkt wird hermeneutisch bis an die Grenze der Referenz aufgelöst. Bevor die Bedeutungen verschwinden, übernimmt das Medium die Funktion der Semantik.

Überblickt man die Ausdrucksformen des Verstehens, so ergibt sich für die hermeneutischen Kategorien folgender Stufenbau: Auf der untersten Stufe stehen die formalen Kategorien, die in Metaphern ihren Ausdruck finden. Sie bilden das hermeneutische Analogon zu den Begriffen, auf die sich die Logik des gegenständlichen Erkennens konzentriert. Auf der zweiten Stufe folgen die realen Kategorien, die material bestimmte Grundgegebenheiten der menschlichen Welterfahrung beinhalten, welche ihren mimetischen Ausdruck in Form von Lebensgeschichten finden. Sie bilden das hermeneutische Analogon zum Begriff des wissenschaftlichen Gesetzes, an den sich die Logik der mathematisch-naturwissenschaftlichen Forschung hält. Auf der höchsten Stufe stehen die idealen Kategorien, regulative Prinzipien der Bildung umfassender Weltvorstellungen, die sich als Stile oder Diskurse analysieren lassen. Sie bilden schließlich das hermeneutische Analogon zu den Systemen oder Paradigmen, die von der Wissenschaftstheorie als höchste Einheiten methodischer Erkenntnis angesehen werden.

Im Anschluß an die Kategorienlehre bzw. an das, was davon in der Hermeneutik übrigbleibt, sollen als Konklusion drei Fragen beantwortet werden, welche die Unentbehrlichkeit und logische Selbständigkeit der philosophischen Hermeneutik betreffen: 1. Was bedeutet der Rückgang auf die Bilder für den logischen Status der Hermeneutik? 2. Wie verhält sich das an der Logik der Bilder orientierte Verstehen zu den übrigen Typen der Hermeneutik? 3. Welche Folgerungen ergeben sich aus der Bildorientierung für die Praxis des geisteswissenschaftlichen Verstehens?

Zur ersten Frage: Durch die Orientierung an den Bildern des zuständlichen Bewußtseins ändert sich der logische Status der Hermeneutik grundlegend. Die Hermeneutik wird aus ihrer Affinität zur Rhetorik gelöst und gewinnt den Status einer Logik des Symbolischen, des in Begriffen und Urteilen nicht direkt Faßbaren, die schon Ludwig Wittgenstein vorgeschwebt haben mag, als er in den «Philosophischen Untersuchungen» schrieb: «Unsere Sprache beschreibt zuerst einmal ein Bild. Was mit dem Bild zu geschehen hat, wie es zu verwenden ist, bleibt im Dunkeln. Aber es ist ja klar, daß es erforscht werden muß, wenn man den Sinn unserer Aussage verstehen will» (Teil II, VII). Die von Wittgenstein geforderte Erforschung der Funktion der Bilder führt in den logischen Raum des Verhaltens, der Lebensformen, in dem sich die primären Prozesse der Symbolbildung vollziehen. Damit wird der Primat der Sprache als des alleinigen Mediums der hermeneutischen Erfahrung gebrochen. Zwar sind die Kategorien des Verstehens auf der Ebene des sprachlichen Ausdrucks expliziert worden, aber die Ausdrücke haben nur noch okkasionellen Charakter. Die philosophische Hermeneutik erweitert somit den Bereich des Logischen über die Sprache hinaus auf die ihr zugrunde liegenden Bilder, in denen sich der sinnhafte Aufbau der menschlichen Welt artikuliert.

Die Sprachüberschreitung der Hermeneutik tritt am deutlichsten an den idealen Kategorien zutage, die sich in Stilen äußern. Der Stilbegriff ist nicht nur auf den sprachlichen Ausdruck anwendbar, sondern auch auf Werke der bildenden Kunst und darüber hinaus auf konkrete Objektivationen des menschlichen Geistes wie zum Beispiel den Tanz oder die Technik. Hermeneutik verwandelt sich dadurch in eine «Philosophie der symbolischen Formen», die alle Bereiche des menschlichen Lebens umfaßt. Das ist insbesondere für die Funktion der Hermeneutik als Grundlage des geschichtswissenschaftlichen Verstehens von Bedeutung. Denn mit der Stilkategorie können auch nichtschriftliche Quellen interpretiert und historisch verstanden werden. Damit dürfte der Universalitätsanspruch der Hermeneutik für die geisteswissenschaftliche Forschung in ihrer Gesamtheit gesichert sein.

Ebensowichtig wie die Ausweitung des Geltungsanspruchs der Hermeneutik durch den Rückgang auf die Bilder ist die damit verbundene Verschiebung in der Idee der Logik. Im Unterschied zur formalen und auch zur transzendentalen Logik kantischer Prägung, die sich an die gegenständlichen Begriffe und Urteile hält, bezieht die hermeneutische Kategorienlehre das Logische auf die Bildlichkeit. Logik und Ästhetik rücken damit eng zusammen.[1] Das Bildliche, begrifflich noch Unbestimmte bildet gleichsam den Horizont des Logischen, so wie die Zuständlichkeit den Horizont der Intentionalität abgibt. An den Säumen dringt die Erfahrung ins Unbekannte vor, in das weite Land der situationalen Bedeutungen, deren Erschließung die Bildung neuer Begriffe vorbereitet. Philosophische Hermeneutik erfaßt somit die Logik des Unvordenklichen, die weiter reicht als die Logik des reinen Denkens.

Das führt zu einer Neubestimmung der philosophischen Hermeneutik gegenüber der traditionellen Kunstlehre der Auslegung, wie sie etwa von Friedrich Schleiermacher entwickelt worden ist. Eine klare und deutliche Abgrenzung der philosophischen von der methodologischen Hermeneutik ergibt sich, wenn man erstere als Logik des Zuständlichen und daraus folgend des Vorbegrifflichen, genauer des Bildlichen auffaßt, kurz: als Protologik.[2] Als solche geht die philosophische Hermeneutik in eine allgemeine Theorie der symbolischen Funktionen über, sie erhält den Status einer Ersten Philosophie.

Von diesem Standpunkt aus erscheint der für die Hermeneutik Diltheys konstitutive Erlebnisbegriff, der in den Augen seiner Kritiker zur ‹Zerstörung der Vernunft› geführt hat, in einem neuen Licht. Denn gerade die Unbestimmtheit des Erlebens, seine Unergründlichkeit, die dem Verstehen einen konservativen, die Utopien der konstruktiven Vernunft für immer negierenden Charakter zu verleihen scheint, erweist sich nun als durchaus fortschrittliches Moment, das es dem Menschen erlaubt, den Horizont des begrifflichen Denkens zu überschreiten. Diese welterschließende, das begrifflich Fixierte sprengende Rationalität des Erlebens, die Dilthey und seine unmittelbaren Schüler wohl gespürt haben, konnten sie gleichwohl nicht zur Geltung bringen, da ihnen die semiotischen Werkzeuge fehlten, um die Hermeneutik des Erlebens zu einer eigenen Logik der symbolischen Formen zu entwickeln.

2. Zwischen Ontologie und Kommunikationstheorie

Die Bestimmung des Status der philosophischen Hermeneutik als Protologik (im Sinne von Logik der Bilder) ermöglicht die Beantwortung der zweiten Frage nach der Einordnung in die Konstellation der gegenwärtig dominierenden Auffassungen von Hermeneutik. Dabei kommen die in der Einleitung einander gegenübergestellten Typen der Hermeneutik in Betracht, die insbesondere durch Hans-Georg Gadamer repräsentierte fundamental-ontologische Hermeneutik einerseits, die durch Jürgen Habermas repräsentierte kommunikationstheoretische Form der Hermeneutik andererseits. Durch den Rückgang von der Sprache zu den Bildern und deren pragmatischer Fundierung wird die von Gadamer in «Wahrheit und Methode» im Anschluß an Martin Heidegger vollzogene und vollendete «ontologische Wendung der Hermeneutik am Leitfaden der Sprache» rückgängig gemacht (361). Das ist erforderlich, um die Auslegungspraxis vor Hypostasierungen des im Verstehen erscheinenden Sinns zu bewahren, die bei Gadamer mit der Absolutsetzung der Tradition einhergehen. In diesem Punkt steht der symbolische Pragmatismus auf der Seite der «universalpragmatischen» Deutung der Hermeneutik von Habermas.

Das von Habermas an Gadamer zu Recht gerügte «ontologische Selbstmißverständnis der Hermeneutik» entsteht natürlich nicht zufällig, sondern hat seinen Grund darin, daß die poetische Dimension der Sprache, ihre, wie Gadamer sich ausdrückt, «grundsätzliche Metaphorizität» absolut genommen und damit zum Ausdruck des Seins hochstilisiert wird. Insofern ist die symbolische Dimension der Sprache das natürliche Refugium der Ontologie. Der ‹Ruf des Seins›, den Gadamer im Sprachgeschehen vernimmt, geht von den poetischen Ausdrücken aus. Um ihren ontologischen Schein zu durchbrechen, ist es nötig, diese Ausdrucksformen sinnkritisch zu analysieren, sie auf Verhaltensweisen und Einstellungen zurückzuführen. Erst wenn man von der Sprache zu den vorsprachlichen Bildern zurückgeht und diese symbolisch-pragmatisch interpretiert, eröffnen sich Perspektiven für eine analytisch verfahrende Hermeneutik, die den ‹Sinn von Sein› durch Formen der Darstellung ersetzt. Damit ist deutlich die Distanz markiert, die den symbolischen Pragmatismus von dem durch Gadamer repräsentierten Typ der fundamental-ontologischen Auslegungspraxis trennt.

Es bleibt noch festzustellen, in welchem Verhältnis der symbolische

Pragmatismus zum kommunikationstheoretischen Typus der Hermeneutik steht. Übereinstimmung liegt, wie gesagt, darin, daß der traditionalistische Ontologismus des Sprachgeschehens durch den pragmatischen Ansatz abgelöst werden muß. Die von Habermas vollzogene kommunikationstheoretische Transformation der Hermeneutik in eine normative Wissenschaft verengt jedoch den Horizont des pragmatischen Standpunktes. Dieser beinhaltet keineswegs, daß Sinnverstehen im Konsens terminiert, ganz im Gegenteil: Im Bewußtwerden der Differenzen eröffnen sich dem Verstehenden neue Sichtweisen auf die Wirklichkeit. Das setzt voraus, daß ich den anderen als Subjekt anerkenne, weil er eine Weltperspektive liefert, die sich von seinem privaten Empfinden loslöst. Beim Verstehen von Texten oder Kunstwerken ist das die Regel, da der Autor nicht gefragt werden kann, ob er sich richtig verstanden fühlt und wie man ihn zu verstehen hat. Der symbolisch-pragmatische Standpunkt läuft also nicht auf eine Konsenstheorie der Wahrheit hinaus, sondern eher auf eine Suppositionstheorie, die den zu verstehenden Äußerungen (z. B. einem Gedicht) die Zuständlichkeit eines Subjekts als Perspektive unterlegt, um das zu sehen, was der Intentionalität verschlossen bleibt: die Welt als Horizont, als Saum des gegenständlichen Erkennens. Insofern wird die Hermeneutik zu einer nichtintentionalen Theorie der Erfahrung, zu einer Bedeutungslehre, die sich an die welterschließende Funktion des Verstehens von sprachlichen und nichtsprachlichen Äußerungen hält und daher primär für die Geisteswissenschaften von Belang ist.

Die kommunikationstheoretische Hermeneutik wird durch den symbolischen Pragmatismus aber nicht nur eingeschränkt, sondern auch ergänzt. Achtet man nämlich auf ihre Voraussetzungen, so zeigt sich, daß gerade die Universalpragmatik von Habermas auf die symbolische Dimension des Pragmatischen angewiesen ist. Das wird deutlich, wenn man die Bestimmung der Universalpragmatik ins Auge faßt. Ziel der hermeneutischen Erfahrung ist für Habermas die Herstellung von Übereinstimmung, von «wahrem Konsens». Was unter «wahrem Konsens» zu verstehen ist, läßt sich aber nicht ohne die Antizipation einer Vorstellung vom «richtigen Leben» definieren.[3] Diese in der Kommunikationstheorie angelegte Antizipation ist auf das Kategoriale der Bilder angewiesen. Denn das regulative Prinzip einer Lebensform kann nur symbolisch als Bild fungieren. Insofern führt auch und gerade der von Habermas vertretene normative Anspruch der Kommunikationstheorie auf den symbolischen Pragmatismus zurück. Das hat Oswald Schwemmer gesehen, der im Unterschied zu Habermas das symbolische Element auch in der dialogischen Ethik zur Geltung bringt.[4] Unter diesem Aspekt rücken Kommunikationstheorie und Hermeneutik innerhalb der praktischen Philosophie zusammen.

Als Fazit des Doppelvergleichs des symbolischen Pragmatismus mit der ontologischen Hermeneutik Gadamers und der kommunikationstheoretischen Hermeneutik von Habermas läßt sich sagen, daß für die Hermeneutik nach Dilthey ein dritter Weg zu beschreiten bleibt. Dieser führt gegenüber der subjektzentrierten, ontologisch oder reflexionstheoretisch ausgerichteten Logik des Verstehens in die peripheren Bereiche der symbolischen Repräsentation, die sich aus der «exzentrischen Positionalität» des Menschen ergeben. Mit diesem Stichwort ist auf den Autor verwiesen, der seit den zwanziger Jahren neben Ernst Cassirer und Erich Rothacker den Typus von Hermeneutik vertritt, auf dessen Linie der symbolische Pragmatismus liegt: Helmuth Plessner. Seit «Die Einheit der Sinne» von 1923 bemüht sich Plessner um eine Erweiterung des geisteswissenschaftlichen Hermeneutikkonzepts im Sinne einer anthropologisch ausgerichteten ‹Wissenschaft des Ausdrucks›, in der die Positionalität des Leibes eine fundamentale Rolle spielt (Ges. Schr. Bd. III, 281 ff).[5] Allerdings ist nicht zu übersehen, daß Plessners anthropologische Hermeneutik ebenso wie Cassirers kulturphilosophische Symboltheorie der logischen Neuformulierung bedürfen, um dem Reflexionsstand der gegenwärtigen Semantik zu genügen. Insbesondere fehlt beiden das Instrumentarium der Logik der Differenz, die den kulturidealistischen, noch ganz auf Harmonie und Bündigkeit abgestellten Sinnbegriff durchbricht. Hier versucht der symbolische Pragmatismus den Schritt zu machen, der die Hermeneutik mit den modernen Formen der Logik und der Bewußtseinstheorie in Kontakt bringt. Dieser Kontakt ist unbedingt nötig, wenn die Hermeneutik zwischen Ontologismus und kommunikationstheoretischem Apriorismus sich als philosophische Grundlagendisziplin behaupten will.

3. Die Interpretation nach den Bildern

Als letzte soll die Frage nach den Folgen des symbolischen Pragmatismus für die Praxis des geisteswissenschaftlichen Verstehens beantwortet werden. Aus der Kategorienlehre ergibt sich, daß die Interpretation vor dem Kommentar und der Kritik das hauptsächliche Verfahren des Verstehens geistiger Welten bleibt. Das gilt für literarische wie für kognitive, speziell philosophische Texte. Aber auch das historische Verstehen bleibt auf die Interpretation angewiesen. Freilich bedarf es dazu einer Spezifizierung des Begriffs der Interpretation, insbesondere angesichts der Infragestellung des traditionellen Anspruchs der Interpretation auf Allgemeingültigkeit des Sinns seitens des poststrukturalistischen und des postmodernen Denkens.

Hier sei nur an die Verfahren der Dekonstruktion von Jacques Derrida in der Philosophie und von Paul de Man in der Literaturwissenschaft erinnert, die an die Stelle der Interpretation die radikal subjektive Lektüre («close reading») und das Fortschreiben von Texten setzen.[6] An diesem sich schon im Stil ankündigenden Paradigmenwechsel der Interpretation, der philosophisch mit der Leugnung der Sinnkonstitution durch ein autonomes Subjekt zugunsten okkasioneller Vernetzungen und Sprachspiele einhergeht, kann die Hermeneutik nicht vorbeigehen. Wenn die Dezentrierung des ‹urstiftenden› Subjekts nicht in hermeneutische Prinzipienlosigkeit, in Willkür und Spielerei ausarten soll, muß ein modifizierter Begriff von Interpretation entwickelt werden, der den vielschichtigen Prozessen der symbolisch-pragmatischen Bedeutungsbildung gerecht wird, wie sie die Kategorienlehre an den Tag gebracht hat.

Um Zugang zum Begriff der Interpretation zu gewinnen, kann man sich an Gustav Droysen (1808–1884) halten, der in seiner «Historik» der Interpretation einen zentralen Platz im geschichtlichen Verstehen einräumt. Entscheidend ist dabei, daß Droysen die Interpretation nicht als Verfahren auffaßt, die Notwendigkeit eines Ausdrucks zu begründen, sondern im Gegenteil: «Unsere Interpretation ist gleichsam ein Auflockern und Auseinanderlegen dieser wie aufgetrockneten und eingeschrumpften Materialien: durch die Kunst der Interpretation wollen wir sie wieder rege werden und Sprache gewinnen lassen» (152). Die Interpretation fällt somit unter die Logik der Auflockerung, die erforderlich ist, um die grundsätzliche Okkasionalität der Ausdrücke und

Bedeutungen, die sie im Lebenszusammenhang besitzen, zur Geltung zu bringen. Dabei werden mehrere Formen der Interpretation unterschieden. Als wichtigste nennt Droysen die «Interpretation nach den Ideen» (180), die es dem Historiker ermöglichen soll, über die kausalen Ereigniszusammenhänge und die Motivlagen hinaus die sittliche Bedeutung oder den «ethischen Horizont» eines Ereignisses bzw. einer Epoche zu erschließen. Der «Interpretation nach den Ideen» liegen bei Droysen noch Positionen des Idealismus zugrunde, die durch den symbolischen Pragmatismus umformuliert werden.[7] Dadurch wird die Voraussetzung für eine neue Form der Interpretation geschaffen, die man die *Interpretation nach den Bildern* nennen kann. Interpretation nach den Bildern ist etwas anderes als die Interpretation der Bilder. Die Bilder sind nicht Gegenstand, sondern Leitfaden der Interpretation, das Medium gleichsam, das zwischen den zu interpretierenden sprachlichen oder andersartigen Äußerungen und dem ‹Sinn› als dem Ziel der Interpretation vermittelt.[8] Die Interpretation nach den Bildern besteht, wie die hermeneutische Kategorienlehre gezeigt hat, in der Analyse poetischer Ausdrucksformen wie Metaphern, Geschichten oder Stile.

Bewußtseinstheoretisch fällt der Prozeß der Interpretation mit dem Übergang vom äußeren Medium der Sprache zum inneren Medium der Bilder zusammen. Darin liegt eine Umkehrung der Interpretationsrichtung, die bei Sigmund Freud von den (Traum-)Bildern zum sprachlichen Ausdruck verläuft.[9] Die Interpretation nach den Bildern, die von der Sprache zu den im Erleben evozierten Bildern zurückgeht, liegt dagegen auf der Linie von Michel Foucaults Konzept der «Archäologie des Wissens». Wenn Foucault ausdrücklich betont, die Archäologie sei «keine interpretative Disziplin» (198), so wird damit keineswegs die Interpretation überhaupt verworfen, sondern nur die allegorische Auslegung, die bei einem begrifflich fixierten Sinn endet. Die Archäologie dagegen will den Diskurs als «Monument» (ebd.) bewahren, und was soll das anderes heißen, als der Bildlichkeit des menschlichen Geistes ihr Recht zurückgeben.

Ziel der Interpretation nach den Bildern kann folglich nicht deren Auflösung in Begriffe sein. Damit würde die präsentative Symbolik der Bilder zerstört. Vielmehr kommt es in der Interpretation darauf an, die semiotische Selbständigkeit der Symbolik unter Beweis zu stellen. Das bedeutet für die Praxis der Interpretation, Bildfelder festzustellen und stilgeschichtlich gegeneinander abzugrenzen. Dieses Verfahren – man kann es auch «strukturale Interpretation» nennen – konzentriert sich auf die syntagmatischen Differenzierungen, auf die differentiellen Schematisierungen, die sich an komplexen sprachlichen Formen aufweisen lassen. Um ihre symbolische Funktion zu bewahren, muß die Interpretation den Bezug der Bedeutungen auf einen Gegenstand, die Referenz sistieren. Die Interpretation bleibt so auf der Ebene der wechselnden Bild-Stukturen, der Bildrahmen, die einen sich ständig erweiternden vorsprachlichen Erfahrungshorizont bilden.[10]

Die Leistungsfähigkeit der Interpretation nach den Bildern beruht darauf, daß sie die Grenzen, die der Souveränität des sinnstiftenden Subjekts durch die Sprache gesetzt sind, nicht als Beschränkungen hinnimmt, sondern in fruchtbare Horizonte verwandelt, die auf etwas verweisen, was jenseits der Grenzen liegt, auf das Undefinierbare, Unvorhersehbare. Die in den Bildern fruchtbar werdenden Grenzen der Referenz sind etwas anderes als die Grenzen, die dem Denken durch die Objektivität des Sinns in logischen und mathematischen Sätzen gezogen sind. Vom logischen Standpunkt fällt die Autonomie des Subjekts mit der Idealität der Bedeutungen zusammen, so bei dem Satz $2+2=4$, dessen Evidenz keine Veranlassung gibt, darüber hinaus zu denken. Hier hat die Interpretation keinen Sinn. Anders bei den symbolischen Formen der Repräsentation, die zu immer neuen Bildern, oft auf dem Weg über die ‹Gegenbilder›, führen. In diesem Prozeß wird das geschlossene Universum der Intentionalität, wo der Satz vom Grunde durchgängig herrscht, aufgebrochen. Die Bilder fungieren gleichsam als Zwischenräume, durch die das Unvorhersehbare in den logischen Aufbau der Welt einschlüpfen kann.

Nach dem Gesagten ergibt sich die Möglichkeit, die Interpretation nach den Bildern in doppelter Hinsicht abzugrenzen: zum einen gegenüber der ‹objektiven› Interpretation, die feststellen soll, was ein Text ‹eigentlich› sagen will.[11] Zum anderen gegenüber der psychoanalytischen Interpretation, die Aussagen als Symbole für unbewußte Motive des Autors auffaßt.[12] Dagegen richtet sich die Interpretation nach den Bildern nicht primär auf Psychologisches; sie ist vielmehr ein Versuch, Sichtweisen nachzuvollziehen, Perspektiven freizulegen, wodurch die Verdinglichung der Welt durchbrochen wird. Entsprechend ist das Kriterium einer gelungenen Interpretation nicht die Allgemeingültigkeit, sondern die Relevanz im Sinne von philosophischem Orientierungswissen, das seine eigenen Formen der Klarheit und Deutlichkeit besitzt.[13]

Natürlich ist die Interpretation nach den Bildern kein ungefährliches Verfahren. Allzuleicht gerät man in lebensphilosophisches Fahrwasser, in den kosmischen «Zug der Bilder» (Ludwig Klages). Die besonders in der stilgeschichtlichen Methode der zwanziger und dreißiger Jahre zu beobachtende ‹Entartung› der Hermeneutik in Lebensphilosophie (im schlechten Sinne des Intuitionismus und des Vitalismus) ist aber kein zwangsläufiger und unumkehrbarer Prozeß. Sobald die Bilder als symbolische Funktionen des Verhaltens aufgefaßt werden, wie das in der hermeneutischen Kategorienlehre geschieht, lassen sich semiotische Regeln formulieren, wie das durch Michel Foucault in der Archäologie der «diskursiven Formationen» geschehen ist. Insbesondere ist die Interpretation nach den Bildern geeignet, die Verbindung der sprachlichen Äußerungen zu den konkreten sozialen und politischen Lagen und Situationen herzustellen, aus denen heraus sich Sinnzusammenhänge aufbauen. Damit ist gewährleistet, daß die Geistesgeschichte nicht den Kontakt zu den Wirklichkeiten verliert, in denen Menschen leben und denken müssen.

Mit der Übertreibung, die nötig ist, um einem neuen Ansatz Gehör zu verschaffen, kann man sagen: Der symbolische Pragmatismus stellt einen Versuch dar, die philosophische Hermeneutik als Logik des Symbolischen aus dem Zirkel zu befreien, in den sie durch die Ontologisierung der Sprache geraten ist. Die Interpretation nach den Bildern sucht den Sinn auf verschiedenen Ebenen des evozierenden Ausdrucks und der mimetischen Darstellung, auf denen sich die situationalen Bedeutungen bilden. Weder die rein biographische noch die rein begriffs- und problemgeschichtliche Methode reichen an diese Bedeutungsschicht heran. Es ist die Schicht der diskursiven Formationen, der geistigen Bild-Rahmen, in denen das Pragmatische und das Symbolische immer schon verbunden sind. Hier hat die philosophische Hermeneutik anzusetzen, wenn sie im Prozeß des Verstehens der Wirklichkeit der Bilder und den Bildern der Wirklichkeit auf der Spur bleiben will.

---

1 G. Abel, Logik und Ästhetik, in: Nietzsche-Studien 16, 1987, 112–148.
2 Der von C.F. Gethmann, Protologik. Untersuchungen zur formalen Pragmatik von Begründungsdiskursen, Frankfurt a. M. 1979, vorgeschlagene Weg der argumentationspragmatischen Logikbegründung wird hier durch den darstellungspragmatischen Weg ergänzt.

3 J. Habermas, Der Universalitätsanspruch der Hermeneutik, in: Hermeneutik und Ideologiekritik, Frankfurt a. M. 1971, 154f.
4 O. Schwemmer, Ethische Untersuchungen. Rückfragen zu einigen Grundbegriffen, Frankfurt a. M. 1986.
5 Vgl. E. W. Orth, Das Verständnis des Leibes bei Helmuth Plessner als Problem der Hermeneutik, in: Studia Philosophica 46, 1987, 29–43.
6 Über das Konzept der Dekonstruktion bei Derrida unterrichtet aus phänomenologischer Sicht R. Bernet, Derrida et la voix de son maître, in: Revue philosophique 1990, 147–166; zu de Man und den Folgen für die literaturwissenschaftliche Interpretation siehe die philosophisch fundierte Darstellung von H. U. Gumbrecht, Déconstruction Deconstructed. Transformationen französischer Logozentrismus-Kritik in der amerikanischen Literaturtheorie, in: Philosophische Rundschau 33, 1986, 1–35.
7 Bei Droysen selbst findet die historistische Auflösung der substantiellen Sittlichkeit Hegelscher Prägung hermeneutisch ihren Ausdruck darin, daß er den hypothetisch-fiktionalen Charakter des historischen Erkennens in Analogie zum Naturerkennen herausstellt: «So gewinnen wir nicht ein Bild des Geschehen an sich, sondern unserer Auffassung und geistigen Verarbeitung davon. Das ist unser Surrogat» (Historik, 316).
8 Die Idee der Interpretation nach den Bildern trägt den Bedenken Rechnung, die von postmoderner Seite gegen das klassische Interpretationskonzept in der Literaturwissenschaft geltend gemacht werden; H. U. Gumbrecht, (N)on (Literary) Interpretation, in: Poetics 18, 1989, 375–387. Aus phänomenologischer Sicht nähert sich der Interpretation nach den Bildern E. Lobsien, Bildlichkeit, Imagination, Wissen: Zur Phänomenologie der Vorstellungsbildung in literarischen Texten, in: Bildlichkeit, hg. von V. Bohn, Frankfurt a. M. 1990, 89–114.
9 P. Ricœur, Die Interpretation. Ein Versuch über Freud, Frankfurt a. M. 1969, der das Symbol von der Interpretation her bestimmt.
10 Einen beachtenswerten Versuch, diesen Begriff der Interpretation über den engeren Kreis der Hermeneutik hinaus zu einer allgemeinen «Interpretationsphilosophie» auszubauen, unternimmt gegenwärtig G. Abel, Interpretations-Welten, in: Philosophisches Jahrbuch 96, 1989, 1–19. Zur transzendental-anthropologischen Fundierung dieser Position siehe V. Gerhardt, Die Perspektive des Perspektivismus, in: Nietzsche-Studien 18, 1989, 260–281.
11 R. Brandt, Die Interpretation philosophischer Werke, Stuttgart-Bad Cannstatt 1984, 63ff.
12 H. Lang, Die Sprache und das Unbewußte. Jacques Lacans Grundlegung der Psychoanalyse, Frankfurt a. M. 1986.
13 Vgl. W. Oelmüller, Philosophisches Orientierungswissen für unser Erkennen, Handeln und Leiden, in: Philosophie und Wissenschaft, hg. von W. Oelmüller, Paderborn 1988, 79–92.

Literaturverzeichnis

Aufgeführt sind nur die Ausgaben der Werke, aus denen im Text zitiert wird. Die in den Anmerkungen aufgeführten Schriften werden nicht verzeichnet.

Aurelius Augustinus, Confessiones, lateinisch-deutsch, übers. v. J. Bernhart, München 1955.
Henri Bergson, Zeit und Freiheit, Meisenheim a. Glan 1949.
Ernst Cassirer, Philosophie der symbolischen Formen, 3 Bde., Darmstadt [8]1985.
Ernst Cassirer, Substanzbegriff und Funktionsbegriff. Untersuchungen über die Grundfragen der Erkenntniskritik, Berlin 1910.
Arthur C. Danto, Analytische Philosophie der Geschichte, Frankfurt a. M. 1974.
Wilhelm Dilthey, Das Erlebnis und die Dichtung, Göttingen [13]1957.
Wilhelm Dilthey, Gesammelte Schriften, 20 Bde., hg. v. B. Groethuysen, G. Misch u.a., von Bd. 18 an besorgt von K. Gründer und F. Rodi, Stuttgart/Göttingen 1990.
Gustav Droysen, Historik, Vorlesungen über Enzyklopädie und Methodologie der Geschichte, hg. v. R. Hübner, Darmstadt [4]1960.
Michel Foucault, Archäologie des Wissens, übers. von U. Köppen, Frankfurt a. M. 1973.
Hans-Georg Gadamer, Wahrheit und Methode. Grundzüge einer philosophischen Hermeneutik, Tübingen 1960.
Arnold Gehlen, Vom Wesen der Erfahrung, in: Arnold Gehlen, Anthropologische Forschung. Zur Selbstbegegnung und Selbstentdeckung des Menschen, Reinbek bei Hamburg 1961, 26–43.
Arnold Gehlen, Der Mensch. Seine Natur und seine Stellung in der Welt, Frankfurt a. M. [8]1966.
Nelson Goodman, Weisen der Welterzeugung, übers. v. M. Looser, Frankfurt a. M. 1984.
Bernhard Groethuysen, Das Leben und die Weltanschauung, in: Weltanschauung. Philosophie und Religion in Darstellungen von W. Dilthey u.a., Berlin 1911, 55–77.
Edmund Husserl, Erste Philosophie I, 1. Teil, Husserliana Bd.7, hg. v. R. Böhm, Den Haag 1956.

Edmund Husserl, Formale und transzendentale Logik, Husserliana Bd. 17, hg. v. P. Janssen, Den Haag 1974.
Edmund Husserl, Logische Untersuchungen, Husserliana Bd.18, hg. v. E. Holenstein, Den Haag 1975.
Edmund Husserl, Logische Untersuchungen, Husserliana Bd. 19,1 und 19,2, hg. v. U. Panzer, Den Haag 1984.
Edmund Husserl, Philosophie als strenge Wissenschaft, hg. v. W. Szilasi, Frankfurt a. M. 1965.
Karl Jaspers, Psychologie der Weltanschauungen, Berlin ^{3}1925.
Hans Jonas, Die Freiheit des Bildens: Homo pictor und die differentia des Menschen, in: H. Jonas, Zwischen Nichts und Ewigkeit. Drei Aufsätze zur Lehre vom Menschen, Göttingen 1963, 26–43.
Susanne K. Langer, Philosophie auf neuem Wege. Das Symbol im Denken, im Ritus und in der Kunst, übers. v. A. Löwith, Frankfurt a. M. 1965.
Konrad Lorenz, Vergleichende Bewegungsstudien an Anatinen, in: Konrad Lorenz, Über tierisches und menschliches Verhalten. Aus dem Werdegang der Verhaltenslehre, Gesammelte Abhandlungen Bd. 2, München ^{9}1971, 13–113.
Otto Ludwig, Shakespeare-Studien, Halle a. d. S. ^{2}1901.
Maurice Merleau-Ponty, Phänomenologie der Wahrnehmung, übers. v. R. Bochen, Berlin 1966.
Georg Misch, Lebensphilosophie und Phänomenologie. Eine Auseinandersetzung der Dilthey'schen Richtung mit Heidegger und Husserl, Leipzig/Berlin ^{2}1931.
Max Müller, Vorlesungen über die Wissenschaft der Sprache, bearbeitet von C. Böttger, Leipzig 1866.
Friedrich Nietzsche, Sämtliche Werke. Kritische Studienausgabe in 15 Bden., hg. v. G. Colli und M. Montinari, München 1980.
Hermann Nohl, Stil und Weltanschauung, Jena 1920.
Jean Paul, Vorschule der Ästhetik, in: Sämtliche Werke, Historisch-kritische Ausgabe, hg. v. d. Preußischen Akademie der Wissenschaften, Erste Abteilung, Bd.11, Weimar 1935.
Cesare Pavese, Das Handwerk des Lebens. Tagebuch 1935–1950, übers. von Ch. Birnbaum, Frankfurt a. M. 1987.
Cesare Pavese, Das Handwerk des Dichters, in: Sämtliche Gedichte, übers. v. D. Leupold, Düsseldorf 1988, 173–189.
Helmuth Plessner, Die Einheit der Sinne, in: Gesammelte Schriften III, hg. v. G. Dux, O. Marquard und E. Ströker, Frankfurt a. M. 1980, 7–315.
Heinrich Rickert, Der Gegenstand der Erkenntnis. Einführung in die Transzendentalphilosophie, Tübingen ^{6}1928.
Heinrich Rickert, Die Methode der Philosophie und das Unmittelbare, in: Heinrich Rickert, Unmittelbarkeit und Sinndeutung. Aufsätze zur Ausgestaltung des Systems der Philosophie, Tübingen 1939.
Heinrich Rickert, Kulturwissenschaft und Naturwissenschaft, Tübingen ^{3}1915.
Erich Rothacker, Geschichtsphilosophie, München/Berlin 1934.

Erich Rothacker, Die Schichten der Persönlichkeit, Bonn 1948.
Erich Rothacker, Die dogmatische Denkform in den Geisteswissenschaften und das Problem des Historismus, Mainz / Wiesbaden 1954.
Erich Rothacker, Zur Genealogie des menschlichen Bewußtseins, Bonn 1966.
Wilhelm Schapp, Wissen in Geschichten. Zur Metaphysik der Naturwissenschaften, Frankfurt a. M. ²1976.
Wilhelm Schapp, In Geschichten verstrickt. Zum Sein von Mensch und Ding, Frankfurt a. M. ³1985.
Wilhelm Schapp, Philosophie der Geschichten, Frankfurt a. M. ²1981.
Max Scheler, Erkenntnis und Arbeit. Eine Studie über Wert und Grenzen des pragmatischen Motivs in der Erkenntnis der Welt, in: Gesammelte Werke Bd. 8, hg. v. Maria Scheler, Bern ²1960, 191–382.
Arthur Schopenhauer, Die Welt als Wille und Vorstellung, in: Sämtliche Werke in 6 Bden., hg. v. E. Grisebach, Leipzig 1891–1895, Bd. 1 und 2.
Georg Simmel, Das Problem der historischen Zeit, in: Georg Simmel, Brücke und Tür. Essays des Philosophen zur Geschichte, Religion, Kunst und Gesellschaft, Stuttgart 1957, 43–58.
Carl Stumpf, Psychologie und Erkenntnistheorie, München 1891.
Ernst Troeltsch: Die Zukunftsmöglichkeiten des Christentums im Verhältnis zur modernen Philosophie, in: Ernst Troeltsch, Zur Religiösen Lage, Religionsphilosophie und Ethik, Gesammelte Schriften II, Tübingen ²1922, 837–862.
Ludwig Wittgenstein, Tractatus logico-philosophicus, in: Schriften 1, Frankfurt a. M. 1960, 11–83.
Ludwig Wittgenstein, Philosophische Untersuchungen, in: Schriften 1, Frankfurt a. M. 1960, 279–544.
Ludwig Wittgenstein, Vorlesungen und Gespräche über Ästhetik, Psychologie und Religion, hg. v. Cyril Barret, übers. v. E. Bubser, Göttingen ²1971.
Heinrich Wölfflin, Das Problem des Stils in der bildenden Kunst, in: Sitzungsberichte der Königlich Preußischen Akademie der Wissenschaften, Berlin 1912, 1. Halbband, 572–578.

Namenregister

Abel, G. 214f
Anz, H. 29
Apel, K.-O. 11f, 20, 24, 27–29
Aristoteles 118, 143
Asemissen, H. U. 105
Augustin 148, 152

Bain, A. 22, 125
Barth, H. 104
Beckett, S. 35
Benjamin, W. 176, 195, 202
Benn, G. 35f, 72
Bergson, H. 66, 73, 125
Bernet, R. 215
Bertrand, M. 142
Blumenberg, H. 143
Böhler, D. 142
Bollnow, F. O. 72
Brandt, R. 143, 215
Brassai, G. H. 104
Brentano, F. 46, 95, 133
Buffon 192
Burckhardt, J. 200
Bürger, P. 104

Cacciatore, G. 173
Cassirer, E. 18f, 28f, 87–90, 104, 114, 142, 147, 210
Cézanne, P. 69
Clarke, S. 86
Comte, A. 63
Cramer, K. 71
Croce, B. 156, 173

Dali, S. 59
Danto, A. C. 163, 173
Derrida, J. 211
Descartes, R. 85, 180
Dessoir, M. 30
Dilthey, W. 10, 21–27, 29f, 40–50, 52–61, 64–71, 75f, 79–86, 88, 90–96, 98–100, 102–105, 110, 113, 115–117, 122–134, 140f, 144–160, 162f, 166–173, 176, 178–190, 192–194, 196–200, 202–204, 207, 210
Driesch, H. 120, 142
Droysen, G. 211f, 215

Ebbinghaus, H. 50, 72
Eco, U. 29
El Greco 59
Esser, F. 73

Faber, K.-G. 27
Fichte, J. G. 93, 158
Fink, E. 28
Fisch, M. 29
Flaubert, G. 176
Foucault, M. 196–199, 201–203, 212, 214
Frank, M. 27, 203
Frege, G. 126, 137
Freud, S. 35, 60, 72f, 124, 198, 212
Friedrich, H. 143

Gabriel, G. 142
Gadamer, H.-G. 10f, 22, 27, 29, 138, 195f, 203, 208, 210
Gauer, H.-M. 202
Gehlen, A. 73, 118–122, 134, 142f, 188
Gerhardt, V. 215
Gethmann, C. F. 28, 30, 142, 214
Goethe 54, 93
Gogh, V. van 133
Gombrich, E. H. 142
Goodman, N. 59, 177
Granger, G. 142
Groethuysen, B. 189–192, 203
Gründer, K. 27
Gumbrecht, H. U. 215

Haardt, A. 173
Habermas, J. 10–12, 20, 27, 39, 208–210, 215
Hegel 19, 93, 149, 152, 201
Heidegger, M. 10, 19, 25, 27, 30, 39, 41, 84, 104, 142, 208
Heimsoeth, H. 173
Heraklit 152
Herbart, J. F. 150f
Hess, W. 73
Holthusen, H. E. 174
Hume, D. 41
Husserl, E. 25, 28, 36–41, 46, 65, 85, 94f, 100–102, 118, 125, 129, 131–135, 143, 147, 171, 178–180, 189f, 202

Imdahl, M. 142
Ineichen, H. 29f
Iser, W. 73

James, W. 16, 60
Jaspers, K. 192
Jauß, H.-R. 10, 27, 174
Jonas, H. 57f, 72
Jones, E. 104
Joyce, J. 35

Kant 15, 18, 24, 41, 51, 74, 76f, 79, 81, 93, 99, 101, 122, 131, 143–145, 149–152, 175, 180
Klages, L. 214
Klemmt, A. 28
Kosslyn, S.M. 142
Kracauer, S. 174
Krausser, P. 30, 105
Kuttig, L. 173

Landgrebe, L. 41, 72, 94, 104, 133
Lang, H. 215
Langer, S. K. 114, 140f
Leibniz 84, 86, 104
Lenk, H. 125, 142, 182
Lessing, G. E. 68
Lessing, H.-U. 29f
Lewin, K. 169, 174
Lieber, H.-J. 29
Lobsien, E. 215
Locke, J. 41
Lorenz, K. 17
Lorenzer, A. 104
Lorenzen, P. 126
Lotman, J. M. 169, 174
Lotze, H. 127, 143, 152
Lübbe, H. 171, 174
Ludwig, O. 67f

Mac Intyre, A. C. 72
Mach, E. 75, 104
Mager, K. 203
Makkreel, R. A. 202
Man, P. de 211
Marini, A. 30
Marquard, O. 192, 203
Marx, W. 104
Mc Luhan, M. 70
Meggle, G. 28
Merleau-Ponty, M. 39, 72f
Misch, G. 28, 41, 72, 158
Mitchell, W. J. T. 73
Moritz, K. P. 104
Morris, Ch.-W. 15
Müller, J. 56, 73
Müller, M. 136

Nietzsche 22, 34f, 74f, 77, 82–84, 126f, 137f, 178, 181, 185, 189, 203
Nohl, H. 176, 192

Oelmüller, W. 215
Orth, E. W. 19, 28, 215
Ottmann, H. 142
Otto, S. 173

Paisseran, E. 104
Panofsky, E. 203
Patzig, G. 30
Pavese, C. 164–166, 174
Peirce, Ch. S. 16, 104
Perpeet, W. 29
Piaget, J. 112, 117, 142
Picasso 90
Plessner, H. 17, 210
Portmann, A. 72
Pries, Ch. 203
Prigogine, I. 72
Proust, M. 35
Puster, E. 143
Pylyshyn, Z.W. 142

Reid, T. 22, 125
Reinhold, K.-L. 15, 28
Rembrandt 69
Rickert, H. 29, 39f, 159–162, 173
Rickman, H. P. 30
Ricœur, P. 215
Riedel, M. 30, 104
Ritter, J. 17, 28f
Rodi, F. 27f, 73, 202
Rothacker, E. 19f, 26, 29, 98, 194f, 210
Rousseau, J.-J. 181

Sachs-Hombach, K. 29
Sauerland, K. 73
Saussure, F. de 52, 72
Schapp, W. 171, 173
Scheier, Cl.-A. 104
Scheler, M. 67, 134, 142, 169, 183
Schlegel, F. 99
Schleiermacher, F. 10, 23, 55, 91f, 99, 207
Schnädelbach, H. 142
Schopenhauer, A. 9, 22, 64, 76–82, 84, 87f
Schuhmann, K. 203
Schütz, A. 143
Schwemmer, O. 210, 215
Searle, J.-R. 28
Seebohm, M. 105
Semper, G. 73
Shakespeare 68
Siep, L. 71
Sigwart, Ch. 127
Simmel, G. 21, 168
Sommer, M. 104
Spinner, H. F. 203
Spinoza 54, 72, 75, 85, 153
Stengers, I. 72
Sternberger, D. 202
Stierle, K. 27, 139, 143, 163, 173
Stumpf, C. 128, 143

Tiemersma, D. 73
Troeltsch, E. 178
Turk, H. 27

Uexküll, J. v. 51, 72

Vaihinger, H. 18
Vernon, M. D. 142

Waldenfels, B. 73

Walzel, O. 195 f, 203
Wehle, W. 173
Welsen, P. 174
Wiehl, R. 71
Wiesing, L. 202
Wittgenstein, L. 45, 89, 104, 165, 178, 185, 206
Wölfflin, H. 193, 195, 198, 203
Wright, G. H. v. 28

Zocher, R. 202

Sachregister

Abbild (s. Bild) 54 f, 57–59, 61–64, 70, 172
Abstraktion 100, 136, 160, 164
Allgemeinbegriff 100 f, 164
Analogie, Analogisches 136, 145 f
Anpassung 116, 155, 157
Anschauung 76, 110, 127, 137
Anthropologie 19, 118, 210
Antinomie 38, 149–155, 168 f, 179 f, 187–189, 192
Archäologie (des Wissens) 196, 198 f, 202, 212, 214
Archiv 198 f
Ästhetik 10, 68 f, 207
Aufbau (logischer, bildhafter) 56 f, 66, 68, 118 f
Ausdruck 9, 17, 24, 26, 37, 41, 92–95, 122, 193, 204–206, 214
Außen 45, 65, 90–93, 123 f, 196 f
Außenwelt 84, 122, 127, 154, 157, 171

Bedeutung (s. Sinn) 12, 14–16, 34 f, 40, 52, 65, 70, 94–96, 101, 110, 112, 115, 125, 127, 137, 139, 163–167, 171 f, 182, 193, 195, 205, 212 f
Bedeutung, okkasionelle 14, 163
Bedeutung, situationale (zuständliche) 14–17, 22, 37, 58 f, 62 f, 71, 95, 109, 126, 137, 146–148, 164, 172, 192, 195, 207, 214
Bedeutungsbildung 19 f, 26, 40, 51 f, 55, 57–59, 65–70, 89 f, 93, 95, 100 f, 113, 119, 132 f, 135–138, 151
Begriff (s. Allgemeinbegriff) 20, 26, 71, 80, 84, 88 f, 94 f, 100–103, 109 f, 135–138, 148–151, 155–166, 171–173, 194, 205, 207, 212
Begriffsbildung, geisteswissenschaftliche 155–162
Begriffsbildung, individualisierende 159–162
Begriffsbildung, naturwissenschaftliche 155–162, 175

Begriffsgeschichte 172 f
Behaviorismus 12, 42
Bewußtsein (s. Satz des Bewußtseins; s. Selbstbewußtsein) 15 f, 18–20, 23–26, 33–52, 55 f, 61, 64–71, 74–77, 79–83, 88, 91 f, 96–99, 110–113, 118–125, 134 f, 154 f, 171, 180 f
Bewußtsein, gegenständliches 33 f, 39, 65, 82, 103, 134, 155
Bewußtsein, intentionales 34, 38 f, 45, 65, 80, 96, 189
Bewußtsein, wirkungsgeschichtliches 10, 197
Bewußtsein, zuständliches 15 f, 24–26, 33–40, 43, 45–50, 52, 55, 57, 62, 66 f, 74, 80, 87, 90–93, 96, 99, 103, 109–113, 115–117, 121 f, 125, 129, 133–135, 155, 176, 188, 204–207
Beziehung (s. Relation) 23, 58, 61, 87–89, 94–96, 102 f, 110, 113, 119 f, 145 f, 154, 182, 185
Bild (s. Abbild; s. Körperbild) 14, 20, 26, 51–71, 75 f, 80–82, 89–92, 94, 99 f, 102, 109, 111–114, 116 f, 121–126, 131–141, 155, 164–167, 171 f, 176 f, 181–183, 187 f, 191, 200 f, 205–209, 212–214
Bildlichkeit 67, 111 f, 115, 135, 207, 212
Biographie 170

Darstellung 16 f, 69 f, 93, 96, 162, 193, 195, 208, 214
Dekomposition 120 f
Dekonstruktion 121, 211
Denken 33, 42, 45, 53, 74–77, 79–83, 85 f, 89, 96–99, 110–115, 127, 130 f, 145 f, 149–152, 166, 172, 207
Diskurs 196, 198, 200, 205, 212
Dogmatik 194 f

Eidologie 128

221

Einbildungskraft 52, 54, 56, 58, 60–62, 69, 112, 114, 121
Empfindung 34, 44f, 67, 69, 95, 115, 128
Empirismus 12, 18, 44, 76, 85, 124, 127
Entfremdung 190
Erfahrung 10f, 20, 22, 38f, 43, 47, 84f, 118–122, 129–134, 150f, 156f, 187
Erhabene, das 191
Erkennen, Erkenntnis 13f, 18, 20, 26, 34, 36–43, 52–54, 79, 81, 83, 88, 96, 98f, 103, 110, 146–149, 156f, 160, 175, 186, 188, 204f, 209
Erkenntnistheorie 9, 18, 23, 36, 47, 76, 85, 128
Erklären 13, 98
Erleben, Erlebnis 22–25, 33–37, 45, 47f, 50, 55, 66f, 70, 75f, 84–89, 93–96, 98, 122, 129, 138, 140, 144, 146, 148–152, 154–160, 162, 167, 171f, 193, 197, 204, 207
Erwirken 47–49, 54, 116, 145
Erzählen, Erzählung (s. Geschichte) 162–167, 171–173
Evidenz 115, 130, 132, 179
Evidenz, logische 115, 129, 138
Existentialien 25

Fiktionalismus 18, 70, 99, 122
Filmriß 66
Form, symbolische 18–20, 93, 96, 100, 115, 117, 147, 155, 162, 164, 166, 168–171, 175f, 183, 185, 188, 192, 196, 201, 204–207, 213
Formalisierung 17, 52, 97, 100f
Fortgezogenwerden 47f
Freiheit 86f, 149
Fühlen 41–43, 75, 88, 96, 99

Gedanke 66f, 165, 177f
Gefühl 33, 45, 47, 69, 92, 94, 116f, 176f
Gegenstand, Gegenständlichkeit 13, 18, 34, 37–41, 45f, 57–59, 61–63, 69–71, 102f, 111f, 123–125, 132, 134, 146, 204, 213
Geistesgeschichte 10, 199–202, 214
Geisteswissenschaften 10, 13, 21–24, 40, 110, 122, 140, 147f, 151, 155–161, 195, 201, 204, 209
Geschichte (s. Erzählung) 26, 162–172, 205, 212
Gestalt 44, 64, 112, 152, 172
Gestaltpsychologie 112, 119–121
Gewohnheit, Gewöhnung 119, 193
Gleichheit 79, 114f, 140
Grammatik 35, 95f
Grund (s. Satz vom Grunde) 46

Haltung 12, 16f, 52

Handeln, Handlung 16f, 53, 94, 120, 124, 171, 191, 194
Hermeneutik 9–12, 20–26, 33–36, 56, 60, 66, 77, 81–84, 87, 92, 94, 96, 99–103, 109, 118, 122, 125–127, 129, 150, 167, 170, 188f, 192f, 196–198, 202, 204–211, 214

Idealismus 18, 44, 47, 69, 82, 176, 195, 212
Idee 54f, 87, 166, 175f
Idee, konkrete 162
Idee, regulative 175, 190
Identität (personale) 78f, 151, 153, 169f, 172
imagic turn 26
Imaginäre, das 55, 112, 164
Individualität 160–162
Innen 44f, 65, 90–93, 124, 196f
Innewerden 78, 80, 85, 148, 153
Intellekt 83
Intellektualismus 80, 100, 124
Intensität 78–80
Intentionalität 14–16, 34f, 37–41, 46f, 55, 65, 67, 94–96, 103, 109, 112, 119, 132–134, 140, 189, 207, 209, 213
Interpretation 12, 35, 139–141, 162, 172, 178, 182, 197, 211–214
Interpretation nach den Bildern 212–214
Interpretationskonstrukt 125, 182
Intuitionismus 39, 87, 101, 168, 190, 214
Iteration 37f

Kategorie 18, 26, 99–103, 109, 141, 144–148, 155, 158, 166, 176, 205f
Kategorien, formale 26, 109–117, 120, 135, 140f, 205
Kategorien, ideale 26, 175f, 201, 205f
Kategorien, reale 26, 144–148, 151f, 155–159, 167–173, 205
Kausalität 144, 147, 151, 153–155, 157, 170
Kommunikation 11, 14, 17, 24, 109, 194, 208–210
Kontinuum, heterogenes 159–162, 181
Körperbild 62–67, 91f, 95, 117, 124, 134
Kunst 183f, 187, 206

Leben 18, 21f, 41, 47, 49, 56, 82f, 115f, 125, 130, 145–149, 152, 186–191
Lebenserfahrung 54, 62, 145, 185–189
Lebensform 167, 172, 176, 206
Lebensgefühl 69f, 78, 137
Lebenskategorie (Lebensbegriff) 25f, 102, 144–148, 157, 173
Lebensphilosophie 21, 25, 39, 41, 82, 214
Lebensraum 169
Lebenszusammenhang 144, 167f, 170, 172f, 212
Leib 18, 81, 91, 210

linguistic turn (s. imagic turn) 21
Logik (s. Protologik; s. Relationenlogik)
  21–23, 25f, 34, 36–38, 46, 59, 65, 83–90,
  94f, 100–103, 109f, 112–116, 126–131,
  135f, 150–152, 164–166, 205–207, 210f,
  214
Logik, analytische 130–132
Logik, genetische 131–135, 189
Logik, hermeneutische 96, 100, 109, 126, 135,
  147, 151, 175
Logik, transzendentale 36, 101, 207
Logismus 85–87, 129–131, 133

Malerei 59, 68–71, 112
Medium (s. Satz der Medialität) 15, 37, 47,
  50f, 58, 63, 65, 67–70, 78f, 111, 165, 171,
  205, 212
Metapher (Anschauungsmetapher, Konnotationsmetapher) 26, 135–141, 205, 212
Metapher, poetische 136
Metapher, radikale 136–139
Metaphernbildung 138
Metaphysik 74, 76, 81, 85f, 149, 176, 178,
  183–185, 199, 201
Moderne (ästhetische) 11, 24, 26, 35f, 68
Moment, fruchtbarer 121

Naturwissenschaften 12f, 21, 110, 147f,
  155–158, 160f
Neukantianismus 18, 39, 149, 159, 185

Objektivität 48, 127, 133, 165, 204, 213
Operationen, elementare logische 110–117,
  205

Person, Persönlichkeit 19f, 78f, 98
Perspektive 14, 63, 71, 88, 102f, 162, 165,
  170, 204, 209, 213
Phänomenalismus 51, 70, 97, 122, 124
Phänomenalität (s. Satz der Phänomenalität)
  37, 51
Phänomenologie 12, 36–41, 94, 101, 189f
Phantasie (s. Einbildungskraft) 18, 53f, 61,
  68f, 75, 112, 115, 121f, 137, 164f
Phantasma (zentrales) 116f, 120
Philosophie 82, 177–186, 189f, 199
Physiologie 115
Platonismus 12, 55, 88
Poetik 23, 36, 56, 67–70, 90, 93, 136, 164, 193
Positivismus 22f, 44, 128, 198f
Postmoderne 26, 92
Prädikation 134–138, 158
Prädikation, metaphorische 135, 138, 140
Pragmatismus 12, 16–19, 23, 42, 91, 102, 118,
  181
Pragmatismus, symbolischer 17f, 24–26,
  101f, 208–212, 214

Protologik 126, 207f
Psychoanalyse 35, 60f, 92
Psychologie 23, 25, 34f, 40f, 50, 68, 71, 83,
  85, 91, 115, 128, 130

Rationalismus 77, 82, 86, 89, 131, 138, 188
Raum (erlebter, erzählter) 144, 147, 151f,
  169, 172
Realisation 69
Realität (s. Wirklichkeit) 35, 43, 51, 67, 81,
  124, 127, 148, 156
Referenz 34, 46, 141, 171, 205, 213
Reiz 42, 51f, 115–117
Relation (s. Beziehung) 15, 84, 87–90, 95,
  110–115, 128, 135, 141, 145, 182, 185
Relation, interne 89, 110f, 119, 132, 135, 139
Relationenlogik 23, 83, 87–90, 187
Relativismus 178f
Relevanz 129f, 138, 213
Religion 183f
Repräsentation 93–96, 100, 103, 119–121,
  132, 141, 158, 162, 213
Repräsentation, reale 94f, 163
Romantik 22, 60, 90, 176

Satz der Medialität 51, 67, 70
Satz der Phänomenalität 51, 70, 124
Satz des Bewußtseins 15
Satz des Widerspruchs 84, 152
Satz vom Grunde 46, 84–87, 89, 213
Schema 51, 63, 70, 109, 111, 119
Schema, narratives 163, 166
Schematismus 51, 128
Schichten (des Bewußtseins) 98f
Schicksal 170, 191
Schmerz 44, 95
Sehen 59, 62, 99, 111f, 137, 166, 176, 183,
  194, 204
Selbigkeit 151, 153, 155, 169
Selbst 33f, 46, 53, 65f, 81, 95, 117, 122–124,
  134, 155
Selbstbewußtsein 33, 55, 77, 81, 123, 150,
  153, 155, 157
Selbstgefühl 33f, 54, 122, 153
Semantik 15, 26, 126, 141, 165, 205, 210
Semiotik 11, 15, 21, 169
Sinn (s. Bedeutung) 9, 14f, 40, 52, 65, 80, 125,
  127, 137, 171, 182, 194, 212
Sinnbildung 16f, 109, 136, 186, 194
Sinnlichkeit 53, 65, 98, 112f, 177
Situation 16, 34f, 42, 51, 60, 102f, 120, 192,
  194, 214
Sprache 9–11, 13, 15, 19, 35, 40, 50f, 68, 94,
  96, 114, 138–140, 146, 165, 206, 208,
  212–214
Stabilisierung 19, 22, 48, 117, 181

223

Stellungnahme, Stellungnehmen 42, 44, 144, 179
Stil 26, 176–178, 192–202, 205 f, 211 f
Stilgeschichte 193, 196, 198, 202, 212, 214
Struktur 23 f, 49 f, 69, 85, 99, 181, 196
Strukturalismus 23, 83, 196
Strukturpsychologie 25, 56, 90, 94
Strukturzusammenhang 48–50, 96, 129 f, 144, 197, 204
Stufen (des Bewußtseins) 97, 99, 101
Subjekt 13 f, 35, 41 f, 45, 64, 74–79, 83, 100, 170, 190 f, 197, 200, 204, 211, 213
Subjektivität 17 f, 21 f, 24, 36–38, 48, 74 f, 165, 177, 204
Substanz 41, 144, 147, 151, 153–155, 157, 169
Symbol, das Symbolische (s. Form, symbolische) 17–19, 61, 89–94, 96 f, 99, 120 f, 213 f
Symbolbildung, Symbolisierung 17, 90, 93, 99, 102, 109, 114–117, 120 f, 131, 133, 206
Symbolik 51, 92, 96, 155, 169, 189, 212
Symbolik, diskursive 114, 117
Symbolik, präsentative 114 f, 117, 125 f, 138, 212
symbolisierende Tätigkeit 23, 92, 96, 141, 187
Symbolismus 23, 91–93
Synthesis 18 f, 48, 77, 88, 97, 109 f, 113, 119, 132 f, 138, 155, 197, 204

Text, Textualität 198, 209
Totalität 77, 85, 122, 150, 175–177, 182 f, 192
Tradition 10 f, 208
Transzendentalphilosophie 24, 39, 67, 74, 83, 113, 149
Traum 60, 171, 212
Typus 62, 158, 191 f

Übergang 45–48, 54, 59, 65, 116, 171
Unbewußte, das 35, 60 f, 75, 91 f, 204
Urteil 89, 96, 109, 118, 127–130, 132–136, 138, 166, 206 f

Verhalten, Verhaltensweise 12 f, 16–20, 24, 42–46, 49, 51 f, 54–56, 62, 64, 67, 70, 75 f, 88, 91–103, 112, 116–120, 122–126, 129 f, 138, 144–147, 151, 154 f, 167–170, 172, 177, 181 f, 188, 191–195, 197, 202, 204, 206, 208, 214
Verstehen 9–16, 19, 21 f, 24 f, 33 f, 81 f, 94 f, 97–100, 102 f, 109 f, 122, 125, 139–141, 144, 146–148, 151 f, 155, 158–160, 167 f, 170, 172, 175 f, 192, 196 f, 199–201, 204–209, 211, 214
Verstricktsein (in Geschichten) 171
Vorgang 46–48, 56, 110
Vorstellung 12, 15, 19, 41, 55, 57, 66, 84, 103, 124 f, 127

Wahrheit 22, 127, 178, 194, 209
Wahrnehmen, Wahrnehmung 20, 26, 56 f, 60, 96–99, 101, 110–112, 119, 121 f, 125, 127 f, 132–134, 136 f, 146, 156 f, 177
Welt 43, 46, 54 f, 66, 77, 88, 95, 100, 175–177, 182–184, 187–191, 194
Weltanschauung 25, 176, 178–180, 182–193
Weltbegriff 56, 147, 175, 180, 182 f, 188, 202
Weltbild 183–185, 187 f, 201
Welterzeugung 59, 177
Widerspruch (s. Satz des Widerspruchs) 102, 148–154
Widerstand 123–126, 153, 177
Wiederholung 37 f, 119
Wille 22, 75–88, 92, 97, 102, 116, 123–125
Wirklichkeit (s. Realität) 11 f, 35, 43, 50, 61, 70 f, 116, 121–131, 145, 156, 160 f, 170, 214
Wirkungszusammenhang 49, 154, 196 f, 200
Wissenschaft 53, 178–180, 184, 189
Wollen 41–43, 52 f, 75, 88, 92, 96, 99, 154

Zeichen 17, 70, 125, 136, 156
Zeit 25, 41, 144, 147–149, 151 f, 167–169, 172
Zeit, erzählte 167–169
Zentrierung 197
Zoomen 59
Zustand, Zuständlichkeit (s. Bewußtsein, zuständliches) 15, 25, 33–40, 45 f, 48, 53, 60, 62 f, 69–71, 76, 79, 86 f, 91 f, 100, 103, 116, 135, 137 f, 150 f, 164, 171 f, 181, 207, 209
Zustand, intentionaler 15, 34